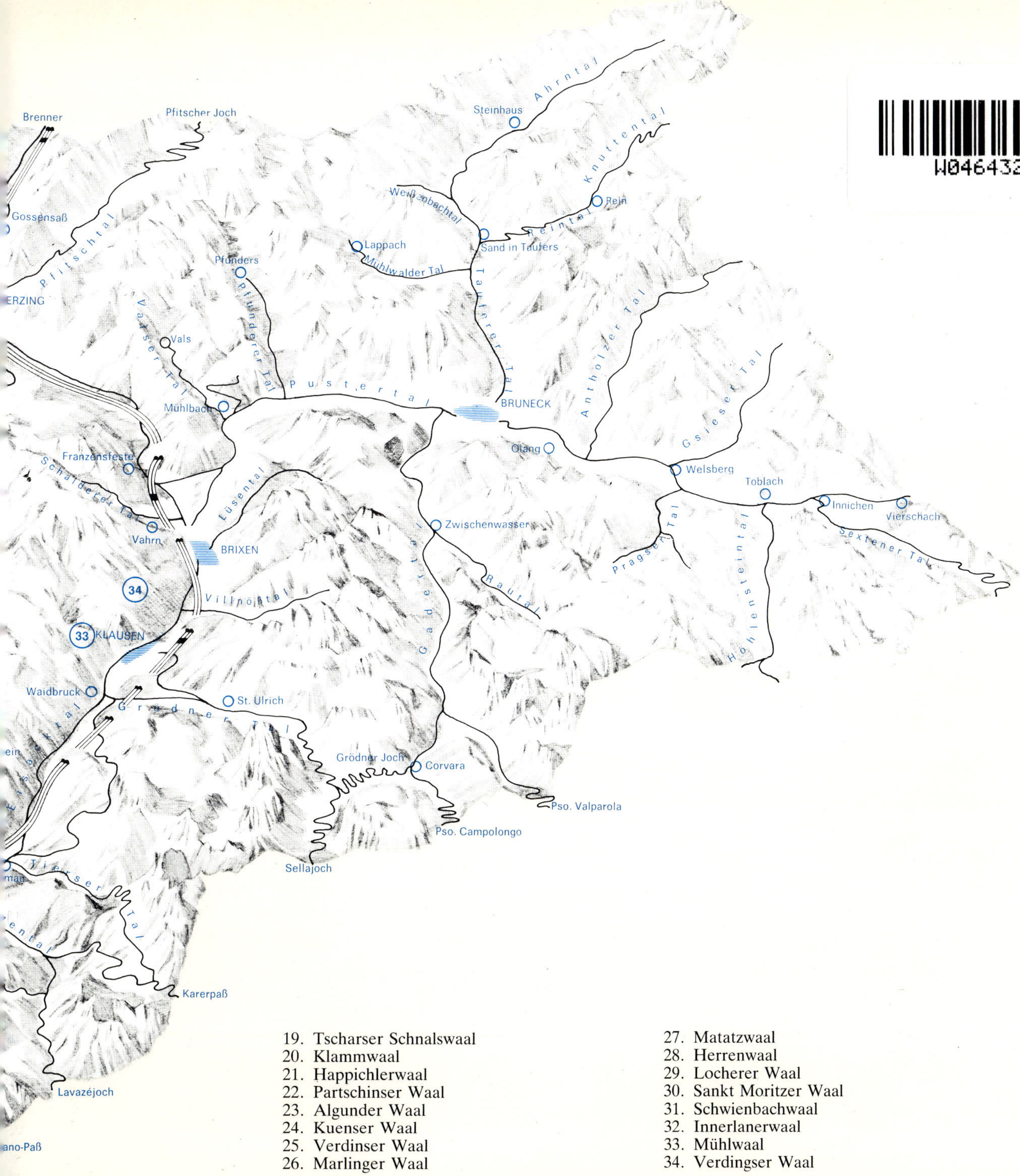

19. Tscharser Schnalswaal
20. Klammwaal
21. Happichlerwaal
22. Partschinser Waal
23. Algunder Waal
24. Kuenser Waal
25. Verdinser Waal
26. Marlinger Waal
27. Matatzwaal
28. Herrenwaal
29. Locherer Waal
30. Sankt Moritzer Waal
31. Schwienbachwaal
32. Innerlanerwaal
33. Mühlwaal
34. Verdingser Waal

Hinsichtlich des gesamten Waalnetzes vgl. die Karten im „Lexikon" des Buches (ab. S. 123).

Hanspaul Menara

Südtiroler Waalwege

Der Latschanderwaal bei Galsaun

Hanspaul Menara

Südtiroler Waalwege

Ein Bildwanderbuch

VERLAGSANSTALT ATHESIA · BOZEN

Umschlagbild: Der Zaalwaal bei Kortsch, heute oft auch Kortscher Waal genannt.

Alle Fotos stammen vom Verfasser (größtenteils 1985 aufgenommen).

Wasser im Kuenser Waal

1986

Umschlaggestaltung und Layout: Roland Prünster, Bozen

Vorsatzkarte: Heinz Matthias, Neumarkt

Wanderskizzen: rolandgrafic

Übersichtskarten im „Lexikon": Hanspaul Menara

Gesamtherstellung: ATHESIADRUCK, Bozen

ISBN 88-7014-408-9

Zu diesem Buch

Auf ebenem Weg dahinzuwandern über Wiesen, durch Obst- und Weingüter, an Höfen vorbei, im Schatten stiller Nadelwälder, durch lichte Birkenhaine, unter den Kronen mächtiger Pappeln und Kastanien, im Schatten hohen Buschwerks oder im Anblick schimmernder Gletscher, und dazu noch begleitet vom leisen Gurgeln, munteren Plätschern und verhaltenen Rauschen eines ruhig dahinfließenden Wasserlaufs — was kann es Schöneres geben.

Ein guter Teil dieses Buches ist diesem Wandern auf Waalwegen gewidmet. Er soll Anregungen und Hinweise bieten, diese Wege selbst kennenzulernen, ihren Zauber und ihre Faszination selbst zu erleben.

Aber es ging mir in diesem Buch auch um mehr; nämlich nicht allein um diese herrlichen Wege, sondern um die Waale selbst. Seit vielen Jahrhunderten durchziehen diese Wasserkanäle unser Land und vor allem die Meraner Gegend und den Vinschgau, erbaut von einfachen Bauern mit einfachsten Mitteln, und doch so eindrucksvoll, in ihrer Gesamtheit so gewaltig wie nur wenige andere Bauwerke.

Weit über tausend Kilometer lang waren diese Anlagen, wenn man sie alle zusammennimmt; unzähligen Menschen brachten sie das so lebenswichtige Wasser von weither, für unzählige Höfe und Weiler und Dörfer waren sie die Lebensadern, ohne die es oft genug kein Dasein gegeben hätte.

Seit einiger Zeit ist hier aber ein Wandel eingetreten wie nie zuvor. Man hat andere und in vieler Hinsicht wohl auch bessere Möglichkeiten für Wasserversorgung und Bewässerung gefunden, und so begannen die uralten Waale zu sterben, erst einer da, dann einer dort, und schließlich immer schneller und erschreckender, ohne daß es jemand so recht bemerkt hätte. Und mit den Waalen begann auch vieles andere zu sterben, die alten Bewässerungsformen, die alten Rechtsbräuche, die alten Fachausdrücke, viele herrliche Bäume, viele Lebensräume für die Tiere, vieles, das die Landschaft, den Menschen und seine Geschichte im Laufe langer Zeiträume geprägt hatte.

Aber alle Waale sind noch nicht tot, und gerade der Umbruch in unserer Zeit hat uns ihren Wert, ihre Schönheit, ihre kulturgeschichtliche Bedeutung und auch ihre Aufgaben, die sie heute erfüllen können, erst so recht erkennen lassen.

Daher steht — im Gegensatz zu dem, was man noch vor einigen Jahren hätte schreiben können —, in diesem Buch nicht mehr so sehr die künstliche Bewässerung im Vordergrund, sondern der Waal als Kulturdenkmal, seine Geschichte, seine ökologische Bedeutung, sein Wert also für den Menschen von heute.

Es ist mir nicht gelungen, dessen bin ich mir bewußt, alles, was zum Thema Waal erforschbar wäre, zu erforschen, alles, was man darüber schreiben könnte, zu schreiben, auf alle Fragen die richtige Antwort zu geben. Dazu wären die Themenkreise einfach zu umfassend und meine Möglichkeiten zu bescheiden gewesen. Aber das Buch ist doch die umfangreichste Arbeit, die zu diesem Thema bisher erschienen ist, und wenn es sich dabei auch um keine rein wissenschaftliche Arbeit handelt, so ist sie für den Wissenschaftler vielleicht doch eine gewisse Grundlage, ein Behelf für weitere Forschungen.

Doch was ich mir von diesem Buch am sehnlichsten wünsche, ist dies: daß es den Anstoß dazu geben möge, keine weiteren Waale mehr sterben zu lassen und wenn irgend möglich sogar den einen oder anderen wieder zu neuem Leben zu erwecken.

Im Frühjahr 1986

Hanspaul Menara

Waalsystem mit „Ilzen" und „Bichl" auf der Malser Haide; im Hintergrund Burgeis

Erster Teil

Südtiroler Waale im Überblick

Alles Wissenswerte zum Thema Waal

Vorbemerkung

In dieser Übersicht soll ein Einblick gewährt werden in das Gesamtthema der Südtiroler und insbesondere der Vinschgauer Waale, wobei alle Aspekte, die sowohl mit den Waalen selbst wie auch mit der alten Flurbewässerung zusammenhängen, behandelt werden sollen. Dabei stütze ich mich einmal auf die vielen, zum Teil streng wissenschaftlichen Veröffentlichungen, die zum Thema in den letzten hundert Jahren erschienen sind, zum anderen aber auch auf zahlreiche eigene Begehungen und ebenso auf viele Gespräche mit den Leuten.

Es ist klar, daß hier zwar ein umfassender Gesamtüberblick geboten werden soll, aber nicht eine absolute Vollständigkeit bis in die kleinsten Details erreicht werden konnte.

Insbesondere die ehemaligen Formen der künstlichen Bewässerung wurden nicht in jener Ausführlichkeit behandelt, wie sie Rosenberger in seiner äußerst wertvollen Arbeit beschrieben hat, und die Bewässerung durch moderne Beregnungsanlagen blieb weitgehend unberücksichtigt. Es ging mir nämlich in erster Linie weder um rein landwirtschaftliche Aspekte noch um moderne Technik, sondern um den Waal als solchen, der zwar der Bewässerung dient, aber nicht unbedingt auch in Zusammenhang mit dieser gesehen werden muß, zumal heute, da er für die Landwirtschaft nur noch untergeordnete Bedeutung hat.

Wenn die früheren Bewässerungsmethoden einschließlich der dazugehörigen Rechtsverhältnisse trotzdem kurz behandelt werden, so hauptsächlich um einen interessanten Blick in die Vergangenheit zu werfen, in der Bewässerung und Waal noch eine unzertrennliche Einheit bildeten (und in letzten Restgebieten auch heute noch bilden) und zusammen ein wichtiges Stück alpiner Kulturgeschichte darstellten.
Diese Einheit ist nun leider zerbrochen, und nur der Waal ist davon übriggeblieben. Deshalb ist er heute anders zu sehen als noch vor etlichen Jahren, und dies soll in den folgenden Kapiteln verstärkt zum Ausdruck kommen. Zu dieser Betrachtung gehören heute vorwiegend kulturgeschichtliche und ökologische Aspekte, aber ebenso touristische. So haben die Wege entlang der Waale eine Bedeutung erlangt, die sie früher nicht hatten. Genügte nämlich dem Waalaufseher auch ein gerade noch recht und schlecht begehbarer, oft nicht ungefährlicher Steig, so bedarf es in dem Augenblick, in dem die Waale auch dem Fremdenverkehr dienen, gut instand gesetzter und abgesicherter Wege, die auch vom ungeübten Wanderer gefahrlos begangen werden können.
Gleich an dieser Stelle ist darauf hinzuweisen, daß es im Text nicht möglich war, auf Fach- und Mundartausdrücke gänzlich zu verzichten, die vielleicht nicht jedermann ohne weiteres verständlich sind. Daher sei empfohlen, sich zunächst einmal mit dem Verzeichnis der Fachwörter am Ende dieses ersten Hauptabschnittes des Buches vertraut zu machen. Ebenso sei derjenige, der sich in das Gesamtthema des Waal- und Bewässerungswesens noch weiter vertiefen möchte, auf das Literaturverzeichnis im Anhang verwiesen.

Ein Blick über Südtirol hinaus

Große Wasserkanäle und künstliche Bewässerung — das gab und gibt es nicht nur in Südtirol, sondern überall auf der Welt und bei sehr vielen Völkern und Kulturen.
Denken wir nur an die berühmte Nilbewässerung in Ägypten, wo sie eine jahrtausendealte Tradition besitzt und ohne sie eine nennenswerte Agrarwirtschaft nicht denkbar wäre, denken wir an die gewaltigen Bewässerungsanlagen und -kanäle der Babylonier und Assyrer oder an die hochspezialisierte Technik im Bau von Aquädukten der alten Römer. Und Gleiches gilt für viele Gegenden Asiens. Im Nordwesten Chinas durchziehen gewaltige Bewässerungskanäle die Berghänge, so wie im Gebiet von Turfan bis zu 40 Kilometer lange, meterhohe Aquädukte tief unter der Oberfläche des Wüstensandes verlaufen, da an der Oberfläche das Wasser verdunsten würde, bevor es die Oase erreicht; und in den Bergen des Himalaja finden wir Bewässerungskanäle und aus Baumstämmen gehackte Holzrinnen, die nicht anders aussehen als unsere Waale und Kandeln.
Und ähnliches begegnet uns auch auf dem Kontinent jenseits des großen Teiches. Im heutigen amerikanischen Bundesstaat New Mexiko trafen die Spanier im 16. Jahrhundert große Bewässerungsanlagen an, und über die Bewässerung durch die einstigen Wüstenvölker im benachbarten Arizona schreibt C. W. Ceram in seinem Buch „Der erste Amerikaner" folgendes: „Das System der meilenlangen Kanäle entstand allmählich, Arbeit vieler Generationen. Ein fünf Kilometer langer, mit den Händen und den primitivsten Holz- und Steinwerkzeugen gegrabener Kanal konnte auf die Zeit vor Christi Geburt datiert werden... Die Kanäle mußten sorgfältig der Landschaft angepaßt werden (wie erreichte man das ohne jegliches optisches Gerät?), sie mußten ständig überwacht werden, verändert, ausgebessert, Regulierungsvorrichtungen mußten eingebaut werden — und das durch die Jahrhunderte hindurch."
— Könnten diese Sätze nicht für unsere Waale geschrieben worden sein?
Doch sehen wir uns in Mitteleuropa und in unserer engeren Umgebung kurz um. Da haben wir künstliche Bewässerung und Zuleitungskanäle in Deutschland

— beispielsweise östlich von Köln im Siegerland, nordwestlich von Würzburg im Spessart und nördlich von Nürnberg im Regnitztal —, ebenso in Oberösterreich, wo in einer Urkunde von 1599 der Begriff „Wässerweil" (also gleichlautend wie bei uns) für eine bestimmte Bewässerungszeit auftaucht, wir haben

Bergwaal im Paznauntal

sie am Alpensüdrand und selbstverständlich auch in den Alpen selbst — so im Paznauntal, wo uns ebenfalls ähnliche oder gleiche Fachwörter begegnen wie im Vinschgau, dann im Aostatal in den Westalpen und vor allem im Wallis, wo die Bewässerungswirtschaft mit der des Vinschgaus vergleichbar ist (die Waale werden dort Wasserfuhren oder auch Bisses genannt), die Kanäle aber kürzer und nicht so zahlreich sind.
Von den im Osten, Norden und Westen an Südtirol unmittelbar angrenzenden Gebieten mit Bewässerungsanlagen ist das obere Drautal, die östliche Fortsetzung der Pustertaler Furche, zu nennen, weiters das Oberinntal, wo in Imst bereits 1312 ein „Wezzraerer" (Wässerer) urkundlich erwähnt wird, im Ötztal die künstliche Bewässerung seit 1313 schriftlich belegt ist und bedeutende Waalanlagen in der Umgebung von Landeck erbaut wurden sowie kleinere im Sellraintal in den Stubaier Alpen; weitere Waale befinden sich schließlich auch in dem an den Vinschgau im Westen angrenzenden Engadin, wo sie „ovèl" genannt werden, was ebenso wie unser „Waal" im romanischen „aquale" seinen Ursprung hat.
Überschreiten wir im Südosten die Grenzen Südtirols, so gehören das Fleimstal und das weiter südlich liegende Suganertal zu den künstlich bewässerten Gebieten, während im Südwesten, vom Etsch- und Ultental durch Bergkämme getrennt, der Nonsberg zum Teil sehr lange Waale besitzt.
Diese Aufzählung ließe sich noch lange fortsetzen, doch allein die wenigen Beispiele machen deutlich, daß es Bewässerungskanäle zu allen Zeiten gegeben hat, daß sie weltweit verbreitet sind; und vor allem zeigen sie, wie wichtig künstliche Bewässerung für das Leben vieler Völker immer schon war und wie ähnlich sich die Anlagen in den verschiedensten Teilen der Welt sind.

Südtiroler Waale — nur im Vinschgau?

Der Vinschgau besitzt weitaus die meisten Waale und das dichteste Waal- und Bewässerungsnetz sowohl Südtirols als auch — zumindest galt dies, bevor das große Waalsterben einsetzte — der gesamten Alpen. Und zwar beschränkt es sich keineswegs — wie dies auf den ersten Blick scheinen möchte und manchmal angenommen wird — nur auf den Sonnenberg bzw. auf jene Waale, die als grüne Vegetationsstreifen inmitten baumloser Steppenhänge weithin auffallen; vielmehr befinden sich hier die Waale auch am Nördersberg, also an der Schattenseite des Tales, in der Talsohle und in allen Seitentälern.
Auf den ausgedehnten Schwemmkegeln des unteren und mittleren Vinschgaus mit ihren riesigen Obstanlagen allerdings sind die Waalsysteme heute ebenso fast gänzlich verschwunden wie in der Talsohle, während sie in den Wiesen des oberen Vinschgaus noch weitgehend erhalten sind, da und dort sogar noch zusammen mit den kleinen, über lange Geländerücken laufenden Zweigkanälen, wie zum Beispiel bei Laas, Tschengls, Prad, Schluderns, Glurns Lichtenberg, auf der Malser Haide, im Matscher Tal, im Planeiltal. Allerdings hat man auch hier schon mit „Flurbereinigungen" und Planierungen begonnen, denen die jahrhundertealten Reste der ehemaligen Wiesenbewässerung allmählich zum Opfer fallen. Doch muß gesagt werden, daß flache Wiesen ohne „Ilzen", wie die kleinen Zweigwaale genannt werden, nicht immer planiert worden sein müssen; es kann sich nämlich früher um Äcker gehandelt haben, deren Bewässerung keine Spuren hinterließ.

All das Gesagte gilt auch für die Vinschgauer Seitentäler Schlinig, Trafoi, Sulden, Martell, Planeil, Matsch, Schnals. Auch hier gibt es noch größere Hauptwaale und kleine Wiesenkanäle, aber auch hier ist vieles bereits verschwunden oder zumindest aufgelassen. Wenn auch in all diesen Tälern der Erwerbsobstbau keine Rolle spielt, so hat man doch auch die Wiesenbewässerung vielfach schon von der alten Berieselung auf die moderne Beregnung umgestellt. Ähnliches wie für den Vinschgau und seine Seitentäler gilt auch für das Burggrafenamt. Die großen Waale in der Umgebung Merans sind zu einem guten Teil auch heute noch erhalten; teils aufgelassene, teils noch in Betrieb befindliche gibt es im gesamten äußeren Passeiertal bis ungefähr hinein nach St. Leonhard, und künstliche Bewässerung gab es auch noch im ganzen inneren Passeiertal, wenngleich man hier größere Waale heute vergeblich sucht.

Viele Waale sind hingegen noch im Ultental in Betrieb, es gab sie auf dem Schwemmkegel von Lana, auf den Hangterrassen von Tisens und Prissian, im Bereich von Andrian, Nals, Eppan und Bozen. Abgesehen von Resten sind sie hier aber überall so gut wie verschwunden, Ilzen und Bichl trifft man nirgends mehr an, einerseits weil die einstigen Wiesen in Obstgüter umgewandelt wurden und andererseits weil viele Gründe schon seit jeher Weingüter oder Kornäcker trugen. Insgesamt war und ist das Waalnetz im Burggrafenamt nicht so dicht wie im Vinschgau; auch finden sich hier keine sehr hoch gelegenen, über Bergjöcher führenden Waale. Und am Tschögglberg, der Hochfläche zwischen dem Etschtal und dem Sarntal, gab es nie eine nennenswerte künstliche Bewässerung.

Wohl aber gab es sie im übrigen Südtirol. Allerdings nahm sie hier von Süd nach Nord und von West nach Ost rasch ab und erreichte nirgends die Intensität wie im Burggrafenamt und Vinschgau. Immerhin finden wir vereinzelte, noch in Betrieb befindliche oder bereits aufgelassene Waale im Sarntal und besonders an der Westseite des unteren und mittleren Eisacktales; und in sehr geringer Zahl auch noch im oberen Eisacktal und im Pustertal. In diesen beiden letztgenannten Gebieten jedoch finden sich keine größeren wasserführenden Waale mehr, sondern nur noch letzte Reste nie sehr bedeutender, aber doch vorhanden gewesener Bewässerungssysteme.

Zusammenfassend also ist festzustellen, daß die heutige geographische Verteilung der Waale — wenn man auch die aufgelassenen miteinbezieht — im großen und ganzen der künstlichen Bewässerung in früheren Zeiten entspricht, wobei der westliche Landesteil eindeutig das eigentliche Waalgebiet darstellt.

Wenig Regen — viele Waale

Es sind fast ausschließlich die klimatischen Verhältnisse, die eine Antwort darauf geben, warum es in der westlichen Landeshälfte weit mehr Waale und wesentlich intensivere Bewässerung gibt als in der östlichen.

Je niederschlagsärmer ein Gebiet ist, desto notwendiger wird in der Landwirtschaft die zusätzliche künstliche Bewässerung. Der Vinschgau ist bekanntlich mit nur rund 500 bis 700 mm jährlichem Niederschlag das niederschlagsärmste Tal der Ostalpen und neben dem Aostatal und dem Glottertal im Wallis eines der niederschlagsärmsten der gesamten Alpen. Doch das genannte Jahresmittel gibt in unserem Zusammenhang noch ein zu positives Bild. Denn während der Wachstumsperiode, auf die es ja vorwiegend ankommt, betragen die Niederschläge sogar nur um die 300 bis 350 Millimeter; zum Vergleich: In den Hochgebirgen rund um den Vinschgau betragen die jährlichen Mittelwerte rund 1500 mm, am Alpenrand sogar bis zu 3000 mm.

Weiß man nun, daß Feldfrüchte und Getreide 400 bis 500 mm, Wiesen 700 und der Erwerbsobstbau sogar 800 bis 1000 mm Niederschlag während der Vegetationsperiode benötigen (Schenk), wird klar, daß im Vinschgau — gemeint ist hier vor allem der untere und mittlere Abschnitt des Haupttales — ohne künstliche Bewässerung so gut wie keine Landwirtschaft und damit für den Menschen auch kein Überleben möglich wäre. Hinzu kommt, daß die so äußerst geringen Niederschläge meist als kurze Starkregen fallen, die vom Boden kaum gespeichert werden können, rasch abfließen und — speziell an den ohnehin sehr erosionsanfälligen Sonnenhängen — oft mehr schaden als nützen.

Aber auch die Daten der Niederschläge während der Vegetationsperiode liefern immer noch ein zu positives Bild. Gibt es doch Jahre, in denen sie (lt. Fliri) bis zu 63% unterschritten werden können, und in solchen katastrophalen Trockenperioden, in denen bis zu 40 Tage zwischen dem einen kurzen Starkregen und dem nächsten vergehen können, nützt es nichts, daß es auch Jahre mit wesentlich höheren Niederschlagsmengen gibt.

Zu alldem kommt noch die südexponierte und somit sehr starker Sonneneinstrahlung ausgesetzte Lage der gesamten linken Talhänge und die so verursachte starke Erwärmung des Bodens wie auch die im Vergleich zu anderen Gebieten mit gleicher Höhenlage um einiges höheren Lufttemperaturen, die ihre Ursache auch darin haben, daß der Vinschgau ein sehr tiefes bzw. von sehr hohen Bergen umrahmtes Tal ist (mit 2000 bis 2600 m sind die Vinschgauer Talhänge die höchsten der Ostalpen), und außerdem, daß hier die Bewölkung sehr gering ist (lt. Fischer im mittleren Vinschgau nur ca. 35%).

Geringe Bewölkung, extrem geringer Niederschlag und hohe Temperaturen wiederum haben ihre Ursache darin, daß atlantische Tiefs von der hohen Bergumrahmung aufgefangen werden und dem Tal selbst nicht Niederschläge, sondern als weiteres Übel sich rasch aufwärmende und die Böden austrocknende, aus Nordwest kommende Fallwinde (der berüchtigte „Oberwind") bringen. Regen kommt meist nur von Mittelmeertiefs, also von Süd und Südost, aber auch er selten genug.

Der Vinschgauer Nördersberg, die Südseite, ist zwar bei weitem nicht so ausgedörrt wie die Sonnenseite, aber dafür ist die Vegetationsperiode um so kürzer, weshalb auch hier überall die künstliche Bewässerung notwendig ist, um einigermaßen zufriedenstellende landwirtschaftliche Erträge zu erreichen.

Im Meraner Becken und im übrigen Burggrafenamt sind die klimatischen Werte zwar etwas günstiger als in der Vinschgauer Hauptfurche, so daß die künstliche Bewässerung hier nicht ganz so unabdingbar wäre und auch nicht so ausgeprägt ist. Allerdings sind auch hier die Temperaturen hoch und liegen in Meran im Mittel um 22 Grad Celsius und im äußeren Passeiertal um 19 Grad. Auch die Niederschläge sind in Meran mit 750 mm noch immer gering (für Bozen gelten ähnliche Werte), während sie im Passeiertal und in Ulten dann schon auf über 1000 mm ansteigen. Normalerweise dient in diesem ganzen Bereich die künstliche Bewässerung in erster Linie nur der Hebung der landwirtschaftlichen Erträge; in Trockenperioden aber wird sie auch hier zur absoluten Notwendigkeit.

Ohne nun auf weitere Meßwerte und Einzelheiten eingehen zu wollen, ist zu sagen, daß die klimatischen und auch morphologischen Verhältnisse für die Landwirtschaft um so besser werden, je weiter wir uns ostwärts begeben, mögen in regenarmen Sommern vor allem die westseitigen, starker Sonneneinstrahlung ausgesetzten Hänge des unteren Eisacktales auch unter erheblicher Trockenheit zu leiden haben.

So alt wie die Besiedlung

Für die von allen Forschern ausgesprochene Vermutung, daß unsere ältesten Waale in vorgeschichtliche Zeit zurückreichen, gibt es zwar keine endgültigen Beweise, aber doch zumindest ernstzunehmende Indizien. Zunächst ist da der von manchen Autoren unternommene Versuch, das Wort „Waal" vom keltischen Wort „bual" für Wasser abzuleiten, was, wenn die Deutung zuträfe, recht deutlich auf das vorgeschichtliche Alter der Waale hinweisen würde. Allerdings lehnen die meisten Forscher diese Deutung ab.
Weiters haben wir zu nennen die durch zahlreiche archäologische Funde belegte Besiedlung nicht nur der Vinschgauer Talrandzonen und Schwemmkegel, sondern auch höher gelegener Stellen am Sonnenberg, auf denen ein Dasein ohne künstliche Wasserzufuhr für Mensch und Vieh und Felder nur schwer vorzustellen ist. Dies gilt für den Geländerücken von Juval, für die Annenberger Böden, für die kleinen Hangterrassen und Kuppen oberhalb Kortsch, für die Extremsiedlung Talatsch und für verschiedene andere ähnliche Punkte, wo sicher schon immer weit stärkerer Wassermangel herrschte als unten auf den Schwemmkegeln.
Wenn nun auch keltische Sprachreste in einigen Vinschgauer Ortsnamen erhalten sein mögen, und wenn wir die vorgeschichtlichen Siedler auch nicht so primitiv ansehen dürfen, wie wir dies immer noch gerne tun, so erhebt sich dennoch die Frage, ob jene prähistorischen Menschen rein von der Technik her in der Lage waren, künstliche Wasserkanäle anzulegen, und ob sie solche überhaupt kannten.
Diese Frage muß man wohl dahingehend beantworten, daß der Mensch immer schon imstande und auch gezwungen war, das Wasser mittels eines kleinen Erdkanals zu seiner Almhütte oder zu seinem Haus zu leiten, und genauso weiß der Mensch natürlich auch schon seit frühester Urzeit um die wachstumsfördernde Kraft des Wassers. Daraus folgt, daß die urgeschichtlichen Menschen vor allem am so extrem trockenen Vinschgauer Sonnenberg ohne weiteres bereits erste Waale gehabt haben könnten. Und dafür gibt es seit kurzem sogar so etwas wie einen stichhaltigen Beweis. Bei archäologischen Ausgrabungen stieß man 1978 bei Pfatten im Südtiroler Unterland auf einen großen Wasserkanal mit flacher Sohle und sehr sorgfältig gemauerten, rund einen halben Meter hohen Seitenwänden aus Porphyrplatten. Dieser Kanal stammt aus dem 6. Jh. vor Christus und beweist damit einwandfrei, daß unsere prähistorischen Vorfahren grundsätzlich imstande waren, auch große und gemauerte Waale zu bauen und nicht erst ein halbes Jahrtausend lang warten mußten, bis ihnen die Römer das technische Können beibringen würden.
Allerdings ist nicht anzunehmen, daß sowohl in vorgeschichtlicher Zeit als auch dann in den fünf Jahrhunderten römischer Herrschaft das Waalnetz auch nur annähernd so dicht war wie in späteren Jahrhunderten. Denn so vieler und so langer Waale bedurfte es bei der doch nur dünnen Besiedlung sicher nicht. Wir müssen vielmehr den Ausbau von den frühesten Wasserkanälen bis zum endgültigen Waalnetz als eine stetige Entwicklung sehen, die Hand in Hand ging mit zunehmender Besiedlung, Urbarmachung und Höfeteilung.
Wenn nun die ersten schriftlichen Nachrichten über Waale erst bald nach 1200 auftauchen, so liegt das daran, daß

War schon in der Urzeit besiedelt: Talatsch ober Schlanders

die Geschichte des Landes im wesentlichen ebenfalls erst in dieser Zeit oder nur wenig früher in das Licht der Urkunden tritt. Aber andererseits ist dies auch die Zeit, in der — vom 11. bis zum 14. Jh. etwa — gleichzeitig mit dem äußerst starken und bis in Höhen von 2000 und mehr Metern vordringenden Siedlungsausbau auch der bis dahin bedeutendste Ausbau der Waalanlagen vorangetrieben wurde, wenn auch zu betonen ist, daß — wie auch aus den Urkunden dieser Zeit hervorgeht — viele Waale bereits bestanden und daß die Bewässerung einschließlich der damit verbundenen Rechtsgepflogenheiten bereits eine alte Tradition besaß.

Die Umwandlung von Wald in landwirtschaftliche Kulturgründe, die Anlage neuer Höfe, die Entwicklung von Einzelhöfen zu Weilern — all das erforderte die Anlage neuer Waale sowie die Verlängerung und Leistungssteigerung bereits bestehender. Dies belegen da und dort — wie etwa im Fall des 1346 erbauten Malser Mitterwaales oder des 1333 verlängerten Plarser Waales — die schriftlichen Quellen, und es läßt sich auch am verschiedentlich vorkommenden Namen „Neuwaal" erschließen oder dort erkennen, wo mehrere Waale übereinander verlaufen.

Dieser Ausbau des Waalnetzes aber brach mit dem Ende des starken hochmittelalterlichen Siedlungsausbaues nicht ab, sondern setzte sich noch jahrhundertelang fort, so daß wir bis ins späte 19. Jh. hinein immer wieder von der Neuanlage von Waalen oder von der Verlängerung bereits bestehender hören. Der letzte große Waal Südtirols war der 1873 erbaute Latschanderwaal bei Kastelbell.

Mit dem Aufkommen von Metall- und Betonrohren hörte dann nicht nur der Neubau von Waalen auf, sondern es begann auch allmählich die Auflassung vieler Waale, und diese setzte sich nach dem Zweiten Weltkrieg bis heute noch erheblich beschleunigt fort. Allerdings wurden auch bereits in vergangenen Jahrhunderten manche Waale aufgelassen, wenn beispielsweise ein Hof abbrannte und nicht wiederaufgebaut wurde oder umgekehrt, wenn ein Bauer nicht mehr in der Lage war, die nötigen Instandsetzungsarbeiten an seinem Waal durchzuführen, und dann wegen Wassermangels den Hof aufgeben mußte. Und selbstverständlich kamen auch die Waale jener Höfe ab, die wegen ihrer extremen Höhenlage nicht gehalten werden konnten.

Deutsches und romanisches Namengut

Die Benennungen der Waale sind äußerst vielfältig; manche sind leicht verständlich, manche sehr seltsam. Ihr Ursprung ist vielfach leicht zu erkennen, oft aber widersetzt er sich recht hartnäckig einer Deutung. Manche Waale haben auch keinen eigenen Namen, sie werden einfach „der Waal" genannt, und wer sie zur Unterscheidung von anderen dennoch benennen will, muß einen Namen erfinden. Und zu allem Überfluß gibt es auch noch Waale, die sowohl von den Einheimischen einmal so und einmal anders genannt werden als auch in der Literatur unter mehreren Namen anzutreffen sind.

Die Mehrzahl aller Waale allerdings ist nach einer in ihrer Nähe gelegenen Ortschaft benannt, wie etwa der Verdinser Waal, der Marlinger, Algunder, Kuenser, Naturnser, Stabener und Tscharser Waal, der Talatschwaal, die Glurnser und die Malser Waale und verschiedene andere. Doch auch bei diesen gibt es manchmal Probleme; denn wenn zwei gleichrangige Ortschaften an einem Waal liegen, kann es vorkommen, daß abwechselnd alle beide als Namengeber fungieren.

Wenn innerhalb eines verstreuten Weilers ein Waal nach einem Hof oder einer Höfegruppe benannt ist, wie etwa der Gschneirer Waal, der Steinerwaal, der Pazzinwaal, der Forrawaal und andere, hat sich die Benennung meist ziemlich fest eingebürgert, und es gibt nur diese eine. Solche Waale waren besonders früher häufig, als noch fast jeder Einzelhof seinen eigenen Waal besaß.

Selten hingegen sind Waale, die nach dem Bach benannt sind, von dem sie abgeleitet werden, oder nach dem Tal, aus dem sie kommen. Aber es gibt auch sie: die Etschwaale zum Beispiel oder die Schnalswaale.

Oft wiederum stand bei der Namengebung eine Flur oder das Gelände Pate, wie beim Klammwaal, bei den Leitenwaalen, den Wiesenwaalen, den Bergwaalen, dem Ackerwaal, den Jochwaalen.

Da und dort wurde auch die Art des Waales zum Namengeber, und so gibt oder gab es Kandlwaale, einen Krummwaal, einen Lirilariwaal (weil er sich so lustig hin und her schlängelte).

Zur Unterscheidung von bereits bestehenden nahen Anlagen erhielten später dazugekommene Waale da und dort den Namen Neuwaal, parallel übereinander verlaufende Waale taufte man Unter-, Mitter- und Oberwaal, nach der zu erfüllenden Aufgabe gab oder gibt es Mühlwaale, Schmiedwaale und Feuerwaale.

All diesen leicht erklärbaren Namen, die sich noch lange fortsetzen ließen, stehen eine ganze Reihe solcher gegenüber, die nicht so leicht verständlich sind, und deren Ursprung großteils auch noch gar nicht ernsthaft erforscht wurde. So manchen von ihnen gibt es nur noch auf dem Papier, da der Waal selbst schon verschwunden ist, so manch anderen werden wir auch nie mehr erfahren.

Die meisten dieser manchmal ebenso klangvollen wie merkwürdigen Namen stammen aus romanischer Zeit, wie etwa der Rampitschenwaal, der Zaalwaal, der Raminiwaal, der Gaschitschaswaal und viele andere, doch manchmal sind sie auch eindeutig deutsch oder klingen zumindest so, und dennoch bedürfte es eingehender Forschungsarbeit, um das Rätsel ihres Ursprungs zu lösen. Auch hier mögen einige wenige Beispiele genügen: Harnischwaal, Suppenwaal, Fischerwaal, Frauwaal, Herrenwaal, Haarwaal.

Und schließlich und endlich sind noch jene Waale zu nennen — ohne allerdings genau angeben zu können, welche

—, die vielleicht vorrömische, also urgeschichtliche Namen tragen, Namen, in denen wir möglicherweise nur romanischen oder gar deutschen Ursprung vermuten, und die dennoch weit älter sind. Doch ist ein solcher Nachweis schon für Ortsnamen, mit denen sich die Wissenschaft seit langem befaßt, oft sehr schwierig, so gilt dies für die Namen der Waale, mit denen sich kaum jemand beschäftigt hat, um so mehr.

Fast eine fremde Sprache

Wie jeder andere größere Arbeitsbereich auch, so besitzt auch die künstliche Flurbewässerung eine Reihe von eigenen, in der Hochsprache großteils unbekannten und dem Außenstehenden oft unverständlichen Ausdrücken, die zusammengefaßt so etwas wie eine Fachsprache bilden. Für Wasserkanal, Wasserspeicher, Holzrinne, Schleuse, Aufseher, Alarmvorrichtung, Wasserfassung, Einlaufenlassen des Wassers, Verteilen des Wassers, Einteilung der Wassernutzung und für viele weitere Einrichtungen, Vorrichtungen, Tätigkeiten und Geräte gibt es solche Wörter (die in einem eigenen Abschnitt aufgeschlüsselt sind).

Sie lauten aber nicht überall gleich und können in Einzelfällen sogar von Ortschaft zu Ortschaft verschieden sein, während andere auch wieder in ganz Südtirol verwendet werden. Teils sind sie romanischen (oder rätoromanischen), teils deutschen Ursprungs, und zwar finden wir im Vinschgau weit mehr romanische Wörter als im mittleren und vor allem im östlichen Teil Südtirols.

Das Wort Waal ist im ganzen Land bekannt, während eine aus einem Baumstamm gehackte Rinne im Westen Kandl und im Osten Uesch (oder ähnlich) heißt, Bretterrine im Westen Lawod und im Osten Wiere, Wasserspeicher im Westen Tschött und im Osten Rease. Die Ursache für diese Unterschiede liegen einerseits wohl in der späteren und langsamer vor sich gegangenen Eindeutschung des Vinschgaus, andererseits aber auch im Umstand, daß hier das Waalwesen viel ausgeprägter war als anderswo. Aber daß gerade die wichtigsten Fachwörter aus dem Romanischen entlehnt sind, darf nicht darüber hinwegtäuschen, daß diese Fachsprache doch vorwiegend deutsche Ausdrücke enthält, auch im Westen Südtirols. Daniel weist in seiner Untersuchung darauf hin, daß selbst im Vinschgau von den rund 500 Fachwörtern nur etwa 30 romanischer Herkunft sind, weitere 80 aus deutschen und romanischen Wörtern zusammengesetzt sind und fast 400, also nahezu 80 Prozent, der deutschen Sprache entstammen.

Von den 30 romanischen Ausdrücken sind die meisten nur auf den oberen Vinschgau, wo die rätoromanische Sprache bekanntlich erst im 17. Jahrhundert endgültig der deutschen wich, beschränkt und betreffen vor allem den technischen Waalbereich.

Mit dem Untergang der alten Bewässerungsform und dem Verschwinden vieler Waale sterben auch viele Fachwörter aus, aber die Fachsprache erfährt auch sonst so manche Wandlung. Manche Wörter werden der Hochsprache angenähert oder sogar durch solche aus der Hochsprache ersetzt, andere mehr oder minder stark vereinheitlicht, und einige wenige wie Waal, Kandl und Tschött scheinen durch Publikationen und Medien als allgemeinverständliche Wörter sogar allmählich in die Hochsprache Eingang zu finden. Damit sie auf Dauer überleben können, setzt aber natürlich voraus, daß die noch bestehenden Anlagen erhalten bleiben.

„Waal" und „Kandl"

Zumindest die zwei wichtigsten und am häufigsten zu hörenden „Waalwörter" sollen hier näher besprochen werden. Unter einem Waal im weitesten Sinne versteht man im Südtiroler Sprachgebrauch alle Formen von Wasserkanälen und manchmal auch nur einen wasserlosen Erdkanal. Doch im engeren Sinne und so, wie das Wort heute meist gebraucht und verstanden wird, ist ein Waal in erster Linie ein Bewässerungskanal und daneben auch eine Wasserzuleitung zu einem Hof oder zu einer Mühle. Für alle anderen Arten von Wasserkanälen und insbesondere für Entwässerungsgräben hat sich die Bezeichnung „Waal" nicht eingebürgert. Hierin drückt sich einerseits das weit höhere Alter der Kanäle in der bäuerlichen Arbeitswelt gegenüber den späteren Kanälen verschiedener Art aus, und andererseits zeigt sich das Bestreben zur Hervorhebung des für das Leben des Bergbauern wichtigsten Wasserkanals.

So wie für andere Wörter aus der Fachsprache der künstlichen Bewässerung, die nicht hochsprachlich sind, gibt es hinsichtlich der Schreibung auch für „Waal" keine festgelegte Norm. Urkundlich finden wir so unterschiedliche Schreibungen wie wäll, wäl, wall, wil, wal, wahl, aber nur ganz selten waal. Früher wurde in der Literatur manchmal Wahl verwendet, während Daniel um 1970 für die Schreibung Wal eintrat und sie in seinen Arbeiten auch konsequent beibehielt.

Trotzdem aber hat sich die Schreibung mit zwei a bereits vor Jahrzehnten in der Literatur allgemein eingebürgert und mit der Zeit auch so gut wie überall durchgesetzt, wohl um der Besonderheit dieses Wasserkanals auch in seiner Namensform gerecht zu werden, aber auch um das Wort von Wahl (wählen) und Wal (Meeressäuger) eindeutig zu unterscheiden. Und da vor allem durch den Meraner Fremdenverkehr in den letzten Jahren und Jahrzehnten die Bezeichnung und Schreibweise Waal weit über die Südtiroler Landesgrenzen hinaus bekannt geworden ist und in der einheimischen Literatur ebenso wie in der des deutschsprachigen Auslandes verwendet wird, wäre heute eine andere Schreibweise auch gar nicht mehr durchzusetzen.

Was die Herkunft des Wortes betrifft, so dachte P. Sebastian Heinz 1895 in einer Arbeit über das Keltentum im Vinschgau an das keltische Wort „bual" für Wasser, und auch Robert Winkler trat 1969 eher für diese Deutung ein. Alle anderen Namenforscher, unter ihnen Finsterwalder und Schatz, leiten das Wort hingegen vom romanischen „aquale" (= Wasserleitung) ab, und da auch die meisten anderen nichtdeutschen Wörter der Bewässerungssprache dem Romanischen entlehnt wurden, dürfte diese Deutung wohl die richtige sein; auch wenn die in mittelalterlichen Urkunden wiederholt gebrauchte Bezeichnung „aquale" kein Beweis für die Richtigkeit dieser Deutung sein muß, da diese Urkunden einerseits ja in lateinischer Sprache abgefaßt sind und einen Wasserkanal daher ganz selbstverständlich aquale nennen, und andererseits als erklärenden Zusatz meist auch die so oder ähnlich lautende Formel „quod dicitur wal" (= hier Waal genannt) beinhalten. Das bedeutet, daß „wal" von den Schreibern jener Zeit nicht als Ableitung von aquale erkannt wurde.

An dieser Stelle ist auch kurz die Aussprache des Wortes zu erörtern, da sie mit der Schreibweise nicht genau übereinstimmt. Sie lautet in der Einzahl der „Wohl", in der Mehrzahl die „Wohler" oder die „Waale". Der Waalaufseher aber ist nicht der „Wohler", sondern der „Wahler", und folglich auch seine Behausung die „Wahlerhitte".

Ähnliches gilt auch für das zweite hier zu behandelnde Wort, das heute meist „Kandl" geschrieben wird, eine aus einem Baumstamm angefertigte Holzrinne bezeichnet und bei Nicht-Einheimischen in dieser Form zu einer falschen Aussprache führen kann. Für den Vinschgauer heißt es nämlich in der Einzahl der „Kohnl" und in der Mehrzahl die „Kahnl", während weiter östlich, etwa im Passeiertal, für die Einzahl auch der „Koanl" zu hören ist. Da die Schreibweise der „Kandl", die „Kandeln" heute bereits in allen Publikationen eingebürgert ist, wird sie auch in diesem Buch beibehalten, wenngleich die von Winkler verwendete Form „Kahnl" vielleicht nicht die schlechtere wäre.

Auch der Fachausdruck Kandl ist romanischen Ursprungs und hat sich aus dem lateinischen „canalis" (= Kanal) gebildet. — Abgesehen von örtlichen Ausnahmen, versteht man unter einem Kandl stets nur die aus einem Baumstamm hergestellte Rinne; außerhalb des Vinschgaus aber heißt sie Uesch, Jesch oder Üesche. Eine Bretterrinne dagegen nennt man im Vinschgau, allerdings nicht überall, „Lawod" und außerhalb des Tales „Wiere".

Hinsichtlich aller anderen Wörter aus der Bewässerungssprache, die in diesem Buch natürlich nicht alle so ausführlich besprochen werden können wie „Waal" und „Kandl", sei auf das „Kleine Waalwörterbuch" am Ende dieser Einleitung verwiesen.

Komplizierte Rechtslage

Solange das Land nur dünn besiedelt war und das Wasser der Bäche für die Bewässerung der landwirtschaftlich genutzten Flächen ausreichte, mag jeder einen Bach beliebig angezapft und so viel Wasser auf sein Feld geleitet haben, wie er wollte. Doch als die Besiedlung dichter und die Dorfgemeinschaften größer wurden, verlangte die Nutzung und Verteilung des immer kostbarer werdenden Wassers nach einer Regelung.

Wann dies war und wie es vor sich ging, wissen wir nicht. Fest steht aber, daß es allmählich zur Herausbildung fester Rechtsbräuche kam, die um so komplizierter und vielschichtiger wurden, je mehr die Urbarmachung des Bodens zunahm und je mehr die landwirtschaftlichen Flächen — zumindest im Vinschgau — durch Hofteilungen zerstückelt wurden. Dabei hat es natürlich viel Zank und Hader gegeben und auch so manche Härtefälle, obwohl andererseits gerade die künstliche Bewässerung und die gemeinsame Wassernutzung auch der Zusammenarbeit und dem Zusammengehörigkeitsgefühl auf Weiler-, Dorf- und Talschaftsebene förderlich war.

Im Spätmittelalter begann man dann nach und nach — vielfach auch unter Anleitung und auf Betreiben der weltlichen und geistlichen Grundherren, die auch die Urbarmachung und die Anlage von Waalen vorantrieben —, die althergebrachten Rechtsgepflogenheiten in den Dorfbüchern, den sogenannten Weistümern, oder auch in eigenen Waalbriefen schriftlich festzulegen.

Diese Rechte und Pflichten wurden dann jährlich einmal vor versammelter Dorfgemeinschaft verlesen, und wer sich nicht daran hielt, mußte empfindliche Strafen gewärtigen, von denen die geringste in ein paar „Watschn" bestand.

Die Waalordnungen waren von Ortschaft zu Ortschaft, von Hof zu Hof und von Waal zu Waal sehr verschieden; sie waren äußerst kompliziert und mußten auch ab und zu den sich ändernden Verhältnissen angepaßt werden. Abgesehen von den Waalen und Wasserrechten der Einzelhöfe, wurden die meisten Waale zunächst von der gesamten Dorfgemeinschaft erbaut und verwaltet, bis sich dann eigene Waalinteressentschaften herausbildeten.

Der Bau neuer Waale und die Wasserentnahme von den Bächen durfte natürlich nicht mehr nach eigenem Gutdünken erfolgen, sondern mußte entweder von den Klöstern, die großen Grundbesitz und mit diesem auch viele Bäche besaßen, oder aber vom Landesfürsten, der seit dem 13. Jahrhundert die Hoheit über die Gewässer innehatte, gestattet werden, wobei die Bauern für das verliehene Wasser meist in Naturalien zu zinsen hatten.

Jene Bauern und Gemeinschaften, die durch den Bau eines neuen Waales geschädigt hätten sein können, hatten bei der neuen Wasserverteilung jedoch meist das Mitspracherecht.

Das verliehene Recht auf das „Wasserwasser", also das Bewässerungswasser, war in der Regel zeitlich begrenzt und mußte nach Ablauf der Frist von der Obrigkeit aufs neue bestätigt werden. Die Waalinteressentschaft bestand aus den Nutzungsberechtigten des jeweiligen Waales, und aus ihrer Mitte wurde im Wechsel von ein paar Jahren der Waalmeister gewählt. Ihm oblag es, für allgemeine Ordnung, für die Bestallung des Waalers und eventuell anderweitig notwendiger Arbeitskräfte zu sorgen, die Verwaltungstätigkeiten zu erledigen und Streitigkeiten zu schlichten, sofern dies nicht der Dorfmeister zu tun hatte.

Sonnenuhr am Naturnser Sonnenberg (Grubhof), die eigens für die genaue Einhaltung der Bewässerungszeiten angebracht wurde

War die gütliche Beilegung eines Wasserstreites nicht zu erreichen, wurde er nach Anhörung der streitenden Parteien je nach der Besitzlage und der Schwere des Falles vom zuständigen Klosterabt oder vom Richter entschieden. Mit diesem Entscheid waren dann oft auch Änderungen der Waalordnung verbunden.
Das Wasserrecht oder ein Waal konnte an einen Hof gebunden sein und durfte daher nur zusammen mit diesem verkauft werden, oder es war — häufiger — an ein Grundstück gebunden und konnte nicht unabhängig von diesem veräußert werden (wodurch der Preis für Grundstücke mit Wasserrecht im Vergleich zu solchen ohne Wasserrecht unverhältnismäßig in die Höhe getrieben wurde); das Recht konnte als selbständiger Körper im Grundkataster eingetragen sein, oder es konnte sich auch um ein freies, „walzendes" Wasserrecht handeln, das jährlich zum „öffentlichen" Verkauf gelangte.

Neben den privaten und den Interessentschaftswaalen gab es auch nach der Loslösung der Interessentschaften vom Dorf- oder Gemeindeverband noch Gemeindewaale.
Die Interessentschaftsmitglieder konnten an einem Waal entweder nur das Recht auf eine bestimmte Wassermenge haben oder auch das Recht an einem bestimmten Teil des Waales; es war nach der Größe der zu bewässernden Fläche und oft auch nach der Beteiligung am Waalbau festgelegt, und es war normalerweise zinspflichtig. Für besondere Leistungen aber, wie die Ausübung des Waalmeisteramtes, jene des Waalers oder für Grundabgabe für einen neuen Waal, gab es auch zinsfreie Rechte, das sogenannte Freiwasser, so wie es auch an den Tagen bestimmter Heiliger oder vor und nach der eigentlichen Bewässerungszeit „Freiwasser" gab.
Die Wassermenge wurde nach sogenannten Furchen berechnet, Einheiten, die dem Fassungsvermögen einer Akkerfurche entsprachen.
Die Zeit, in der jeder Nutzungsberechtigte „wassern" durfte, war durch die sogenannte Rodordnung nach Tag und Stunde genauestens festgelegt und ging vom ersten zum letzten Mitglied reihum. Diese Reihenfolge wurde Rode (von romanisch rota = Rad, Kreislauf) genannt und mußte eingehalten werden, ob ein Bauer das Wasser brauchte oder nicht. Entsprechend dieser Ordnung, die je nach Art des Waales ein für allemal festgesetzt oder auch jeweils vom Waaler mitgeteilt wurde, erhielt jeder Bauer alle bestimmten Tage das Wasser, wobei, wenn möglich, sieben- oder vierzehntägige Roden vermieden wurden, damit es einen Bauern nicht traf, immer am selben Wochentag — etwa einem Sonntag — zu „wassern".
Ein Beispiel: Wenn jeder von fünf Bauern zwei Tage lang das Wasser erhält, so ist die Rode nach zehn Tagen um, und es beginnt dann wieder eine neue, die für jeden alle zehn Tage beginnt. Sind am Waal aber Schäden zu beheben, steht die Rode vorübergehend still. Wenn sie dann wieder weitergeht, wird der Bauer, der an der Reihe ist, vom Waaler verständigt, indem er es ihm persönlich mitteilt oder auch mit Kreide auf eine eigene schwarze Tafel oder einfach auf seine Haustür schreibt.

Das Bewässern war aber nicht nur nach Tagen, sondern auch nach Stunden geregelt, und die Zeitdauer der erlaubten Bewässerung, zum Beispiel von 8 bis 13 Uhr, war die „Weile". Ursprünglich richteten sich diese Weilen nach dem Licht- und Schattenwurf der Sonne an bestimmten Punkten im Gelände, z. B. „Sunnendetsch" (Sonne auf der Etsch), „Sunnatappein" (Sonne auf Tappein),

„Schattaufstaud“ (Schatten auf einer bestimmten Hecke), „Schattaufpatsch“ (Schatten auf Patsch) usw., später dann aber nach der Uhr. Zudem waren sie auch in Tag-, Nacht-, Vormittag- und Nachmittagweilen eingeteilt. Mancherorts wurden sogar die Mondphasen berücksichtigt.

Die unbeliebten Nachtweilen aber gab es nur im Vinschgau, während es im Burggrafenamt und im übrigen Südtirol meist genügte, nur bei Tag zu „wassern“. Auch wurde im Vinschgau länger als anderwärts an den uralten Rodordnungen festgehalten, die im einzelnen noch weit komplizierter waren, als hier in Kürze dargestellt werden konnte.
Vereinfachungen oder Verbesserungen in der Rodordnung wurden nur sehr zögernd durchgeführt, so daß durch die Jahrhunderte viel unnötiger, immer wieder zu Streitereien führender Ballast mitgeschleppt wurde. Erst gegen Ende des 19. Jahrhunderts begann man — zunächst im Burggrafenamt —, die archaischen Waalordnungen neu festzulegen, die veraltete Verwaltungsform der Interessentschaften zu verbessern und allmählich, wenn auch sehr langsam und nach dem Ersten Weltkrieg unter staatlichem Druck, die Interessentschaften in Genossenschaften mit neuen Statuten und verbesserter Organisation umzuwandeln.
Aber noch bevor diese Reformen überall durchgeführt waren, traten — ab etwa 1930 — die Beregnungsanlagen auf den Plan und brachten nach und nach für die jahrhundertealten Rodordnungen das Ende. Die außerordentlich vielfältigen, verwirrenden und von Gebiet zu Gebiet unterschiedlichen Sonderrechte, viele durch die Neuerungsfeindlichkeit entstandene Ungerechtigkeiten, die ständigen Zänke um jeden Tropfen Wasser und vieles andere gehört heute fast überall bereits der Vergangenheit an. Alle Mitglieder der Beregnungsgenossenschaften haben gleiche Rechte und Pflichten, das Wasserrecht ist unlösbar mit dem Grundstück verbunden, vieles ist durch Begradigung der Grundstücksgrenzen, durch Grundzusammenlegungen oder durch Grundtausch vereinfacht worden.
Auch wenn es noch da und dort und hauptsächlich im oberen Vinschgau Reste der alten Rechtsformen gibt, so hat sich in den letzten Jahrzehnten so wie bei den Waalen selbst und bei der technischen Durchführung der Bewässerung auch in der Rechtslage fast alles grundlegend verändert, und was insbesondere für den Vinschgau auch in dieser Hinsicht so charakteristisch war, ist erloschen.

Der Waaler

Eine so wichtige und gleichzeitig so empfindliche Anlage, wie ein Waal es ist, bedarf ständiger Pflege und Überwachung. Deshalb besitzt jeder größere Waal mindestens einen Aufseher, dem diese Aufgaben übertragen sind. Er muß den Waal immer wieder abgehen, kleine Schäden selbst beheben und bei größeren unverzüglich dafür sorgen, daß sie behoben werden, er muß den Waal von Unrat freihalten, nach der Reinigung des gesamten Waales im Frühjahr das Wasser einleiten, es im Herbst abkehren und den Waal erneut reinigen, die Sandfänge ausräumen, die Rechen freimachen, die Schleusen einstellen, nach den festgelegten Bestimmungen das Wasser den Nutzungsberechtigten zuweisen und ihnen ihre Bewässerungszeiten bekanntgeben.

Das setzt voraus, daß dieser Waalaufseher, Waaler genannt, ein verläßlicher, vertrauenswürdiger und unparteiisch handelnder Mann ist, der die komplizierten Wasserrechte kennt, die nötige Autorität besitzt und trotzdem mit den Leuten gut umzugehen weiß. Außerdem muß er auch über gewisse physische Voraussetzungen verfügen: Er muß gesund und einigermaßen kräftig sein, trittsicher, schwindelfrei und furchtlos. Denn — dies beweist so mancher tödliche Absturz — die Begehung mancher Waale in extremem Gelände und die anfallenden Arbeiten sind nicht immer ungefährlich.
Ranghöchste Person einer Waalinteressentschaft ist allerdings nicht der Waaler, sondern der Waalmeister.
Um alle genannten Aufgaben ordnungsgemäß erfüllen zu können, wohnt der Waaler sommersüber in einer eigenen Unterkunft am Waal, die man oft an den kleinen Guckfenstern erkennt.

Albert Holzer, ein ehemaliger Aufseher am Zaalwaal

Zur Arbeitserleichterung hat sich der Aufseher im Waal eine oder mehrere „Waalschellen" oder in der Hütte sogar einen „Wecker" installiert, Alarmvorrichtungen, die ihm eventuelle Waalschäden anzeigen. Neben Pickel, Schaufel, Axt und anderem Werkzeug dient vor allem die hellebardenartige „Waalhaue" den vielfältigen Arbeiten.

Reinigung des Algunder Waales

Heute wird der Waaler mit einem Geldbetrag entlohnt, früher meist in Naturalien, wie beispielsweise mit einer bestimmten Menge Korn, der sogenannten „Waalgarbe", dazu bekam er auch Freiwasser für seine eigenen Wiesen. Die eigentliche Bewässerung der Fluren obliegt — abgesehen von Ausnahmen — dem Waaler aber nicht; sie wird von jedem Nutzungsberechtigten selbst durchgeführt, der dann nicht Waaler, sondern Wasserer heißt.
All das Gesagte gilt im Grunde heute noch wie seit Jahrhunderten. Nur sind mit den Waalen natürlich auch die Waalaufseher selten geworden, viele Waalerhütten wurden dem Verfall preisgegeben, auch die Waalschelle hört man nur noch vereinzelt, und an die Stelle des Waalers ist vielfach der Beregnungswart getreten.
Allerdings besaßen auch früher nur die großen Waale einen eigenen — oder sogar mehrere — Waalaufseher; bei kleineren besorgte entweder einer der Nutzungsberechtigten oder der Waalbesitzer die Aufsicht und Instandhaltung, wobei für kleinere Tätigkeiten oft auch Kinder herangezogen wurden. Und genauso stand auch längst nicht an jedem Waal eine Waalerhütte.

Streit, Gerichtsprozesse und Totschlag

Zank und Hader gab es wohl überall, wo mehrere Bauern oder Gemeinschaften vom selben Bach oder vom selben Waal das Wasser bezogen. Doch die größeren und vor allem die überlieferten Streitfälle beschränken sich vorwiegend auf den Vinschgau, wo ja das Wasser besonders knapp ist und oft über Fortbestand oder Untergang eines Hofes entschied.
So konnten selbst die bis ins Kleinste ausgeklügelten Rodordnungen nicht verhindern — und manchmal trug ihre Kompliziertheit sogar dazu bei —, daß es immer wieder zu Meinungsverschiedenheiten, Klagen und Feindseligkeiten kam; und wenn dem Vinschgauer eine besondere Rednergabe und Intelligenz, aber auch ein gewisser Hang zum Streiten nachgesagt wird, so mag das vielleicht auch eine Folge des jahrhundertelangen Kampfes um das so bitter notwendige und nie so ganz ausreichende Wasser sein.

Zwar förderte einerseits dieser Kampf auch den Gemeinschaftssinn, da ja die Bewässerung vielfach nur in Zusammenarbeit der Bauern durchgeführt werden konnte, aber andererseits führte sie zwangsläufig auch zu Differenzen mit dem Nachbarn, zwischen den einzelnen Gemeinschaften und Gruppen, ja sogar zwischen Familienmitgliedern, zumal eine gerechte Wassernutzung weit schwieriger zu regeln ist als jede andere landwirtschaftliche Nutzung, wie etwa jene des Bodens oder des Holzes.
So gingen ständige Bemühungen um gerechte Wasserverteilung und gute Zusammenarbeit mit ständigen Streitereien Hand in Hand. Die Schlanderser führten gegen die Vezzaner wegen des Vezzaner Waales einen langen Streit, der 1492 schließlich mit einem richterlichen Schiedsspruch endete, die Kortscher, Allitzer und Laaser führten einen geradezu berühmt gewordenen, 400 Jahre währenden Streit um das Wasser des Allitzbaches und des Strimmbaches, der Streit zwischen Göflan und Inner-Nördersberg um das Wasser des Remsbaches zog sich vom frühen 16. Jahrhundert bis ins 18. Jahrhundert hin, die Naturnser Talbauern erhoben um 1720 beim Meraner Gericht Klage gegen die Bergbauern wegen der Nutzung des Kirchbaches, volle 300 Jahre lang — von 1425 bis 1727 — dauerte der Streit zwischen den Burgeisern und Malsern um den Kriegwaal, dessen Name angeblich von diesem Streit herrührt, die Marlinger beschwerten sich 1758 darüber, daß der Pfarrer sein Wasserrecht zu preisgünstig habe, die Gemeinden Taufers im Münstertal und Laatsch stritten sich im 16. Jahrhundert lange um das Wasser des Rampitschenwaales, die Tartscher mußten ihre Wasserrechte an den Malser Waalen gegenüber Mals verteidigen, so daß der Fall zwischen dem 14. und dem 18. Jh. immer wieder vor den Richter kam, und so ging das hin und hin.
Zu diesen großen Streitfällen kamen natürlich auch unzählige kleine, die meist vom Pfarrer, vom Waalmeister oder vom Dorfmeister geschlichtet wurden. Manchmal aber griffen die streitenden Parteien auch zur Selbsthilfe, die darin bestehen konnte, daß ein Bauer nachts als Gespenst verkleidet seine Nachbarn verscheuchte, um an das ihm zustehende Wasser zu kommen, oder auch darin, daß, wie es in Glurns erst kürzlich vorgekommen sein soll und sicher auch anderwärts geschah, ein Bauer seinen Widersacher einfach in den Waal warf. Und wie Wielander berichtet, führte in Goldrain ein Wasserstreit sogar so weit, daß der eine den andern mit der Waalhaue erschlug.

Alte Bewässerungsformen

Um 1930 wurde bei Bozen die erste moderne Beregnungsanlage des Landes errichtet, und damit war der Anfang einer Entwicklung gemacht, welche die Bewässerungswirtschaft völlig verändern sollte. Bis nach dem Zweiten Weltkrieg nur sehr langsam, von da an bis in die sechziger Jahre ein wenig rascher, und dann immer schneller, immer großflächiger und rationeller setzte sich die Beregnungsanlage überall durch. Wiesen, Äcker, Weingüter und Obstanlagen werden heute — wo Bewässerung notwendig ist — fast ausschließlich beregnet, und nur im oberen Vinschgau und an ganz wenigen anderen Punkten kann man vereinzelt die einst wichtigste und verbreitetste Form der Bewässerung, nämlich die „Berieselung", noch antreffen.

Unter Berieselung — das Wort aus der Hochsprache heißt in der Mundart und Fachsprache „Wassern" — versteht man folgendes: Das in einem kleinen Acker- oder Wiesenwaal, einer sogenannten Ilze, fließende Wasser wird durch Einschlagen eines Holzbrettes oder einer Steinplatte gestaut und so am talseitigen Waalrand in einer Breite von etlichen Schritten zum Überlaufen gebracht. So rieselt das Wasser langsam und die Erde gut durchtränkend hangabwärts bis zum nächsten Querkanal oder zum Rand des Feldes. Währenddessen wird etliche Schritte weiter vorn im Kanal ein zweites Staubrett eingeschlagen, und wenn der erste Streifen ausreichend durchfeuchtet ist, wird das erste Brett herausgenommen. Das Wasser staut sich nun am zweiten Brett, läuft über und berieselt den zweiten Streifen, und so geht das fort, bis die ganze Wiese bewässert ist.

Wo der kleine Waal über einen waagrechten Geländerücken läuft, der als „Bichl" durch angeschwemmten Sand oder durch Menschenhand entstanden sein kann, fließt das gestaute Wasser beidseitig über und bewässert so die beiden Hänge des Rückens.

Der ganze Vorgang wird je nach Gefahr einer Abrutschung des Bodens infolge zu starker Durchnässung vom „Wasserer" (nicht vom Waaler) mehr oder weniger streng überwacht. Kommt es trotzdem zu einem kleinen Erdrutsch — was vor allem in sehr steilem Gelände oder bei nächtlicher Bewässerung nicht immer vermeidbar ist —, so hat der Wasserer einen „Fuchs" (Name entweder von der rötlich-braunen Erde oder von der Fuchsschwanzform des Abbruchs) „geschossen". Nächtliche Bewässerung gab es aber nur im Vinschgau; in anderen Gebieten war sie nur in Ausnahmefällen notwendig.

Die Berieselung der Äcker ging im großen und ganzen in gleicher Weise vor sich wie die der Wiesen, mußte aber mit noch größerer Achtsamkeit bezüglich Erdabschwemmung durchgeführt werden und erforderte, wenn das Korn schon eine bestimmte Höhe erreicht hatte und das Überschauen der Fläche erschwerte, einen zweiten Wasserer,

Uralte Bewässerungsmethode: die Berieselung (Planeil)

der dem oberen die Ankunft des Wassers am unteren Feldrand mitteilte. Auch mußten in einem Acker — im Gegensatz zur Wiese — die kleinen Wasserkanäle nach jedem Umpflügen aufs neue gezogen werden.

War ein Acker aber allzu steil, konnte er wegen der Erdrutschgefahr nicht mehr berieselt werden. In solchen Fällen verzichtete man wenn möglich ganz auf die Bewässerung, oder aber — wie dies aus Schnals überliefert ist — man führte eine Art Beregnung durch, und dies lange bevor die modernen Beregnungsanlagen auf den Plan traten. Zu diesem Zweck brachte man quer zum Hang kurze Rinnen an, die vom Waal hangabwärts stufenartig in einer Reihe so angeordnet waren, daß das Wasser von der einen frei in die Luft hinausragenden Rinne in die darunterliegende fiel, hier durch den Aufprall zerstäubte und regenartig auf die Erde fiel, wodurch eine kleine kreisförmige Fläche bewässert wurde. Was nicht über die Rinne hinausstäubte, floß in der Rinne bis zu ihrem Ende, fiel in die nächste darunterliegende und so fort. Wie zeit- und arbeitsaufwendig diese früheste Beregnungsmethode war, kann man sich leicht vorstellen, so daß es nicht wundernimmt, daß sie nur dort angewendet wurde, wo es unbedingt sein mußte.

Die Bewässerung von Rebanlagen oder jungen Obstpflanzungen ging in der Weise vor sich, daß man von einem hangabwärts laufenden Waal kleine Querkanäle entlang der Baumreihen oder Rebstöcke zog und das Wasser auf diese Weise jeder Pflanze zuführte.

Jede der alten Bewässerungsmethoden war — sofern man das Wasser nicht einfach unbeaufsichtigt über eine schwach geneigte Wiese laufen lassen konnte — sehr zeitraubend. Hinzu kam, daß in den Wiesen die vom angeschwemmten Sand gebildeten Bichl das Mähen erheblich erschwerten. Und wenn man bedenkt, daß der Vinschgau einst die Kornkammer Tirols war und die Äcker demnach um ein Vielfaches größer waren als heute, kann man sich

Die moderne Beregnung hat die alte Berieselung schon fast überall verdrängt (Münstertal)

vorstellen, wieviel Zeit allein für die Bewässerung draufging, Zeit, die für andere Arbeiten nicht mehr zur Verfügung stand.

So gesehen, brachten die modernen Beregnungsanlagen ohne jeden Zweifel ganz entscheidende Vorteile, die ja auch dazu führten, daß die alten Bewässerungsformen weitgehend aufgelassen wurden, trotz so mancher Vorteile, die auch sie besaßen, wie etwa die bessere Durchlüftung des Bodens, eine gewisse Düngung, die Bekämpfung von Bodenschädlingen oder die Vergrößerung der Bodenfläche durch die genannten Bichl, und so mancher Nachteile, welche die moderne Beregnung besitzt, wie die Zerstörung der Vogelbruten, die sich besonders in der Grünlandwirtschaft nur langsam amortisierenden Anlagekosten und — wohl der einschneidendste Nachteil — die mit der Anlage der Beregner meist verbundene Auflassung der Hauptwaale.

Wasser ist nicht gleich Wasser

Das Wasser, das durch die Waale fließt, kommt fast ausschließlich von den Bächen unseres Landes, und so gut wie nie wird oder wurde es unmittelbar an einem See gefaßt, mögen viele Bäche auch von Bergseen gespeist werden.

Bei den Bächen handelt es sich meist um jene, welche die schluchtartigen Seitenäste der Südtiroler Haupttäler durchtosen und eine erhebliche Wasserführung aufweisen. Solche Bäche liefern dann oft einer ganzen Reihe von Waalen das Wasser. Aber auch kleine und kleinste Bäche werden angezapft, so daß ihr Unterlauf ab der Waalfassung oft wasserlos ist. Den Erbauern der Waale war es an sich nämlich gleichgültig, woher das Wasser kam, ob von einem Almbach oder einem Gletscherbach, von einem Bach in harmlosem oder äußerst wildem Gelände — wichtig war nur, daß es kam.

Zwar wußte man, daß das Wasser aus den Schiefergebirgen der südlichen Ötztaler und nördlichen Sarntaler Alpen für die Feldbewässerung besser war als jenes etwa aus den Dolomitzonen der zentralen Ortlergruppe, und wo es ging, gab man dem besseren Wasser natürlich den Vorzug. So bewässerte man beispielsweise die Glurnser Wiesen wohl mit dem aus den Engadiner Dolomiten kommenden Wasser des Rambaches, doch wenn die Kornfelder zu bewässern waren, ließ man im Glurnser Mitterwaal nur das besonders gute Wasser des Avazassbaches fließen. Auch „mueriges", also trübes Wasser, wie beispielsweise Gletscherwasser, war nicht sonderlich beliebt, da es bei der Berieselung aufgrund der Sandablagerung schneller zur Bildung der „Bichl" führte als einigermaßen klares Wasser, auch wenn es gleichzeitig den Vorteil hatte, daß es zur Abdichtung des Waales beitrug und düngende Stoffe enthielt.

Aber bei allen Vorteilen guten Wassers und Nachteilen des schlechten — allzu wählerisch durfte man vor allem im Vinschgau nicht sein. So sind hier nicht nur alle größeren und kleineren Seitenbäche angezapft worden, sondern auch die Etsch selbst, die zwar nicht immer das beste, dafür aber reichliches Wasser lieferte. Gutes Wasser war besser als schlechtes, aber schlechtes immer noch besser als gar keines.

So mußte man sich meist darauf beschränken, zumindest auf die Temperatur des Wassers zu achten, die ja leichter vom Menschen beeinflußt werden konnte als die anderen Eigenschaften. Zu kaltes Wasser konnte unter Umständen dem Wachstum der Pflanzen mehr schaden als nutzen. Doch in dieser Hinsicht löste oft schon der Waal selbst das Problem. Vor allem an breiten Flachstrecken konnte sich das sehr langsam fließende Wasser merklich aufwärmen, und dies noch mehr, wenn es vor der Benützung sogar einige Zeit in einer „Tschött", einem kleinen Weiher, gespeichert werden konnte.

Verunreinigungen des Waalwassers durch den Menschen gegenüber war man sehr empfindlich, und jener Punkt in der Kuenser Waalordnung, wonach das Hineinschütten von „unsauberem Geschlenz" oder gar „Prunzkachl" mit empfindlichen Geldbußen bestraft wurde, macht dies besonders deutlich.

Heute muß man diesbezüglich weit großzügiger sein, und wer das Wasser von größeren Talbächen oder gar von der Etsch entnimmt, muß sich damit abfinden, daß er auch erhebliche Mengen an Wasch- und Spülmitteln, Abwässern und anderen schädlichen Stoffen auf seine Wiesen und Felder bringt. Dies ist demnach auch mit ein Grund, warum man den Kastelbeller Etschwaal in jüngster Zeit nach und nach aufgelassen hat und das Wasser für die Beregnungsanlagen hoch oben sauberen Bergbächen entnimmt.

Zwischen Talsohle und Gletscherregion

Oberflächlich betrachtet, scheint es, als ob sich die Waale hinsichtlich ihrer Höhenlage auf einen Streifen im unteren Teil der Talflanken beschränken würden. Tatsächlich finden wir in dieser Zone die meisten und bedeutendsten. Vor allem im Vinschgau und rund um Meran ziehen sie sich in fast ununterbrochener Folge nicht allzu hoch über der Talsohle durch die sonnen- und schattseitigen Hänge.

Waal mit Schleuse im Vinschgauer Talboden (Spondinig)

Waal in der Gletscherregion: der Tarscher Jochwaal

Aber Waale gibt es auch tiefer, in den Talsohlen, wenngleich sie hier weitgehend verschwunden und nur noch auf einige Gebiete des oberen Vinschgaus — und auch dort schon größtenteils aufgelassen — beschränkt sind.

Bemerkenswerter und weit weniger bekannt dagegen ist, daß es für das Vorhandensein von Waalen nach oben so gut wie keine Grenze gibt. Wo Höfe liegen und Wiesen die künstliche Bewässerung erfordern, wurden ebenfalls Waale angelegt, gleichgültig ob in 1000, 1500 oder 2000 Meter Meereshöhe. Und sogar auf den Hochalmen trifft man da und dort noch kleinere Waale an, doch von ihnen soll an anderer Stelle noch die Rede gehen.

Aber mit all dem noch nicht genug. Denn bei der Errichtung von Wasserleitungen schreckte man — zumindest im Vinschgau — selbst vor dem Ödland des eigentlichen Hochgebirges nicht zurück, wenn sich dadurch die Möglichkeit bot, mehr Wasser zu den Wiesen und Feldern der Siedlungen zu bringen. Der Tarscher Jochwaal, der Goldrainer Jochwaal und der Klammwaal in Schnals liegen in Höhen zwischen rund 2500 und 2700 Metern, der Tellawaal im Münstertal mit 2400 Metern nur wenig darunter, und der Breitenspitzwaal in der Texelgruppe, der allerdings nur wenige Wochen in Betrieb war, soll seine Fassung sogar nahe der 3000-Meter-Grenze gehabt haben. Und dies waren keine kleinen Almwaale, sondern lange, großartige Anlagen, die das Wasser vom Einzugsgebiet eines Hochtales über einen Hochgebirgskamm in ein anderes Tal überleiteten und dies zum Teil — allerdings als Rohrleitungen — noch heute tun.

Buchstäblich in sämtlichen Höhenlagen zwischen 300 und 3000 Metern gibt oder gab es Bewässerungswaale, oft in zwei, drei, vier oder fünf „Stockwerken" übereinander. Und dies ist wohl einmalig in den gesamten Alpen.

Durch steile Hänge und flache Wiesen

Die Mehrzahl aller Tragwaale verlaufen mit nur sehr geringem, nahezu gleichbleibendem Gefälle (etwa 0,5 bis 2%) von der Fassung am Bach durch die Hänge des Bachgrabens oder Tales bis zu den Fluren, die bewässert werden.
Zu diesem „normalen" Hangwaal aber gibt es eine Reihe von Varianten. So ist der Verlauf mancher Waale keineswegs durchwegs fast eben, sondern macht, wie etwa beim Zaalwaal, beim Glurnser Bergwaal oder beim Platzbergwaal, einen ziemlich starken Knick, d. h. das Wasser fließt an einer Stelle — unter Umständen mehrere hundert Höhenmeter — als gewöhnlicher Bach steil bergab, um erst in tieferer Lage seinen waagrechten Verlauf wieder fortzusetzen.
Andere hingegen, wie der Rampitschenwaal, jene auf der Malser Haide, jene kleinen im Talboden bei St. Leonhard i. P. oder verschiedene, heute aber zu einem guten Teil aufgelassene in der Vinschgauer Talsohle, verlaufen nicht durch steile Hänge, sondern durch ebene Wiesenböden und sind hier nur durch das Vorhandensein von Schleusen und Dämmen von Entwässerungsgräben zu unterscheiden.
Bestimmend für den Verlauf eines Waales kann zwar auch das Gelände sein, aber in erster Linie ist es das Lageverhältnis zwischen dem zu bewässernden Gebiet und der Fassungsmöglichkeit. Daher können Waale sowohl durch senkrechte Felswände als auch durch völlig ebene Böden verlaufen. Und nicht jeder künstliche Bewässerungskanal muß im Bewässerungsgebiet enden, sondern kann — wie dies bei den hohen Jochwaalen der Fall ist — sein Wasser auch nur einem Naturbach zuführen, mit dem es dann bis zu 2000

Höhenmeter zu Tal fließt, um dann mit einem anderen, vom Bach abgezweigten Waal zum Bestimmungsort zu gelangen.
Vereinzelt gibt es auch Waale — wie etwa den Tarscher Schlumswaal —, die zur Gänze ein ziemlich starkes Gefälle aufweisen, sich damit von den „normalen" Waalen stark unterscheiden und eher einem natürlichen Bach gleichen.

Waale auf unseren Hochalmen

Künstlich bewässerte Hochalmen sind nicht gerade die Regel — aber so selten, daß man sie als Ausnahmen bezeichnen dürfte, sind sie auch wieder nicht. So gibt es eine ganze Reihe von Almen, auf denen man noch, wenn auch vielfach schon aufgelassene und verfallende, Waalsysteme antrifft, die sowohl aus Bodenkanälen als auch aus Kandelleitungen bestehen können. Solche Almen, um nur ein paar Beispiele zu nennen, sind die Planeiler Alm, die Ratschinger Almen, die Morteralm in Martell, die Lüsner Almen, die Almen im Rojental und im hintersten Pfossental, die Gurschlalm und die Mastaunalm in Schnals; von einstmaligen Kandelleitungen soll auch das Wasserrinnental in Gröden unter den Geislerspitzen den Namen erhalten haben, doch handelt es sich bei diesen Wasserrinnen — ladinisch saliéres genannt — um Felsrinnen, durch die kleine Wasseradern herabrieseln; außerdem spricht auch das Gelände dagegen, daß es hier jemals wirklich Holzleitungen gegeben haben könnte.
Almwaale sind durchwegs bedeutend kürzer und auch meist weniger sorgfältig angelegt als die großen Waale in tieferen Lagen. Aber so wie diese, hatten auch sie manchmal verschiedene Aufgaben zu erfüllen. Zum Beispiel lieferten sie das Wasser nicht nur den Almweiden, sondern auch für Mensch und Tier, oder sie trieben — wie der „Kübelwaal" auf der Tarscher Alm — das Schaufelrad eines „Butterkübels", einer Maschine zur Butterherstellung also.

Waal auf der Morteralm in Martell

Wenn diese Almwaale wegen ihrer Kürze auch nicht im Vordergrund dieses Buches stehen können, so sind sie doch zumindest erwähnenswert, denn sie sind nicht nur Teil des gesamten Waalnetzes, sondern könnten in waalgeschichtlicher Hinsicht eine gewisse Rolle gespielt haben. Da nämlich die Almnutzung für die Viehhaltung der vorgeschichtlichen Siedler im Vergleich zu heute eine weit größere Bedeutung besaß als die Nutzung mühsam gerodeter, kleiner Grasflächen in tieferen Lagen, wäre es durchaus denkbar, daß wir die allerersten Waale unseres Landes auf den Almen zu suchen hätten; war es hier doch ebenso einfach wie naheliegend, einen kurzen Wassergraben vom Bergbach zur Almhütte zu ziehen. Durch Beweise zu belegen ist eine solche Annahme aber leider nicht.

Die längsten Waale der Ostalpen

Angaben über die Länge eines jeden Südtiroler Waales machen zu wollen, wäre schlicht unmöglich. Es gibt keine Karten, die wirklich alle diese Kanäle verzeichnen, und eine Vermessung würde jahrelange Arbeit erfordern, eine Arbeit, die sich bisher auch noch niemand angetan hat. Aber von vielen Waalen weiß man die Länge doch, von anderen läßt sie sich anhand guter Kartenwerke ermitteln, und als das Südtiroler Waalnetz noch einigermaßen intakt war, wurde auch seine ungefähre Gesamtlänge erhoben.
Nun ist die Länge der Waale äußerst unterschiedlich. Ilzen, also kleine Wiesenwaale, welche die Verästelungen eines Bewässerungssystems bilden, können von wenigen Metern bis zu mehreren Dutzend Metern lang sein; Waale, die das Wasser nur zu einem Hof oder zu einer Mühle führen, sind vielfach länger, aber ebenfalls noch eher kurz, und Bewässerungswaale sind mitunter auch nur ein paar hundert Meter lang. Die Zahl all dieser Waale geht — oder besser ging, da ja die meisten von ihnen heute verschwunden sind — sicher in die Tausende, und ihre Gesamtlänge läßt sich auch nicht annähernd abschätzen.
Aber es gibt eine ganze Reihe von Hauptwaalen, die wesentlich länger sind, und bei ihnen sind Angaben leichter zu machen. In die oben erwähnten Erhebungen, die um 1935 einmal von Rosenberger und zum anderen, laut Trenkwalder, von Hans Trapp durchgeführt wurden und mehr oder weniger dasselbe Ergebnis erbracht haben, wurden nur die rund 380 Waale mit einer Länge von mehr als 800 Metern aufgenommen. Und was dabei herauskam, war beachtlich: die Gesamtlänge dieser Waale — ohne die unzähligen kürzeren, dies sei wiederholt — betrug rund 1000 Kilometer! Man muß sich das vorstellen: Eine Million Meter nur mit Pickel und Schaufel in oft steinigem und unwirtlichem Gelände ausgehackter Kanäle, die zudem noch mit vielen Kilometern an Trockenmauern gestützt und eingefaßt oder in Form von Holzrinnen durch senkrechte Felswände geführt werden mußten!

Aber kaum weniger eindrucksvoll ist die Länge vieler einzelner Waale, von denen hier einige erwähnt seien. Südtirols längster ist mit seinen zwölf Kilometern der Marlinger Waal bei Meran, es folgen der Tscharser Schnalswaal mit 10,8 km, der Große Etschwaal (10,5), der Gschneirer Waal (10), der Matscher Ackerwaal, der Naturnser Schnalswaal und der Maiser Neuwaal (alle 9 km), der Mareinwaal, der Latschanderwaal und der Breitenspitzwaal (alle 8 km), der Verdinser Waal (7,7), der Zaalwaal (7,5), dann vier weitere mit 7 km Länge, zwei mit 6,5, drei mit 6, verschiedene mit 5 km und zahlreiche kürzere.

Heute freilich ist das gesamte Waalnetz sehr stark zusammengeschrumpft, und selbst wenn wir auch die kürzeren und aufgelassenen (aber noch vorhandenen) Waale miteinbeziehen, kommen wir auf eine Gesamtlänge von „nur“ rund 400 Kilometern. Aber einige der längsten, insbesondere der Marlinger und der Tscharser Schnalswaal, sind noch erhalten und wasserführend, und außerdem muß man sich an die Erhebungen von 1935 halten, wenn man sich ein rechtes Bild von der Gesamtlänge unserer Waalanlagen machen will, die nach wie vor als die längsten der Ostalpen zu betrachten sind.

Nicht alle sind gleich

Wohl ist jeder Waal eine Wasserleitung, doch ist diese Wasserleitung keineswegs immer gleich und auch entlang ihres gesamten Verlaufes nicht durchgehend gleichartig.
Die einfachste Waalform ist ein einfacher, mehr oder weniger tiefer und breiter, aus dem Boden gehackter Erdkanal. Wo leicht erodierender Boden, starke Wasserführung oder das Gefälle

Am aufgelassenen Frauwaal bei Prad: Felsstollen als Wasserleitung

es verlangen, finden wir die Sohle und die Seitenwände des Waales mit Steinplatten ausgelegt.
Hangwaale in steilem Gelände werden stets entweder von einem aus Steinen gemauerten oder zumindest aus dem Aushubmaterial aufgeschütteten, also künstlich geschaffenen Damm gesäumt, über den der Waalsteig verläuft. An felsigen Hängen kann auch der gesamte Waal in Form von Trockenmauern mit eingelassenem, mit Erdreich abgedichtetem Kanal errichtet sein oder er ist — als offener Kanal oder in Form eines Tunnels — aus dem Fels gemeißelt worden. Ein Tunnel kann klein sein und nur dem Wasserlauf Raum geben oder aber auch so groß, daß darin auch der Waalsteig Platz hat und ein Mensch durchgehen kann. Im ersten Fall führt der Waalsteig — meist als Holzsteg — um den Felsen herum. Sind solche Felsstollen schon eher selten — als Beispiele mögen jene am Frauwaal bei Prad, am Tscharser Schnalswaal und am Verdinser Waal genannt sein —, so sind Erdtunnels so gut wie nie anzutreffen. Allerdings durchquerte der Kortscher Etschwaal auf einer Länge von rund einem Kilometer den Murschutt des Gadria-Schwemmkegels und war durch eine aus Steinen gemauerte Gewölbeführung vor dem Einsturz gesichert. Nicht richtige Stollen, aber doch unterirdische Waalstrecken finden sich dort, wo der offene Waal durch Steinschlag oder abrutschendes Geröll gefährdet wäre oder wo er von Wegen überquert wird. Hier ist der Kanal mit Steinplatten und oft zusätzlich auch mit Erdmaterial abgedeckt worden.

Zu den eindrucksvollsten, heute aber mehr und mehr verschwindenden, wenn auch da und dort noch vorhandenen Formen der althergebrachten Wasserleitung gehören Holzrinnen, die entweder aus Baumstämmen ausgehackt (Kandeln oder Ueschn, auch Ieschn genannt) oder aus drei Brettern zusammengefügt sind (sog. Wieren oder Lawodn). Solche Holzrinnen dienen vielfach, das Wasser an Felswänden entlangzuleiten, doch finden sie sich auch anderwärts — so dort, wo der Waal einen Graben oder eine Schlucht überqueren muß, oder in sehr steinigem Gelände, wo die Anlage eines Bodenkanals wegen des groben Blockwerks unmöglich wäre. In solchen Fällen laufen die Holzrinnen einfach über den Boden, über Stützmauern oder über Holzstützen. In einigen anderen Fällen, wie am Tarscher Jochwaal, am Laaser Kandlwaal und am Beginn des Schludernser Leitenwaales, liefen sie auch über zum Teil sehr hohe Steinpfeiler oder Pfeilerreihen.
Hangabwärts verlaufende Waale sind vor der Erosion meist durch einen Steinplattenbelag geschützt; manchmal aber fließt das Wasser — jenes des Goldrainer Jochwaales zum Beispiel — auch nur durch einen natürlichen Graben frei talab. Einen solchen Verlauf kann man dann aber nicht mehr als Waal bezeichnen.
Seit einigen Jahrzehnten werden die Holzrinnen zunehmend durch Metall- oder Kunststoffrohre ersetzt, so wie auch an die Stelle der einfachen Bodenkanäle vielfach Rohrleitungen oder zumindest Betonrinnen treten. Waale, die heute noch zur Gänze in der alten Bauweise aus Stein, Erde und Holz erhalten sind, werden immer seltener, aber es gibt sie noch.

Was ein Waal alles kann

Da unter einem Waal normalerweise ein Kanal für die künstliche Bewässerung zu verstehen ist, besteht seine Aufgabe in erster Linie darin, das Wasser von einem Bach zu den zu bewässernden Fluren zu „tragen". Daher werden Hauptwaale auch Tragwaale genannt. Die Aufgabe der kleinen, von den großen abzweigenden und die Wiesen kreuz und quer durchziehenden Kanälchen, nun „Ilzen" oder „Waalelen" genannt, ist hingegen bereits eine andere. Sie besorgen nämlich die eigentliche Berieselung des Bodens und die Verteilung des Wassers über das ganze Grundstück. Heute sind diese Ilzen zur Seltenheit geworden, da ihre Aufgabe großteils moderne Beregnungsanlagen übernommen haben, vielfach auch dort, wo die großen Tragwaale noch in Betrieb sind.
Manche Waale erfüllen aber zusätzlich zur Bewässerung auch noch verschiedene andere Aufgaben, und es gibt auch — meist kleinere — Waale, die eigens nur für eine oder mehrere dieser Aufgaben angelegt worden sind. In beiden genannten Fällen wird das Waalwasser für den Betrieb von Mühlen oder Sägewerken benützt, kann sowohl am Hof als auch auf den Weiden und Almen zum Tränken des Viehs dienen, weiters zur Ausbringung des Stalldüngers, es kann in einer „Tschött" für den Fall eines Brandes als Löschwasser gespeichert werden, und früher war es keine Seltenheit, daß man das Waalwasser auch als Trinkwasser für die Menschen verwendete. Noch um 1935 erhielt, wie Rosenberger berichtet, das Vinschgauer Dorf Laatsch sein Trinkwasser von zwei Waalen, die von der jungen Etsch abgeleitet wurden.
Die meisten Ortschaften, die nicht unmittelbar an einem Bach lagen, besaßen einst ihren Dorfwaal, wie beispielsweise Taufers im Münstertal oder Kortsch noch heute. Auch in Meran ist der Haarwaal immer noch in Betrieb. Solche Dorf- und Stadtwaale, auch „Ritschen" genannt, dienten den Handwerkern, vor allem den Schmieden, zum Betrieb ihrer einfachen Maschinen, den Hausfrauen zum Waschen ihrer Wäsche, sie speisten Brunnen und Viehtränken und führten jederzeit benutzbares Löschwasser.
Und auch in Bergwerken gab es oft recht stattliche Waale. So zum Beispiel jenen, der oberhalb St. Martin am Schneeberg das Wasser vom Schwarzsee in Richtung Kaindlstollen führte (und als Kanal noch erhalten ist), wo es am sogenannten „Bremsberg" als Gegengewicht zum berganfahrenden Erz bergab „gebremst" wurde. Auch zum Pfunderer Bergwerk im Thinnetal bei Klausen führte ein langer Waal, und solche Wasserzuleitungen, die auch bei

Waalwasser für die Mühle (Schlinig)

der Erzaufbereitung gebraucht wurden, mag es genauso in anderen Bergbaugebieten gegeben haben.
Und schließlich seien noch jene Waale erwähnt, die auf manchen Almen — zum Beispiel der „Kübelwaal“ auf der Tarscher Alm, aber auch bei den Höfen — neben anderen Aufgaben das Butterschlagen besorgten.
Ein Waal also war bis in die jüngste Zeit herauf wohl in erster Linie ein Bewässerungskanal, aber er war auch in vielen anderen Anwendungsbereichen ein äußerst nützlicher Helfer des Menschen. Und neuerdings, da er für viele dieser Bereiche nicht mehr gebraucht wird, hat er, sozusagen um nicht ganz beschäftigungslos zu sein, die Aufgabe übernommen, den Touristen schöne Wandermöglichkeiten zu bieten und ihr Begleiter und Wegweiser zu sein.

Der Bau der Waale

Nicht nur vom Arbeitsaufwand und oft auch von den Kosten her war die Errichtung der Waale eine enorme Leistung, sondern auch in technischer Hinsicht. Waren die Erbauer doch keine Ingenieure, sondern einfache, allerdings oft sehr erfindungsreiche Bauern. Daß die im Bau von Aquädukten tatsächlich sehr erfahrenen Römer zur Fortentwicklung vorheriger primitiver Waale entscheidend mitgewirkt hätten, kann wohl sein, muß aber nicht sein. Denn wenn wir uns in der bäuerlichen Kulturlandschaft umsehen und, um nur ein Beispiel zu nennen, das enorme Netz an einzigartigen Pflasterwegen sowie die zahllosen Trockenmauern ansehen, an denen die Römer wohl nicht allzu viel mitgearbeitet haben werden, stellen wir fest, welche Fertigkeiten die Bergbauern in dieser Hinsicht besaßen. Wie dem aber auch sei, hier geht es nicht darum, sondern um die Frage, wie der Bau eines größeren Waales wohl vor sich gegangen sein mochte.

Aus Erfahrung wußte man, daß zu schnell fließendes Wasser den Boden angreift und viel Material mit sich führt, was beides beim Waalbau vermieden werden mußte. Also mußte das Gefälle möglichst gering sein. Und um dies zu erreichen, wurde zunächst einmal, ausgehend vom Oberrand der zu bewässernden Fluren, in mehr oder weniger waagrechter Querung der Hänge bis hin zum Bach eine mögliche Waaltrasse sowie natürlich auch eine günstige Fassungsstelle erkundet. Hatte man dann einmal diese Trasse festgelegt, wofür oft sicherlich mehrmalige Begehungen notwendig waren und im Waalbau bereits erfahrene Leute mitwirkten, konnte, nunmehr vom Bach ausgehend, ein erster kleiner Graben gezogen werden, in den schon während seiner Errichtung Stück um Stück das Wasser eingeleitet wurde und so seine Fließgeschwindigkeit überprüft und notfalls sofort eine Korrektur durchgeführt werden konnte. Auf diese Weise gelangte man schließlich mehr oder weniger genau bis zum gewünschten Punkt.

Nun hatte man also nicht nur den Waal mit dem richtigen Gefälle trassiert, sondern man konnte auch schon über eine, wenn auch noch geringe, Wassermenge verfügen. Dann freilich mußte man bald darangehen, den kleinen Kanal zu vergrößern, wo notwendig durch Stützmauern oder durch gemauerte Dämme zu verstärken und im felsigen Gelände die vorher nur provisorisch angebrachten kleinen Holzrinnen durch große „Kandeln“ oder durch Felsrinnen oder gar Stollen zu ersetzen.
Die Verlegung einer Leitung aus Holzrinnen in einer breiten, senkrechten Felswand ging folgendermaßen vor sich: Am einen Rand der Wand wurde vom Hang her ein langes Brett so gelegt, daß es möglichst weit in die Wand hineinreichte. Während nun das eine Ende des Brettes durch zwei Männer beschwert wurde, kroch ein anderer bis zum andere Ende und setzte, nachdem er ein Loch in die Wand gemeißelt hatte, den ersten Holzträger ein, auf dem nun das Brett aufliegen konnte. Von da aus verfuhr man mit einem anderen Brett wieder wie das erste Mal, setzte den nächsten Träger ein, und so ging das fort, bis die ganze Wand durchquert war. Jetzt brauchten nur noch die Holzrinnen neben den Brettern auf die Träger gelegt werden, und der Kandlwaal einschließlich des Waalweges war fertig.
Zum Bau schwieriger Waale wurden oft besonders erfahrene Leute auch von auswärts herangezogen, die zu wahren Waalbaumeistern geworden waren. So scheint es, daß einerseits im Vinschgau Waalbauer aus dem Wallis tätig waren, während andererseits wieder Vinschgauer Waalbauer nach Nordtirol und sogar nach Bayern geholt wurden.

Wo es angestrebt wurde und das Gelände es gestattete, wurde zur Erreichung der oft so verblüffenden Geradlinigkeit eines Waales noch zusätzlich von der gegenüberliegenden Talseite die Trassierungsarbeit überwacht. Von dorther wies der Baumeister den Arbeitern durch vereinbarte Zeichen und anhand einer Waaglatte bestimmte Punkte an, die beim Aushacken des ersten kleinen Kanals berührt werden mußten.

Manche großen Waale wurden als solche geplant und dann in einem Zuge erbaut, wobei sich die Arbeiten freilich oft über Jahre hinzogen. Oft aber wurde auch ein erster kurzer Waal im Laufe langer Zeiträume nach und nach vom einen Bach zum nächsten hin verlängert, in seinem Querprofil vergrößert und erst so zur kilometerlangen Anlage gemacht. Daß die oben beschriebene Vorgangsweise beim Waalbau oft weit schwieriger, mühevoller, gefährlicher und zeitraubender war, als man mit ein paar Sätzen andeuten kann, versteht sich von selbst. Und erst wenn man sich ein solches Vorhaben, für dessen Verwirklichung es ja nur einfaches Handwerkszeug und keine Maschinen gab, in allen Einzelheiten vorzustellen versucht, wird man sich des Fleißes, des Könnens und der schier unglaublichen Arbeitsleistung bewußt, die der Bau von vielen hundert Waalen erforderte. Hinzu kommt, daß es mit dem Bau allein ja nicht getan war. Verstärkungen und Ausbesserungen waren nämlich auch später noch ständig notwendig; Holzrinnen müssen von Zeit zu Zeit durch neue ersetzt werden, auch müssen sie in lawinengefährdetem Gelände im Herbst entfernt und im Frühjahr wieder neu verlegt werden, vom Waal ist der Schwemmsand auszuschöpfen, die Schleusen, Rechen und Sandfänge sind zu erneuern, und nach Zerstörungen durch Unwetter kommt die Wiederinstandsetzung beinahe einem Neubau gleich.

Einfache und kluge Technik

Jeder Waal besitzt mehrere technische Vorrichtungen, die zu einem reibungslosen Bewässerungsablauf beitragen oder sogar unbedingte Voraussetzung sind.
An seinem Beginn ist da zunächst einmal die Waalfassung, „Einkehr“ genannt, durch welche das Wasser vom Bach abgeleitet wird. Sie liegt meist an einer Flachstrecke des Baches und besteht entweder aus einem einfachen Steindamm, aus Baumstämmen, aus einer Betonmauer oder, in felsigen Schluchten, aus einem Betonkanal oder aus einer oder mehreren Holzrinnen. Zu dieser Fassung gehört meist auch ein Rechen aus Holz oder Eisen zum Auffangen von Steinen und Treibholz, und weiters auch stets eine erste Schleuse zur Regulierung und seitlichen Ableitung des Wassers.

Schleuse am Dorfwaal bei Taufers im Münstertal

Bald nach der Fassung ist in den Waal meist ein sogenannter Sandfang eingesetzt, der ebenfalls Schleusen besitzt und eine einfache Grube sein kann oder aus Holz oder Beton hergestellt ist. In diesem kistenförmigen Becken lagert sich erstmals der vom Wasser mitgeführte Sand ab, der von Zeit zu Zeit durch den seitlichen „Absandwaal“ abgelassen wird.

Je nach Größe und Art besitzt der Waal in seinem weiteren Verlauf noch ein paar Fangrechen für hineingefallenes Laub und Astwerk, kleine Sandfänge, die oft auch nur aus einer breiteren Flachstrecke bestehen können, und weitere Schleusen.

Diese Schleusen, „Schweller“ genannt, haben an manchen Stellen die Aufgabe, im Notfall das gesamte Waalwasser seitlich schadlos abzuleiten, an anderen Stellen hingegen einen Teil des Wassers in Zweigwaale und durch diese in die zu bewässernden Fluren zu leiten. Die hölzernen oder eisernen Schleusen bestehen aus einem oder zwei Rahmen mit einem eingeschobenen und verstellbaren Brett oder Blech, das „Schwellbrett“ heißt und die Wassermenge reguliert. Bei kleineren Waalen und bei den sogenannten Ilzen fehlt oft der Rahmen, und das Schwellbrett (oder auch nur eine Steinplatte) wird einfach in den Waal eingeschlagen. Muß ab einer bestimmten Stelle die im Waal fließende Wassermenge stets gleich bleiben, so wird das Schwellbrett durch ein Schloß fixiert, oder die Regulierung erfolgt wie im Fall des Rampitschenwaales im Münstertal durch eine quer in den Waal gesetzte Steinplatte mit einem die gewünschte Wassermenge durchlassenden Loch.
Die interessanteste technische Vorrichtung aber ist die Waalschelle. Sie dient dazu, den ordnungsgemäßen Lauf des Waalwassers weithin anzuzeigen und besteht aus einem in den Waal eingesetzten Schaufelrad, das in gleichmäßigem Rhythmus über ein Hebelsystem und manchmal noch dazu über eine Schnur einen Hammer auf eine neben dem Schaufelrad befindliche oder hoch an einer Stange oder einem Baum hängende Blechglocke (oder auf einen anderen Klangkörper, etwa ein Schaufelblatt) schlagen läßt. Dieses weithin hörbare Aufschlagen bricht plötzlich ab, wenn das Wasser irgendwo seitlich ausgebrochen ist und somit das Schaufelrad nicht mehr antreibt. So weiß der

Kandeln als Waalfassung (Kammerfeitwaal)

Waalschelle (Naturnser Schnalswaal)

Fangrechen am Kuenser Waal

Waalaufseher, was geschehen ist und daß rasche Behebung des Schadens zu erfolgen hat.
Eine ähnliche, aber seltenere Alarmanlage war der sogenannte „Wecker“: Auf dem Waalwasser schwamm ein auf der einen Seite festgemachtes kleines Brett, das über eine Schnur mit einer in der Waalerhütte befindlichen Glocke verbunden war. Blieb nun das Wasser aus, senkte sich das Brett, brachte dadurch die Glocke zum Läuten, und der schlafende Waaler wurde geweckt.
Solche Wecker trifft man heute nicht mehr an, wohl aber noch die Waalschellen, wenngleich auch sie selten geworden sind. Allerdings ist zu sagen, daß manche Waale, bei denen das ausgebrochene Wasser keine Schäden anrichten konnte oder auch bei denen ein Ausbrechen nicht zu befürchten war, nie eine derartige Alarmvorrichtung besaßen.

Wasserteilung am Klammwaal in Schnals

Die Tschött

Nicht nur im Vinschgau, sondern mehr oder weniger in ganz Südtirol trifft man in der bäuerlichen Kulturlandschaft kleine Weiher an, die man trotz ihres meist sehr natürlichen Aussehens sofort als Menschenwerk erkennt. Ein solcher Weiher wird im westlichen Südtirol „Tschött“ genannt, im mittleren und östlichen dagegen „Rease“, wenngleich zwischen den beiden Gebieten keine allzu scharfe Grenze gezogen ist und sich die Bezeichnung Tschött in neuerer Zeit auch außerhalb ihres ursprünglichen Verbreitungsgebietes da und dort einzubürgern scheint.
Bei diesen Weihern handelt es sich ausnahmslos um Wasserspeicher. Manchmal sammeln sie nur das Wasser kleiner umliegender Quellen oder Rinnsale, um es dann den zu bewässernden Fluren weiterzugeben, öfter aber treffen wir sie in Verbindung mit einem Waal an. Auch in diesem Fall erfüllen sie die Aufgabe der Wasserspeicherung, sei es — seltener — am Beginn eines Tragwaales, sei es — häufiger — an seinem Ende oder jedenfalls dort, wo er ein Bewässerungsgebiet erreicht oder an einem solchen vorbeiführt.

Die Notwendigkeit der Speicherung besteht in mehrfacher Hinsicht. Einmal, um auch dann noch Wasser zu besitzen, wenn es aus irgendeinem Grund im Bach oder im Waal ausbleibt, zum anderen, um vom Waal herangebrachtes Schwemmaterial aufzunehmen und somit das Wasser zu säubern, bevor es zur Bewässerung gelangt, und schließlich, damit sich das zu kalte Bergwasser soweit erwärmen kann, daß es dem Pflanzenwuchs nicht mehr schadet.
Was für die Waale gesagt wurde, gilt heute auch für die Tschötten. Auch sie verschwinden nach und nach, viele liegen bereits trocken, und andere werden

Tschött oberhalb Tartsch im Vinschgau

entweder durch Betonbecken oder auch durch moderne Filtrieranlagen (z. B. am Forrawaal, am Latschanderwaal oder am Schludernser Bergwaal) ersetzt.

Ein Waalweg — was ist das?

Die Antwort auf diese Frage scheint recht einfach zu sein: Ein Waalweg ist jener Weg, der parallel zum Wasserkanal, also dem Waal, verläuft.
Aber ganz so einfach ist die Sache bei näherem Hinsehen nun doch wieder nicht. Denn Waalwege können überaus unterschiedlich sein, und ihr Zustand hängt von verschiedenen Faktoren ab. Bei solchen, die dem Fremdenverkehr dienen, handelt es sich um gut instand gehaltene, durch Geländer abgesicherte, markierte und gefahrlos zu begehende Wanderwege. Ist ein Waalweg aber nur zur Begehung und Waalbeaufsichtigung durch den Waalhüter da und nicht auch für die Touristen, kann er wohl auch leicht und gefahrlos begehbar sein und einem Touristen-Waalweg ähneln, aber genauso kann er in felsigem oder sehr steilem Gelände extrem ausgesetzt sein und streckenweise sogar nur aus schwindelerregenden, wenig vertrauenerweckenden Bretterstegen bestehen. Befinden sich Steilstrecken im Waalverlauf, kann manchmal nur eine wackelige Holzleiter das Weiterkommen ermöglichen, oder es ist sogar leichte Kletterei notwendig. Da solche Waalwege nur selten begangen werden, sind sie oft auch stark verwachsen, was an ausgesetzten Stellen eine zusätzliche Gefahrenquelle darstellt.
Wer sich also an die Begehung von unmarkierten und damit nicht für den Touristen vorgesehenen Waalwegen macht, muß auch auf schwierige, nicht gefahrenfreie Stellen gefaßt sein und die entsprechenden Voraussetzungen mitbringen.
Beide Arten von Waalwegen verlaufen in der Regel auf dem talseitigen Damm des Waales. Es gibt aber auch Waale ohne solchen Damm, nämlich in nur schwach geneigtem oder ebenem Wiesengelände, und hier fehlt auch meist ein eigener Waalsteig.
Ist ein Waal aufgelassen oder verrohrt, kann der ehemalige Waalweg gänzlich unbegehbar geworden oder — wenn er als Touristenweg weiterhin erhalten blieb — nicht mehr ganz das sein, was man sich unter einem Waalweg vorstellt, auch wenn man ihn noch als solchen bezeichnet. Selbstverständlich ist es weit weniger reizvoll, auf einem solchen „Waalweg" einem trockenen Kanal oder einem bereits zu einem breiten Weg gewordenen Waal zu folgen als einem wasserführenden, doch kann er als reiner Wanderweg dennoch oft recht schön sein, zumindest solange die Vegetation noch nicht abgestorben ist.

Vor dem Aufkommen des Fremdenverkehrs war, wie gesagt, ein Waalweg normalerweise nur für jene wenigen Leute da, die mit der Instandhaltung und Beaufsichtigung des Waales zu tun hatten. Aber es gab auch Ausnahmen, und zwar dort, wo die Waalwege eine günstige Verbindung zwischen Höfen oder Ortschaften darstellten. Sie waren meist schattiger und damit angenehmer zu begehen als die Landstraße, und manchmal ersetzten sie auch einen eigenen Schluchtweg.

Aber auch den umgekehrten Fall gab es. Wo es nämlich etwas höher oder tiefer, aber parallel zum Waal einen anderen, besseren Weg gab, wurde er auch vom Waalhüter dem Waalweg vorgezogen, besonders wenn es nur galt, möglichst rasch zur Waalfassung zu gelangen, um etwa das Wasser abzuleiten. Dies kann oft der Grund dafür sein, warum ein Waalweg so vernachlässigt und verwachsen ist, als ob ihn nie jemand begehen würde.

Das Waalsterben

So beeindruckend die rund 30 bis 40 noch bestehenden offenen und wasserführenden Hauptwaale Südtirols sein mögen — Tatsache ist dennoch, daß rund 80 Prozent des ehemaligen Waalnetzes heute aufgelassen sind. Das mag übertrieben klingen, aber wenn man die 1000 km Länge des ehemaligen Waalnetzes den 200 km des heutigen gegenüberstellt, sieht man, daß die Rechnung stimmt. Und nimmt man noch alle kleineren Waale, die bei den 1000 km nicht mitgezählt sind, sowie die in die Tausende gehenden Ilzen hinzu, muß man leider sagen, daß auch die 80 Prozent noch zu niedrig angelegt sind.

Die neuzeitlichen Möglichkeiten, mit Rohrleitungen mehr Wasser leichter den landwirtschaftlichen Kulturen zuzuführen und diese dann mit Beregnungsanlagen wirksamer und zeitsparender zu bewässern, haben den Untergang der Waale und der althergebrachten Bewässerungsmethoden gebracht.

Rein aus der Sicht des Bergbauern und rein aus wirtschaftlicher Sicht ist dies natürlich verständlich. Wer alle die Schwierigkeiten und Probleme kennt, die mit der Überwachung und Instandhaltung und mit dem Wasserverlust der großen Waale, mit der Bearbeitung des Bodens, mit dem Mangel an Arbeitskräften, mit der gesamten Wirtschaftslage und mit vielem anderen verbunden sind, wird einsehen, daß mit der neuen Zeit auch neue Arbeitsmethoden nicht nur möglich, sondern auch notwendig wurden. So wie man es einem Dorf heute nicht mehr zumuten würde, sein Trinkwasser von einem offenen Erdkanal zu beziehen, und wir alle — insbesondere im Winter — den Wasserhahn in der Wohnung einem Brunnen draußen im Freien vorziehen, kann man es

Zerbaggert: das Zweigwaalsystem bei Platz oberhalb Kastelbell

Trockengelegt: der Raminiwaal bei Tarsch

Verrohrt: der Naturnser Schnalswaal

Zerstört: ein Teil des Matscher Ackerwaals

den Bauern nicht verargen, wenn sie die durch Rohrleitungen gebrachten Vorteile nutzen.
Der Umstieg vom alten Wasserkanal auf die Rohrleitung, von der Berieselung auf die Beregnung war und ist allerdings nicht im Sinne aller Bauern. Vor allem die ältere Generation hätte oft lieber am Altbewährten festgehalten, während die jüngere natürlich den Neuerungen den Vorzug gibt. So ging die Umstellung keineswegs überall reibungslos und einvernehmlich über die Bühne, und oft genug ging der Meinungsstreit sogar quer durch die Familien. Auch mit den Führungsgremien der Meliorierungskonsortien, durch welche diese Umstellung erfolgte und die Verwaltungsgeschäfte wahrgenommen werden, sind die Mitglieder nicht immer ein Herz und eine Seele. Denn keineswegs immer erwies sich die Tätigkeit dieser Gremien als so vorteilhaft wie erwartet.

Doch weder wegen der Haltung der Bauern selbst noch wegen ihrer Genossenschaftsvertreter allein hätte das Waalsterben ein solches Ausmaß angenommen, wenn es von der Öffentlichkeit nicht übersehen oder stillschweigend geduldet und von der öffentlichen Hand nicht auch noch durch Beiträge so gefördert worden wäre. Aber bis vor kurzem ging es bei einem Waal eben ausschließlich darum, ob er wirtschaftlich gesehen dem Bauern mehr Vor- oder mehr Nachteile bringt. Und leider haben nicht nur Politiker, Behörden und Bauern nicht rechtzeitig erkannt oder erkennen wollen, daß ein Waal weit mehr ist als nur eine veraltete Wasserleitung, sondern auch die Vereine und Verbände, die dem Waalsterben entgegentreten hätten müssen, weil sie den Umweltschutz, den Naturschutz, die Pflege der Heimat, die Erhaltung der Denkmäler oder den Fremdenverkehr auf ihre Fahne geschrieben haben. Warnende Stimmen wurden nicht ernstgenommen, und da das Waalsterben so still und leise vor sich ging, schien es vor kurzem noch fast so, als sei alles in bester Ordnung.

So hat insbesondere der Vinschgau, aber auch so manches andere Gebiet Südtirols etwas verloren, was in ganz Europa einmalig war, und daran tragen nicht nur die Bauern die Schuld. Und um zu retten, was noch zu retten ist, genügt es nicht mehr, nur rein finanzielle oder landwirtschaftliche Aspekte gelten zu lassen. Es bedarf der Unterstützung durch die öffentliche Hand, durch die Vereine und Verbände, durch die Fremdenverkehrswirtschaft, die aus der Erhaltung der letzten Waale wirtschaftlichen Nutzen ziehen kann, aber auch natürlich durch die Bauern selbst, die ja das Kulturerbe ihrer Vorfahren als erste zu verwalten haben.

Lebensraum für Tier und Pflanze

Am Rand und im Umfeld von Waalen und Tschötten entstand vor allem am Vinschgauer Sonnenberg dank des den Boden durchdringenden Wassers vielfach eine üppige, reiche Vegetation in Form verschiedener Gräser, Blumen, Sträucher und Bäume. Diese Vegetationsinseln wirken mit ihrem Wurzelwerk der Erosion entgegen, sie beherbergen, angefangen von Schmetterlingen und anderen Insekten über Lurche, Kleinreptilien und verschiedenste Vogelarten bis hin zu vielen Kleinsäugern, eine Unzahl von Tieren, und am Wasser der Waale und Tschötten können auch viele größere Wildtiere ihren Durst löschen.
Das macht klar, daß Waale und Tschötten hervorragende und gerade in sonst wasserarmen Gebieten in ökologischer Hinsicht außerordentlich wichtige Biotope sind. Wo sie aber aufgelassen sind oder durch Rohre und Betonbecken ersetzt werden, gehen die Lebensräume für Tier und Pflanze verloren; der Bodenerosion wird Tür und Tor geöffnet, die Bäume verdorren, die Sträucher verkümmern, die Tiere verlieren ihre Lebensmöglichkeit und verschwinden.
Wenn man bedenkt, daß die Gesamtlänge der in Betrieb befindlichen Waale um 1935 noch rund 1000 Kilometer betrug, heute aber nur ein Fünftel davon, kann man sich ausmalen, welche Verarmung dies für die Natur bedeutet.
Und wenn das Rot- und Rehwild im Vinschgau immer stärker die Obstgüter und landwirtschaftlichen Gründe heim-

Am Rand intakter Waale gedeiht üppiges Leben (Latschanderwaal)

Kein Wasser für die Tiere (Waal bei Göflan)

sucht, ja sich teilweise sogar ständig hier aufhält und dabei den Bauern erhebliche Schäden zufügt — manche Apfelbäume sind bis in zwei Meter Höhe oft kahlgefressen —, so mag dies verschiedene Gründe haben, einer davon ist aber zweifellos der, daß man dem Wild oben in den Wäldern plötzlich die seit jeher gewohnten und aufgesuchten Wasserläufe entzogen hat. Daß die Tiere nun verstärkt den beregneten Wiesen zustreben oder mit saftigen Äpfeln ihren Durst zu löschen versuchen, ist verständlich. So muß sich nun der Mensch durch teuere und häßliche Wildzäune vor solchen Schäden schützen, und das Wild bleibt im wahrsten Sinne des Wortes im Trockenen.

Katastrophenschutz

Spätestens seit den Unwettern von Pfingsten 1983, bei denen die Wildbäche den Vinschgau verheerten, ist vielen wieder die Bedeutung der Waale als Katastrophenschutz bewußt geworden. Gerade im Frühjahr, wenn die Bäche aufgrund der Schneeschmelze Hochwasser führen und es durch zusätzliche heftige Niederschläge zu Überschwemmungen kommen kann, wären die noch nicht in Betrieb befindlichen Waale in

Kein Wasser für die Bäume (Rappenwaal)

der Lage, viel Wasser aufzunehmen und so die Wasserführung der Bäche zu vermindern.

Gewiß haben die Waale in der Vergangenheit nicht jede Hochwasserkatastrophe abwenden können, aber bedenkt man, daß — es muß auch hier wieder erwähnt werden — allein die größeren Waale Südtirols eine Gesamtlänge von 1000 Kilometern hatten und daß außerdem von vielen Bächen nicht nur ein oder zwei, sondern eine ganze Reihe von Waalen abzweigten, kann man sich gut vorstellen, daß sie oft genug so manches Unheil verhindert haben.

So beklagten mir gegenüber gerade aus diesem Grunde viele Leute im Vinschgau oder im Passeiertal den Verlust der Waale, auch wenn die moderne Wildbachverbauung mit Sperrmauern und Auffangbecken noch so gut gegen Hochwasserkatastrophen schützen mag. Und ganz ohne Zweifel könnte man sich die enormen Kosten für so manchen dieser Schutzbauten sparen, wenn alle Waale noch intakt wären.

Bei der reinen landwirtschaftlichen Kosten-Nutzen-Rechnung wurde dieser Aspekt leider außer acht gelassen, und heute wäre es sinnlos, die Instandsetzung der aufgelassenen Waale nur aus diesem einen Grund fordern zu wollen. Aber in manchen Fällen wäre es zumindest ein Grund mehr. Denn ein aufgelassener oder gar ein verrohrter Waal ist nicht mehr imstande, durch Wasseraufnahme einen Wildbach zu zähmen.

Kulturdenkmäler

Bis vor nicht allzu langer Zeit waren Wasserwaale für die Flurbewässerung eine Selbstverständlichkeit. Für den Bergbauern waren sie zwar oft genug auch so etwas wie ein notwendiges Übel, aber andererseits eine wichtige Lebensader, auf die er stolz war.

Daß diese Waale und die alten Formen der Bewässerung das Bild des Vinschgaus und insbesondere des Sonnenberges prägten, daß der Vinschgau und die Meraner Gegend das Gebiet mit dem dichtesten Waalsystem, mit den längsten und höchsten Waalen und mit der intensivsten künstlichen Bewässerung im gesamten Alpenraum und darüber hinaus war, das weiß man schon seit langem, und wer über den Vinschgau zu berichten hatte, der rühmte zuallererst dieses einmalige Netz künstlicher Wasserkanäle.

Doch nun ist dieses Netz auf einen letzten Rest zusammengeschmolzen, und spätestens jetzt ist aus dem gewöhnlichen, jahrhundertelang so selbstverständlich gewesenen Wasserkanal ein Kulturdenkmal geworden, eines der beeindruckendsten Zeugnisse unseres Landes. Ein kilometerlanger, aus kunstvoll geschichtetem Trockenmauerwerk oder mächtigen Baumrinnen geschaffener, jede Art von Gelände bis in die wildesten Schluchten durchquerender Waal in unserer rauhen und unwirtlichen Bergwelt ist, wenn man berücksichtigt, daß er von einfachen, armen Bauern angelegt wurde, mit einem der berühmten Aquädukte der Römer, Etrusker oder anderer früherer Hochkulturen durchaus vergleichbar.

Kulturdenkmäler: Waal u. Burg (Schlanders)

Man stelle sich zur Veranschaulichung des Gesagten folgendes vor: Irgendwo in einer Gebirgslandschaft würden die Archäologen bei ihren Ausgrabungen auf ein bis dahin unbekanntes, über 1000 Kilometer umfassendes, so großartig wie bei uns geschaffenes, in der Vergangenheit von irgendeinem Bergvolk angelegtes Bewässerungssystem stoßen — es wäre eine Sensation, auf die sich die Medien und Forscher der halben Welt stürzen würden.

Den kulturgeschichtlichen Wert unserer Waale aber scheinen immer noch viele noch nicht erkannt zu haben, vor allem jene nicht, die ihrer Auflassung das Wort reden. Daß ein Waal nutzlos oder unrentabel sei, das ist nämlich kein Argument; rentabel im wirtschaftlichen Sinn sind Burgen, Kirchen und andere ähnliche Kulturdenkmäler auch nicht, und dennoch sieht jeder ein, daß man sie erhalten muß.

Noch besitzen wir einige Dutzend intakte Waale, und vielleicht könnten noch einmal so viele aufgelassene vor dem völligen Untergang bewahrt werden. In einem Land wie Südtirol, in dem es so viele Kulturhäuser gibt, in dem so viel von Kultur gesprochen wird, sollte es doch möglich sein, daß zumindest das, was von der uralten Bewässerungstradition übriggeblieben ist, als kulturelles Erbe gesehen und als solches erhalten wird.

Denn nur weniges erzählt so anschaulich wie ein Waal von der Geschichte unseres Landes, vom Fleiß, vom Können und vom jahrhundertelangen Überlebenskampf seiner Bewohner, vom menschlichen Dasein, von dem, was seit frühester Besiedlung die Kulturlandschaft erst zu einer solchen werden ließ. Doch mit jedem verlorenen Waal verlieren wir ein Stück dieser Kulturgeschichte und dieser Kulturlandschaft.

Fremdenverkehrskapital

Welche Bedeutung Waale für den Fremdenverkehr haben können, ist in der Umgebung Merans zu beobachten. Hier gehören sie zu den meistbegangenen und beliebtesten aller Wandermöglichkeiten, und man hat demnach auch früh genug ihre diesbezügliche Bedeutung erkannt. Die meisten der großen und langen Waale sind noch offen und wasserführend, auch wenn sie stellenweise nicht mehr ganz so naturnah erhalten sind wie früher.

Ähnliches gilt zwar auch für den Vinschgau und das Passeiertal, doch hier haben die Bestrebungen, die Waale in das Fremdenverkehrsangebot einzubinden, erst zu einer Zeit eingesetzt, in der es für viele dieser Kanäle schon zu spät war. Aber nicht nur das. So mancher Waal wurde noch aufgelassen, als er schon für die Touristen erschlossen, weitum bekannt und sehr beliebt war. Hier hat es wohl an der guten Zusammenarbeit zwischen Landwirtschaft und Fremdenverkehr gefehlt.

Daß die Begehung der Waalwege durch Touristen seitens der Bauern früher, als die Waale ausschließlich landwirtschaftlichen Zwecken dienten und die Bevölkerung noch großteils von der Landwirtschaft lebte, nicht gern gesehen wurde, ist leicht zu begreifen. Aber heute, da der Fremdenverkehr auch für sehr viele Bauern eine wichtige Einnahmequelle geworden ist und die Flurbewässerung ohnehin fast überall von Rohrleitungen besorgt wird, müßte die Erhaltung und Wiederbelebung der Waale für den Tourismus eigentlich von allen begrüßt werden. Das Beispiel Meran zeigt, welches Fremdenverkehrskapital die Waale sein können, und wie sie dies ganz besonders für wirtschaftlich benachteiligte Gebiete des Vinschgaus wären.

Um einen Waal den Touristen als Besonderheit anbieten zu können, genügt es freilich nicht — so wie dies da und dort geschieht —, den Begleitsteig eines trockengelegten oder nicht einmal mehr als Kanal erhaltenen ehemaligen Waales für den Wanderer gut begehbar zu machen, zu markieren und als „Waalweg" in der Touristikwerbung anzupreisen; wenn schon, dann müßte im Waal schon auch wieder Wasser fließen. Wie man das macht, haben die Malser an ihrem Oberwaal gezeigt.

Hier erhebt sich allerdings die Frage, ob in unserer heutigen Zeit der Erhaltung oder gar Wiederbelebung der Waale nur aus touristischen Gründen grundsätzlich das Wort geredet werden soll, wo doch sonst die Wege vielfach bereits überlaufen sind und der Fremdenverkehr für Land und Leute keineswegs nur Positives bringt.

Mir scheint, diese Frage muß man trotz allem mit ja beantworten. Denn wenn man den Waal als landschaftsbereicherndes Element, als Naturbiotop und als Kulturdenkmal sieht, wiegt sein Verlust doch schwerer als die Nachteile, die daraus erwachsen, daß er von Touristen begangen wird. Mir jedenfalls wäre ein intakter Touristenwaal immer noch lieber als ein verschwundener Bewässerungswaal. Außerdem ist es ja auch so, daß die noch bestehenden und wasserführenden Waale bereits großteils dem Tourismus dienen und die Zahl jener, die man wieder beleben könnte, ohnehin nicht allzu groß ist.

Kleines Waalwörterbuch

Hier soll ein Großteil jener Fach- oder Mundartausdrücke aus der Waal- und Bewässerungsterminologie kurz erläutert werden, die sich von hochsprachlichen Wörtern so weit unterscheiden, daß sie nicht ohne weiters für jedermann verständlich erscheinen. Grundlage für diese Übersicht boten in erster Linie die Arbeiten von Daniel, aber auch von Finsterwalder, Fink, Fischer, Kleeberg-Hochnaturns, Kühebacher, Raffeiner und Rosenberger (siehe Literaturverzeichnis) sowie eigene Erkundungen. Manche dieser Wörter sind in ganz Südtirol bekannt und gebräuchlich, die meisten aber nur dort, wo es Waale und künstliche Bewässerung gibt oder gab, und auch hier können sie von Ortschaft zu Ortschaft oder von Tal zu Tal verschieden sein.

Abkehre = dasselbe wie Auskehre, s. dort.

abreißen = das Wasser an der Fassung vom Waal rasch ableiten, um Beschädigungen des Waales zu verhindern.

Absandwaal = vom Hauptwaal abzweigender Seitenwaal, über den der Sandfang entleert wird.

Abwasser = Wasser, das ungenützt abfließt.

Ackerrode, die = Wasserrecht für einen Acker.

Andauche, die (aus rom. aqueductu) = im Oberinntal gebräuchliche Bezeichnung für Abzugsgraben.

ankehren = das Wasser in den Waal einleiten („den Waal ankehren").

Anrenne, die = Waalfassung, Einkehre („das Wasser rennt an").

ausbleiben = „das Wasser bleibt aus".

Auskehre, die = Schleuse oder Stelle des Waales, wo das Wasser abgeleitet werden kann, dasselbe wie Abkehre.

auswassern = zu Ende bewässern.

baufeucht machen = den Ackerboden vor dem Bebauen durch kurze Berieselung anfeuchten.

Bergfurche Wasser, die = Wassermenge von etwa 20—25 l/s. (Wassermenge, die eine kleinere Pflugfurche aufnehmen kann), s. auch Landfurche.

Beseih, die = versiegendes Wasser.

beseihen = das Waser ausbleiben, versiegen lassen.

Bichl, der (Mehrz. die Bichl) = langgezogener Geländerücken mit kleinem Wiesenwaal, dasselbe wie Egger, s. dort.

bleiben, beim Wasser = das Wasser beaufsichtigen.

Bretterkandl = dasselbe wie Wiere, s. dort.

Dole, die = Waalunterführung bei Wegen oder Geröllhängen.

durchwassern = eine Wiese oder ein Feld einmal zur Gänze bewässern.

Egger, die (Mehrz.) = langgezogene Geländerücken, über die der kleine Bewässerungskanal läuft, dasselbe wie Bichl, s. dort.

Einkehre, die = die Fassung des Waales, auch Schleuse.

einkehren = das Wasser in den Hauptwaal oder in einen Seitenwaal einfließen lassen.

einsanden = versanden, voll Sand werden, „der Waal sandet ein".

einschenken = das Einfließen des Wassers von einer Holzrinne in die nächste.

einwassern = dasselbe wie baufeucht machen, s. dort.

Enz, die = Holz- oder Metallträger, auf dem die Holzrinnen (oder Rohre) liegen.

fahren, mit dem Wasser = das Wasser durch den Waal, in die Wiese führen.

Fenster = Kontrollschacht bei unterirdischem Waalverlauf.

Freiwaal = Waal, dessen Benützung nicht durch eine besondere Ordnung geregelt ist.

Freiwasser = Wasser, das nicht an die Rodordnung gebunden ist, auch kostenloses Wasser.

Fuchs, der = Erdrutsch, der durch zu starkes Bewässern entstanden ist, „er hat einen Fuchs geschossen".

Furche, die = entweder Wassermenge, die eine Pflugfurche aufnehmen kann (s. Land- und Bergfurche Wasser) oder Bewässerungskanal in einem Acker.

Galmana, die = Schleuse, Schwellvorrichtung (aus rom. cuniculu).

Ganglatte, die = Brett auf oder neben dem Kandlwaal als Weg für den Waalhüter.

Gefacht, das = Schwelle oder Querbalken zur Regulierung des Wassers.

gehen = „das Wasser geht, fließt", aber auch „um das Wasser gehen, zur Waalfassung gehen, um das Wasser einfließen zu lassen".

gehen, mit dem Wasser = das Wasser durch den Waal, in die Wiese führen, begleiten, vgl. auch fahren.

gemainen = zwei Waale zusammenfließen lassen oder auch zwei Bewässerungszeiten zusammenlegen (von rom. geminare = sich paaren).

gemein = gemeinsam (durchgeführte Arbeit usw.).

geminen = zwei oder mehrere Waale zusammenfließen lassen (aus lat. communis).

Gewölbe, das = größere Waalunterführung mit gemauertem Gewölbe.

herkehren = dasselbe wie herschlagen, s. dort.

herschlagen = das Wasser vom Bach oder vom Hauptwaal herleiten, dasselbe wie ankehren oder herkehren, s. dort.

Hilbe, die = kleiner Teich zur Wasserspeicherung, dasselbe wie Tschött und Rease, s. dort.

holen = zur Waalfassung gehen, um das Wasser einzuleiten, „das Wasser holen".

Iesch, Iesche, die = aus einem Baumstamm gehackte Holzrinne, auch manchmal Bretterrinne, dasselbe wie Üesch, Nuesch, Uesch.

Ilz, Ilze, die = kleiner Bewässerungskanal in Wiesen, läuft meist über langgezogenen Geländerücken; manchmal auch Hauptkanal; s. auch Kopfkehre (aus rom. elice).

Kandl, der (Mehrz. die Kandeln), gespr. der Kohnl, die Kahnl = aus einem Baumstamm gefertigte Holzrinne; manchmal auch für Bretterrinne verwendet, wo dafür kein eigener Ausdruck besteht; s. auch Bretterkandl, Wiere und Lawod; (aus rom. canalis).

Kandlhacke = Hacke zum Herstellen der Kandeln.

Kandlwaal = Waal, der großteils aus Kandeln besteht oder längere Waalstrecke aus Kandeln.

Karnill, die = kleine Waalunterführung bei Wegen oder Murhängen (aus lat. cuniculus; im Engadin Kuniljar); s. auch Dole.

Kehre, die = Öffnung oder Kerbe im Waaldamm zur Ableitung einer bestimmten Wassermenge.

kehren = das Wasser leiten, ein-, aus-, überfließen lassen; Zusammensetzungen: ankehren, auskehren, einkehren, weiterkehren, zusammenkehren, aufkehren, abkehren, herkehren, hinkehren usw.

Kehrer, der = dasselbe wie Wasserkehrer, s. dort.

Kehrgenossenschaft = Zusammenschluß von Bauern mit kleinen Waalen, s. auch Waalgenossenschaft.

kommen = „das Waser kommt".

Kopfkehre = Endstück eines Wiesenkanals, ähnl. Bedeutung wie Ilze, s. dort.

Kuntschett = im Engadin und Oberinntal für Tschött, s. dort.

Landfurche Wasser, die = Wassermenge von rund 35—40 l/s, Wassermenge, die eine größere Pflugfurche aufnehmen kann, s. auch Bergfurche Wasser.

Lawod, die = meist aus Brettern zusammengefügte Holzrinne (aus rom. levata), auch für

Betonrinne und Sandkasten verwendet (bündnerromanisch lavada); s. auch Wiere, Kandl.
leiten (gesprochen „loatn“) = lenken, das Wasser in eine bestimmte Richtung führen.
Maschun, die = Wasserrecht bei Nacht, Nachtrode (aus rom. maschun = Nachtunterkunft, Behausung).
Mette, die = Wasserrecht, das am frühen Morgen beginnt (das Wort stammt aus der Kirchensprache).
nachwassern = nach der Ernte im Herbst noch einmal bewässern.
Nuosch, der oder die = dasselbe wie Iesch, s. dort (ahd. nuosk, mhd. nuosch).
Pingger, Pinkera = oft senkrecht zu Hang verlaufender Wasserkanal, der vom Tragwaal zu den Ilzen führt (aus rom. punctaria), s. auch Puntair.
Prim, die = erste Rode.
Puntair = dasselbe wie Pingger, gleicher Namensursprung; s. dort.
puschen = begießen der Feldfrüchte (z. B. Rüben, Kartoffel) mit einer Kanne, oder auch „baufeucht machen“, s. dort.
raumen = ausräumen, den Waal oder Sandfang reinigen.
Rawell losen = ein Wasserrecht auslosen (wohl aus rom. rivala = Mitbewerber).
Rease, die = kleiner Weiher, Wasserspeicher (möglicherweise von rösten/reasten = Mürbemachen des Flachses; mhd. röze = Teich zum Flachsrösten), dasselbe wie Tschött; „Rease“ wird im Passeiertal und weiter ostwärts verwendet.
Rechen = Holz- oder Metallgitter im Waal zum Aufhalten von Laub oder Treibholz, mit Seih vergleichbar, s. dort.
Reitung, die = Abrechnung der Wasserangelegenheiten, wie Löhne, Steuern usw.
Ritsch, die = gedeckter oder offener Wasserkanal entlang von Wegen oder in Dorf- und Stadtgassen (aus vorrom. rugia).
Rod, Rode, die = festgelegte Reihenfolge des Wassernutzungsrechtes (aus rom. roda, rota = Kreis, Umlauf), auch die Zeit der Wassernutzung (z. B. Nachtrode, Rodtag) oder die Wassernutzung selbst (Wasserrode).
Rodbrief = schriftliche Bewässerungsregelung, dasselbe wie Rodordnung, Waalordnung, Waalbrief.
Rodordnung = dasselbe wie Rodbrief, s. dort.
Rodtag = der Tag, an dem der Bezieher das Wasser bekommt.
Rodwaal = Waal, dessen Benützung durch die Rodordnung geregelt ist, s. auch Freiwaal.
Rodont, Rodande, die = steiler Feldstreifen, an dessen oberem Rand der Waal verläuft (aus rom. radente).
Runst, der = meist vom Wasser selbst geschaffener Graben oder Kanal, auch bergab fließender Waal oder manchmal (z. B. im Passeiertal) auch waagrechter Waal.
Runsthüter = dasselbe wie Waalaufseher, s. dort.
Sandfang, der = Holz- oder Betonbecken, aber auch nur eine Grube zum Auffangen des vom Waalwasser mitgeführten Sandes und Erdmaterials; auch Sandgrube, Sandkasten oder Sandtschött genannt.
Sandschuber, der = Verschlußbrett an der Schleuse des Sandfanges.
Saltner, der = seltene Bezeichnung für Waal- oder Bewässerungsaufseher (aus rom. saltuariu), s. Waaler.
Sandschweller, der = Schleuse zum Ablassen der Ablagerungen aus dem Sandfang.
Scharte, die = Einkerbung für den Wasserlauf im Balken oder Brett einer Schleuse.
Schließer, der = dasselbe wie Schwellbrett (aber selten gebraucht), s. dort.
Schlotterwasser = Wasser, das nicht nach der Rode genutzt, sondern (mit dem Schlotterlos) ausgelost wird.
schoppen, zuschoppen = verschließen, zustopfen, abdichten.
Schrothaue = Haue zum Aushacken des Waales.
Schuber, Schwellschuber, der = dasselbe wie Schwellbrett, s. dort.
Schwellbrett = verstellbares Holzbrett (oder auch Metallplatte) in einer Schleuse zur Regulierung, Absperrung oder Umleitung des Waalwassers.
Schwelle, die oder **Schweller,** der = Schleuse zur Regulierung oder Absperrung des Wassers, besteht aus einem, zwei oder drei Holzrahmen mit einem verstellbaren Brett.
schwenzen, ausschwenzen = ausspülen oder ausschwemmen des Waales oder eines Sandfanges (mhd. swenkasen = spülen).
Schwenzwasser = Wasser zum Schwenzen, s. dort.
Seih, die = ein im Waal eingesetztes Sieb zum Auffangen von Verunreinigungen, s. auch Rechen.
stehen = „das Wasser steht“ heißt, im Waal fließt kein Wasser (nicht: das Wasser bewegt sich nicht).
Tager, der = ein Wasserbezieher, der an der Instandhaltung des Waales mithilft und dafür bei der Wasserverteilung bevorzugt wird.
Tein, die = Geländestreifen zwischen einem oberen und einem unteren Waal (aus rom. tina).
Tenne, die = mit Holzplanken ausgelegte Kanalfassung an einem Bach.
Tragwaal = Hauptwaal, der das Wasser vom Bach zu den Bewässerungsfluren „trägt“.
Tschött = künstlich angelegter kleiner Weiher, auch Betonbecken, zur Speicherung, Klärung und Erwärmung des Wassers (aus rom. concepta), s. auch Kuntschett.
Überlauf = Einrichtung am Waal zur schadlosen Ableitung überschüssigen Wassers, besteht meist aus einer Doppelschleuse.
Uesch, Ueschrinne, Üesche = dasselbe wie Iesche, s. dort, gleicher Namensursprung.
versitzen = versickern.
vorwassern = bewässern, bevor das eigentliche Wachstum der Pflanzen beginnt.
Waal, der (gespr. Einzahl Wohl, Mehrz. Wahle oder Wahler) = unterschiedlich langer, meist der Flurbewässerung, aber auch dem Betrieb von Mühlen oder Sägewerken dienender Wasserkanal, in den Urkunden vom 13. bis zum 19. Jh. meist wal, seltener auch waal, wahl, wall, wil, vial, wäll und ähnlich geschrieben (aus rom. aquale = Wasserleitung); engadinisch „ovèl“.
Waalbrief = Schriftstück mit den Wasserrechten, s. auch Rodbrief.
waalen = an der Instandhaltung oder Instandsetzung eines Waales arbeiten.
Waaler, der = der für die Beaufsichtigung und Instandhaltung eines Waales sowie für die Wasserverteilung zuständige Mann.
Waalerhütte = Unterkunft für den Waaler, meist am Waal stehend und nur einfach eingerichtet, da sie nur während des Sommers bewohnt wird.
Waalgenossenschaft = Zusammenschluß von Bauern, die einen großen Waal besitzen, mit Waalinteressentschaft und Wasserleege vergleichbar.
Waalhammer = dasselbe wie Waalschelle, s. dort, nur ist hier die Blechglocke durch einen anderen Klangkörper (etwa ein Schaufelblatt) ersetzt.
Waalhaue = dient vor allem der Herstellung, aber auch zur Reinigung und Instandhaltung des Waales.
Waalhirt = dasselbe wie Waaler, s. dort.
Waalhüter = dasselbe wie Waaler, s. dort.
Waalinteressentschaft = Zusammenschluß von Bauern, die einen großen Waal besitzen, heute meist Waalgenossenschaft.
Waalplatte = Steinplatte, die zur Umleitung des Wassers in den Waal eingeschlagen wird.
Waalrecht = Bezugsrecht auf Waalwasser, aber auch die Wasserrechte in ihrer Gesamtheit.
Waalsaltner = dasselbe wie Waaler, s. Saltner und Waaler.
Waalschelle = Alarmvorrichtung, bestehend aus einer Blechglocke (Schelle), an die ein Hammer schlägt, der von einem Wasserrad betätigt wird und den ordnungsgemäßen Lauf des Waalwassers anzeigt.
Waalsteig = schmaler Weg dem Waal entlang, meist auf dem Waaldamm verlaufend, in Teilen auch oft als Brettersteg (Ganglatte, s. dort).

Waal Wasser = eine bestimmte, nach Waaleinheiten berechnete Wassermenge, z. B. drei Waale Wasser.
Waalweg = dasselbe wie Waalsteig, aber breiter.
Wasserbrett = dasselbe wie Waalplatte, s. dort.
Wasserbrief = dasselbe wie Waalbrief, aber mehr auf die reine Bewässerung bezogen.
Wasserer, der = er führt die Bewässerung der Wiesen und Felder durch.
Wasserfeiertag = Tag, an dem nicht bewässert wird.
Wasserglocke = dasselbe wie Waalschelle, s. dort, aber mit einer richtigen Glocke.
Wasserkehrer = entweder er leitet nur an der Waalfassung das Wasser ordnungsgemäß ein und ab, oder er ist an kleinen Wasserkanälen so etwas wie der Waaler, s. dort.
Wasserleege = im Etschtal Zusammenschluß von Bauern, die einen großen Waal besitzen; mit der Waalinteressentschaft oder -genossenschaft vergleichbar (vom spätlat. liga = Bund, Verein).
wassern = bewässern.
Wasserplatte = dasselbe wie Waalplatte, s. dort.
Wasserrode = s. Rode.
Wasserschlegel = dasselbe wie Waalhammer, s. dort.
Wasserwaal (gespr. Wasserwohl) = Waal, der zur Bewässerung dient, aber auch ein Waal, von dessen Verlauf aus unmittelbar bewässert wird.
Wasserwasser (gespr. „Wasserwòsser) = Bewässerungswasser.
Wasserweg (selten) = dasselbe wie Waalweg, s. dort.
Wecker = Glocke in der Waalerhütte, die über eine Schnur mit einem Schwimmbrett im Waal verbunden ist und bei plötzlichem Sinken des Wasserspiegels zum Läuten gebracht wird; in Funktion und Zweckbestimmung der Waalschelle — s. dort — vergleichbar.
Weile, die = genau festgelegte Zeitdauer, in der die Bewässerung durch den einzelnen Nutzungsberechtigten erfolgen darf; es gibt Tagweilen (meist zwölf zu je 1½ Stunden) und Nachtweilen (meist zu sechs Stunden).
weiterschlagen = das Wasser durch Einschlagen der zweiten Wasserplatte an der nächsten Stelle zwecks Berieselung überlaufen lassen.
weiterstecken = dasselbe wie weiterschlagen, s. dort.
Wetterwasser = Regenwasser.
Winterwasser = Schnee- bzw. Schmelzwasser.
Wiesenrode = Wasserrecht bei Wiesenbewässerung, vgl. Rode.
Wiere, die = Wasserrinne, meist aus Brettern zusammengefügt, auch Baumrinne (ahd. wuori, mhd. wuore, wüere = Holzrinne), s. auch Lawod, Kandl, Bretterkandl.
Wierenbock = Stützpfeiler, Träger der Wiere.
Wurzwaal = kleiner Zweigwaal, dasselbe wie Ilze, s. dort.
Zagund = zweite Rode.
Zierl, der = Abflußrohr der Tschött.
zusammenkehren = das Wasser von zwei oder mehreren Waalen in einem Waal vereinigen; vgl. auch gemainen, gaminen und kehren.

Der „Schwöller": Als Sache und Begriff überlebt er nur, wenn auch die Waale überleben

Waalgeschichte in Daten

Die folgende Chronik umfaßt zahlreiche Daten aus der Waal- und Bewässerungsgeschichte seit den ersten urkundlichen Erwähnungen bis heute. Sie stützt sich im wesentlichen auf die Arbeiten von Angerer, Daniel, Finsterwalder, Fischer, Keim, Kleeberg-Hochnaturns, Loose, Riedmann, Rosenberger, Stolz, Trenkwalder, Tscholl, Wielander und Winkler sowie auf eigene Nachforschungen. Die Arbeit erhebt keinerlei Anspruch auf Vollständigkeit. Was die Zeit vor dem Auftauchen schriftlicher Urkunden betrifft, verweise ich auf den Beitrag „So alt wie die Besiedlung" auf S. 11.

Um 830: In Morter im Vinschgau werden Ackerland, Grünland und Weinberge urkundlich erwähnt. Dies wirft ein Licht auf die damalige landwirtschaftliche Situation.
10. Jh.: In Urkunden taucht oft die Formel „cum aquis aquarumque decursibus" auf; dies kann sich, muß sich aber nicht auf Waale beziehen, weil die Formel auch dort vorkommt, wo es nie eine künstliche Bewässerung gab.
1148/49: Erstmals eine Getreidemühle im Vinschgau (Schlanders) erwähnt. Dies ist der erste indirekte Hinweis auf künstliche Wasserzuleitung.
1227: Erster urkundlicher Nachweis für künstliche Bewässerung in Südtirol: Graf Ulrich von Ulten schenkt sein Wasserrecht aus dem Rametzbach bei Meran dem Kloster Steingaden.
1241: Graf Ulrich von Ulten schenkt das Wasser und die Wasserzuleitung zu Mais bei Meran dem Kloster Steingaden.
Nach 1250: Zwischen dem Stift Marienberg und dem Hochstift Brixen erfolgt eine Abmachung bezüglich des Bewässerungsrechtes aus der „aqua valsent".
1277: In Eppan ist ein „Paswal" urkundlich erwähnt.
1280: Das Kloster Stams kauft den Hof Haslach in Mais bei Meran samt dem „wasserwil".
1280: In Schlanders ein „Crazewal" urkundlich erwähnt.
1282: Der 1280 genannte „wasserwil" in Mais zweimal erwähnt.
1260: Der Glurnser Mitterwaal wird erbaut (Trenkwalder).
1260: Der Latinigwaal auf der Malser Haide wird erbaut (Trenkwalder).
1268: In Tschars ein Beiname „de Wal" urkundlich erwähnt.
1284: Zwei Brüder verkaufen „in Schlanders ein Feld am Etschwaal" mit dem dazugehörigen Wasserrecht.
1284: Graf Meinhard setzt in Bozen einen Bevollmächtigten in allen Auseinandersetzungen wegen eines „aqueductus" ein.
1290:: Hiltprandus von Brandis verkauft drei Höfe „in monte Stabenne" (Staben) samt einem Wasserrecht. In der lateinisch abgefaßten Urkunde heißt es: „. . . aqueductibus que vulgo dicuntur wasserwil . . ."
1295: In Mais bei Meran wird ein Weinberg, der an einen „Tragwal" angrenzt, verkauft; außerdem auch ein anderer Weinberg samt dem dazugehörigen Wasserrecht „aquarum dicitur wasserweile".
1297: „Jeclinus in dem Wale" zinst der Pfarrkirche zu Meran und Tirol, ebenso ein Hof in Haslach namens „uf dem Wale" mit einem Akker namens „Bruol".
1299: In Obermais bei Meran werden zwei Äcker samt „aquarum quod dicitur Wasserwale" verkauft.
13. Jh.: Aus dieser Zeit sollen der Gingglwaal am Fuchsberg sowie der Pötzlwaal und der Mühlwaal auf der Malser Haide stammen (Trenkwalder). — Seit dem 13. Jh. besitzt der Landesfürst die Verfügungsgewalt über die fließenden Gewässer.
1303: In Mais bei Meran werden Grundstücke verkauft, die an den „Tragwal" angrenzen.
1305: In der Bozner Gegend ist ein „Achewal" urkundlich erwähnt.
1308: Auf Putzagels bei Lana ein Weingut „Wuest ob dem Wale" urkundlich erwähnt.
1309: In Mais bei Meran der „Kirchsteig ob dem Tragewal" sowie eine Flur „Rigel sub ripa Tragwal" erwähnt.
1313: Künstliche Bewässerung im Ötztal erwähnt.
1314: Aus einer Urkunde geht hervor, daß die Benützung der natürlichen Gewässer steuerpflichtig ist.
1314: Erste schriftliche Erwähnung des Latinigwaales auf der Malser Haide (Winkler).
1317: Auf Platzers bei Tisens ein Hof „wazzervalle" (Wasserwaal oder Wasserfall?) erwähnt.
1318: In Latsch eine Flur „Chanal" urkundlich genannt.
1320: In Allitz bei Laas ist ein „Walhof" urkundlich erwähnt.
Um 1320: Erneut in Mais bei Meran ein Weingut „ob dem Tragwal" sowie ein „Toldo de Mays auf dem Wal" urkundlich erwähnt.
1330: In Kortsch im Vinschgau ein „Tragwal" schriftlich erwähnt.
1331: In Ulten eine Flur namens „zen Nueschen" (Holzrinne) erwähnt.
1332: Im Vinschgau ein nicht näher lokalisierbarer „aqueductus dictus Tragwaal" erwähnt.
1332: Bewässerungsrechte eines Hofes in Allitz bei Laas genannt: „. . . horae aquarum ex rivo dicto Auritschawn in Alicz tercia pars in roda . . ."
1332: Der Zaalwaal bei Kortsch erwähnt: „. . . aque ductus dicti in der Zal derivati ex flumine dicto Slandrawn".
1332: Im Gebiet von Dorf Tirol: „aque dictus Purnwal".
1333: König Heinrich von Böhmen und Graf von Tirol bestätigt der Gemeinschaft Plars das Recht auf ihren bereits bestehenden Waal und erlaubt mit Zustimmung der Plarser den Algundern die Verlängerung des Waales (Algunder Waal); vgl. auch 1734.
1333: König Heinrich bestätigt der Bauernschaft von Tarsch das „Anrecht auf den Slumsbach".
1334: In Schlanders ein „Gungwal" schriftlich belegt.
1338: Der Pfleger von Kastelbell läßt Kundschaft erheben wegen des Wassers vom „Montferter Brunnen in Snals" (Hof Montfert nördlich von Katharinaberg).
1346: Der Richter von Kastelbell und der Pfarrer von Tschars entscheiden einen Streit wegen eines Wasserrechtes zwischen dem Kloster Schnals und dem Ravenatschhof.
1346: Anstelle des alten Malser Mitterwaales wird ein neuer Mitterwaal erbaut; Ober- und Unterwaal bestehen zu dieser Zeit auch schon; vgl. auch 1756, 1790, 1980.
1346: Der Obervernatschhof auf Katharinaberg in Schnals besitzt eine Waalanlage, wie aus einer Urkundenabschrift von 1723 hervorgeht.
1346: Am 8. Juni wird am Gericht Glurns der Streit zwischen Mals und Tartsch wegen des alten Malser Mitterwaales beigelegt; daraufhin wird der Waal neu errichtet, die Streitereien flammen aber später wieder auf; vgl. auch 1756, 1790.
1363: Bei Lichtenberg im Vinschgau ein Hof „Valnóf (lt. Finsterwalder „neuer Waal") erwähnt.
1365: In Marling zweimal ein Johannes Walshover (Waalhofer?) als Zeuge genannt.
1367: Der Töschgwaal auf der Malser Haide wird erstmals urkundlich erwähnt.
1372: Der Mareinwaal bei Latsch wird erbaut (Trenkwalder).
1372: Urteilsspruch in Sarnthein wegen der Wassernutzung aus dem Cyprianbach und der Füh-

rung einer Wiere beim Kranzensteinhof (Kränzelstein?).
1385: Schiedsspruch im Streit um einen „wal, der auz dem Vorstpach in Auzzere Gegent get" (die „Äußere Gegend" liegt ober Lana am Eingang ins Ultental).
1387: In Kortsch erhält „Chuenrat der Waler" einen Weingarten zu Baurecht.
1390: Ulrich von Algund regelt das Wasserrecht aus seinem „pache ze Algund" (später auch „Grappach" genannt) hinsichtlich der Bewässerung eines Weingutes.
1390: In Schlanders ein „Gurgel Wal" und ein „Wowal" urkundlich erwähnt.
1390: In Schluderns ein Beinamen „Walas" und in Burgeis ein „Walwus".
1390: Der Marienberger Abt Goswin nennt in seiner Chronik auf der Malser Haide den Larginwaal, den Kriegwaal und den Fasseswaal (Winkler). Weiters spricht er von einem „wal conmunis" und von „aqua dicta Traqual".
1394: In Goswins Chronik heißt es: „die rod sol umbgan".
1394: In den Wiesen von Montani bei Morter ein „aquale ze tütsch Walpach".
1394: In Schlanders wird ein „Rodundil Boval" (1390: Wowal) genannt.
1396: Streit zwischen Tannas und Eyrs um das Wasser des Tannaser Baches und anschließende Regelung der Wasserrechte; Ausfertigung des entsprechenden Waalbriefes.
1398: Der Richter von Kastelbell entscheidet einen Streit zwischen der Gemeinde Tschars und dem Hof Schönegg wegen der Wasserrechte.

14. Jh.: Die Gemeinden Glurns und Laatsch schließen einen Vertrag (in lat. Sprache abgefaßt) wegen der Bewässerung; er wird im 16. Jh. ins Deutsche übersetzt.
In einer Urkunde werden die Wasserrechte der Gemeinde Schlanders in Talatsch festgehalten.
Der Penauder Waal bei Karthaus wird erbaut.
1416: Der Marienberger Chronist Goswin nennt einen „Kanelwal".
1425: Der dreihundertjährige Streit zwischen Burgeis und Mals wegen der Wasserrechte am Kriegwaal beginnt; siehe auch 1727.
1427: In Partschins ein „Wesrer" (Wässerer) urkundlich erwähnt.
1431: Streitbeginn zwischen Rabland und Partschins um das Wasser des Zielbaches; 1584 vorläufige Beilegung, 1656 flammt der Streit von neuem auf.
1436: Der Kortscher Etschwaal wird erbaut.
1462: Im Dorfbuch von Dorf Tirol ist der zum Schloß Auer führende Waal genannt, ebenso der Mühlwaal des Tiroler Pfarrers.
1472: Der Neuwaal in Obermais bei Meran wird erbaut (Inbetriebnahme 1473).
1492: Der Vezzaner Waal wird erbaut.
1492: Die Tscharser wenden sich an Kaiser Maximilian I. um Hilfe für den Bau des Tscharser Schnalswaales, die auch gewährt wird; vgl. auch 1504 und 1517.

1492: Schiedsspruch im Streit zwischen Vezzan und Schlanders wegen der Wassernutzung aus dem Schlandraunbach.
Anfang 15. Jh.: Seit dieser Zeit gibt es schriftliche Waalordnungen in den Dorfbüchern; sie bleiben bis ins 19. Jh. hinein gültig.
15. Jh.: Der Partschinser Waal wird von den Stachelburgern erbaut.
1504: Mit der Planung und bald darauf mit dem Bau des Tscharser Schnalswaales wird begonnen; vgl. auch 1492 und 1517.
1509: Die Göflaner leiten bei ihrer Alm Wasser vom Remsbach ab, worauf ein bis ins 18. Jhr. dauernder Streit zwischen Göflan und Innernördersberg ausbricht.
1517: Der Tscharser Schnalswaal wird bis Tschars fertiggestellt; vgl. auch 1492 und 1504, 1553.
1532: Die Gemeindeordnung von Schlinig enthält Bestimmungen über Wassernutzung und „wäll machen" (Waalinstandhaltung).
1534: Die Kuenser Waalordnung enthält u. a. das Verbot, „unsauberes Geschlenz" oder gar „Prunzkachl" in den Waal zu schütten.
1544: Im Dorfbuch von Stilfs ist ausführlich von der Erhaltung und Benützung der Waale die Rede.
1553: Der Große Etschwaal (bei Kastelbell) wird erbaut, der Tscharser Schnalswaal bis Galsaun verlängert.
1560: Der Sandwaal bei Tarsch wird erbaut.
1580: Der Waal vom Finsterbach (Tesselberger Bach?) zum Schwemmkegel von Gais im Pustertal wird erstmals urkundlich erwähnt.
1583: Im Goldrainer Dorfbuch heißt es: „Das wälerambt in Dissener Bach (Tissbach) geth von Haus zu Haus umb."
1588: Die Malser beklagen sich beim Richter von Glurns, daß die Tartscher einen der Malser Waale ohne Recht verlängert hätten; vgl. auch 1346, 1756, 1790.
1591: Im Dorfbuch von Schenna sind die Mühlrechte für die Entnahme des Waalwassers (nur nachts durfte gemahlen werden) festgelegt, die bis vor wenigen Jahrzehnten noch Geltung hatten.
1643: Die drei Glurnser Waale werden als „unter-, mütter- und berkwahl" erwähnt.
1647: Dieses Datum trägt der Vertrag über die Wassernutzung des Klammwaales in Schnals.
1685: Der Platzberg- oder Sandhofwaal in Passeier wird erbaut; aus diesem Jahr stammt auch der Waalbrief.
1721: Die Naturnser Talbauern klagen gegen die Bergbauern am Sonnenberg wegen deren zu früher Wasserentnahme aus dem Kirchbach; vgl. auch 1723.
1723: Vor dem Meraner Richter wird zwischen den Naturnser Tal- und Bergbauern ein endgültiger Vertrag bezüglich der Kirchbachnutzung geschlossen; vgl. auch 1721.
1724 bis 1737: Der obere Guflwaal in Schnals wird erbaut; bis 1726 das erste Teilstück bis Unserfrau, dann ein weiteres und bis 1737 das letzte bis zu den Forchhöfen.
1727: Der dreihundertjährige Wasserstreit zwischen Burgeis und Mals wird endgültig beigelegt; vgl. auch 1425.

1733: Der Schennaer Waal (heute Verdinser Waal) wird erbaut.
1734: Der Algunder Waal wird bis Gratsch verlängert; vgl. auch 1333.
1737: Mit dem Bau des Marlinger Waales wird begonnen; vgl. auch 1756.
1740: Der Goldrainer Jochwaal wird bereits als alter Waal erwähnt, und 1743 heißt es, daß das Wasserrecht schon „von alters her" besteht.
1756: Mals und Tartsch schließen einen Vertrag wegen der Malser Waale; vgl. auch 1346 und 1790.
1758: Die Marlinger beschweren sich, daß der Pfarrherr für sein Wasserrecht am Marlinger Waal nur einen Kreuzgang abhalte und zwei Messen lese.
1766: Das Kortscher Dorfbuch nennt den Allitzbachwaal.
1780: Der Zielwaal am Rablander Sonnenberg wird erbaut.
1790: Mals und Tartsch schließen erneut einen Vertrag über die Nutzung der drei Malser Waale; vgl. auch 1346 und 1756.
1790: Der zum Teil über bis zu 15 Meter hohe Steinpfeiler führende Laaser Kandlwaal wird erbaut; vgl. auch 1907.
1812: Der erste Teil des Stabener Schnalswaales wird gebaut, 1819 dann die Fortsetzung bis zum Hof Falzrohr.
1820: Der Steinhauserwaal bei St. Martin in Passeier wird erbaut.
1830 bis 1833: Der Naturnser Schnalswaal (auch Neuwaal genannt) wird gebaut; die Kosten betragen 4000 Gulden.
1835: Der Brandiswaal bei Lana wird erbaut.
1839: Das Landgericht Glurns fordert die Gemeinde Planeil auf, eine gute Wasserleitung anzulegen, da der Mangel an Bewässerung zu allgemeiner Not in dieser Gemeinde führe.
1843: Der Rappenwaal bei Vezzan wird gebaut.
1860: Um diese Zeit soll der Matatzwaal im Passeiertal erbaut worden sein.
1865: Der Breitenspitz- oder Wierenwaal in der Texelgruppe (höchster aller Waale, Fassung in fast 3000 Meter Höhe) wird erbaut, ist aber nur wenige Wochen in Betrieb.

1873: Der Latschanderwaal bei Latsch/Kastelbell wird in Betrieb genommen (Rosenberger; nach anderen Angaben 1872).
1890: In Lana wird die „Lanaer Wasser- und Feldwegleege" als erste Genossenschaft mit völlig neuer, mustergültiger Verwaltung gegründet.
1897: Im obersten Vinschgau wird ein Druckschacht vom Zerzertal auf die gegenüberliegende Seite für die Bewässerung geplant. Es kommt aber nicht zur Ausführung. Obwohl der Plan später wiederholt aufgegriffen wird, kommt es erst 1976 zum Baubeginn.

1907: Die über die hohen Steinpfeiler laufenden Holzrinnen des Laaser Kandlwaales werden bei einem Dorfbrand zerstört. Sie werden daraufhin durch eine unterirdische und die Etsch überquerende Druckleitung ersetzt. Die offenen Waale ab dem Ende des Aquädukts bleiben bis 1983 erhalten.
1908: Da Matatz- und Floner Waal im Passeiertal zuwenig Wasser liefern, wird der Plan gefaßt, vom Pfelderer Bach beim Stieberfall einen Waal abzuleiten und bis nach Flon zu führen; der Ausbruch des Ersten Weltkrieges verhindert die Fortführung der bereits begonnenen Arbeiten, die auch nach dem Krieg nicht wieder aufgenommen werden.
Um 1925: Der Plurwaal bei Taufers im Münstertal wird aufgelassen.
Nördlich von Bozen gibt es am Eisack noch mehrere große Wasserschöpfräder, die der Bewässerung der Weingüter dienen, sowie ein weiteres in Naturns.
1930: Im Weingebiet von St. Magdalena bei Bozen wird die erste größere Beregnungsanlage Südtirols errichtet (130 ha).
1909 bis 1912: Die Kandeln am Naturnser Schnalswaal werden von der Waalfassung bis zur „Wallburg" durch einen Felsstollen ersetzt; vgl. auch 1833.
1935: Laatsch erhält sein Trinkwasser noch vom Latini- und Mühlwaal.
1935: Die Bauern von St. Martin im Kofel planen den Bau eines 300 Meter langen Wasserstollens am Niederjöchl; es kommt aber nicht zum Bau.
Um 1935: Rosenbergers Erhebung ergibt: In Südtirol gibt es noch rund 350 große Waale (länger als 800 m) mit einer Gesamtlänge von fast 1000 Kilometern. Rund 250 Waale entfallen auf den Vinschgau; vgl. auch 1976 und 1985.
1946: Im Vinschgau beträgt die Fläche, die durch moderne Beregnungsanlagen bewässert wird, erst rund fünf Hektar.
1948: Gründung eines Konsortiums im Obervinschgau, um die völlige Enteignung der Wasserrechte durch den Mailänder Kraftwerkskonzern Montecatini zu verhindern.
1950: Der obere Naturnser Schinawaal wird aufgelassen.
Um 1955: Der Brandiswaal bei Lana wird aufgelassen bzw. verrohrt.
1958: Der Gruberwaal am Südfuß der Kassiansspitze in den Sarntaler Alpen wird aufgelassen.
1960: Der erste „Grüne Plan" ermöglicht durch finanzielle Unterstützung seitens der öffentlichen Hand vielen Bauern den Bau von Rohrleitungen und Beregnungsanlagen.
Um 1960: Der obere und der untere Guflwaal im Schnalstal werden aufgelassen bzw. verrohrt.
1963: In Schlanders wird das Bergbonifizierungskonsortium Vinschgau gegründet, das in der Folge verschiedene Beregnungsanlagen errichtet; dadurch beschleunigt sich der Niedergang der alten Bewässerungsanlagen und -formen. Nach und nach werden auch weitere ähnliche Konsortien ins Leben gerufen.
1966: Auf der Mastaunalm in Schnals wird eine Beregnungsanlage errichtet.
Um 1966: Der Suppenwaal bei Göflan wird aufgelassen.
1969: Im Schnalstal verfügen bereits 67 von 82 Höfen über eine Beregnungsanlage.
Um 1970: Wurden bisher meist nur kleinere Beregnungsanlagen errichtet, so setzt nun der Bau sehr großer ein.

Um 1970: Der Bergerwaal bei Prad sowie der Tannaser Waal (oberhalb Tannas) werden durch Rohrleitungen ersetzt; der obere und untere Gaschitschaswaal sowie der Alpwaal in Planeil werden aufgelassen.
1973: Der Glatschwaal bei den Lichtenberger Höfen wird durch Rohrleitung ersetzt.
1974: Der Juvaler Schloßwaal, der obere Teil des Zaalwales sowie der Gingglwaal am Fuchsberg werden durch Rohrleitungen ersetzt und aufgelassen.
1975: Der Neuwaal bei Montani wird verrohrt und aufgelassen.
Um 1975: Dem Bau von Beregnungsanlagen fallen zum Opfer: der Mareinwaal bei Latsch, der Kandlwaal bei Tarsch (1976), der Frauwaal bei Prad, der Vezzaner Waal, der Raminiwaal bei Tarsch, der Verdingser Waal bei Latzfons.
1976: Das bisher immer wieder gescheiterte Projekt des Druckstollenbaues vom Zerzertal zu den obersten Wiesen der Malser Haide wird, zusammen mit umfangreichen Planierungen, in Angriff genommen. Aufgrund des Widerstandes vieler Bauern erfolgt die „Meliorierung" aber weniger großflächig als geplant; vgl. auch 1897.
1976: Extrem trockener Sommer; wo die Waale und die alte Berieselung aufgelassen und nicht durch Beregner ersetzt worden waren, wie beispielsweise in Sulden, Stilfs und Trafoi, gab es schwere Ernteausfälle.
1977: Aus einer (allerdings nicht vollständigen) Bestandsaufnahme von Alois Trenkwalder geht hervor, daß es im Vinschgau und in der Meraner Gegend nur noch rund 50 bis 60 in Betrieb befindliche Waale gibt; vgl. auch 1935 und 1985.
Um 1977: Die Tannaser Wasserwaale bei Eyrs werden aufgelassen, ebenso der Rappenwaal bei Vezzan.
1970 bis 1980: Allein in diesem Jahrzehnt werden zwei Fünftel (über 5000 Hektar) der bewässerten Vinschgauer Kulturfläche mit Beregnungsanlagen ausgestattet.
1980: Ober-, Mitter- und Unterwaal bei Mals bzw. Tartsch werden aufgelassen und durch Rohrleitung mit Beregnungsanlagen ersetzt; vgl. auch 1984.
1981: Die Sektion Mals des Südtiroler Heimatpflegeverbandes gründet erstmals ein Komitee zur Rettung der Vinschgauer Waale.
Um 1981: Der Tiroler Waal bei Dorf Tirol sowie der Riffianer Waal werden verrohrt und aufgelassen.
1981: Der Dursterwaal bei Partschins wird verrohrt und aufgelassen, der Penaudwaal bei Karthaus wird durch Rohrleitung ersetzt.
1982: Der Floner Waal in Passeier wird großteils verrohrt, der Klammwaal in Schnals wird zur Gänze verrohrt, der Unterwaal bei den Lichtenberger Höfen wird aufgelassen, der Matscher Ackerwaal wird in seinem äußeren Teil ab Matscher Kirche durch Rohrleitung ersetzt, der Griggwaal bei Schluderns verschwindet infolge Verrohrung.
1983: Der Pazzinwaal bei den Lichtenberger Höfen wird aufgelassen und verrohrt, desgleichen die beiden von Laas nach Ost und West führenden Arme des Kandlwaales sowie der Goldrainer Jochwaal.
1984: Der Schliniger Waal wird teilweise verrohrt, der Parnetzwaal bei Laas wird durch Rohrleitung ersetzt, der untere und obere Gumpatschwaal werden großteils aufgelassen, der Schludernser Bergwaal wird auf einer Länge von einem Kilometer verrohrt und zerstört (es gibt erstmals landesweite Proteste), der Quaierwaal bei Schluderns wird zur Gänze aufgelassen, der Perdallwaal bei den Lichtenberger Höfen wird verrohrt.
1984: Der 1980 aufgelassene Malser Oberwaal wird in seinem westlichen Teil vom Malser Verkehrsverband instand gesetzt und wieder in Betrieb genommen.
Um 1984: Der Große Etschwaal bei Kastelbell wird nach und nach aufgelassen; 1985 führt er nur noch in einem ersten kurzen Teilstück Wasser.
1985: Der Zielwaal am Rablander Sonnenberg wird durch eine Rohrleitung ersetzt.
1985: In diesem Jahr sind in Südtirol noch rund 35 größere Waale mehr oder weniger in Betrieb, die meisten davon im Burggrafenamt und im Vinschgau; vgl. auch 1935 und 1977.

Rest des Waalsystems auf dem Tarscher Schwemmkegel inmitten „meliorierter" Flächen

Wandern am Marlinger Waal

Zweiter Teil

Wanderwege Wanderziele

1 Die Waale auf der Malser Haide

Bewässerung wie vor Jahrhunderten

Der oberste Teil der Malser Haide, das bereits ziemlich flache Gebiet um Langkreuz, St. Valentin und Plawenn, ist zum Teil bereits planiert, melioriert und mit Beregnungsanlagen versehen worden, und weitere Flächen müßten, wenn es nach dem Meliorierungsplan ginge, folgen. Doch nicht jeder Bauer ist damit einverstanden, und die Zerstörung der alten Waale geht nicht ganz so rasch vor sich, wie die Fortschrittsapostel möchten.

So ist ein beträchtlicher Teil des riesigen Schwemmgebietes, das früher auch Malser Berg statt Malser Haide genannt wurde, noch weitgehend intakt geblieben — abgesehen natürlich von der teilweise wirklich abscheulichen Verdrahtung. Viele Wiesen, aber auch Getreidefelder kennzeichnen das Bild, schöne wasserreiche Hauptwaale und zahllose kleine Verteilerkanäle, die auch heute noch über die langgezogenen, „Bichl" genannten Geländerücken führen, durchziehen kreuz und quer das Gelände.

Da die teils vom Planeiler Bach, der Puni, großteils aber von der Etsch abgeleiteten Hauptwaale reine Wiesenwaale ohne eigentlichen Waalweg sind und daher nur bedingt auch als Touristenwaale gelten können, hätte es wenig Sinn, hier nur einen Wasserkanal herauszugreifen. Denn es ist nicht dieser oder jener Waal allein, der einen Streifzug über die Malser Haide lohnt, vielmehr ist es das gesamte Waal- und Bewässerungssystem, das hinsichtlich seines Alters, seiner Ausdehnung und seines heutigen Erhaltungszustandes das einzigartigste in Südtirol ist.

Die Hauptwaale tragen fast ausnahmslos romanische Namen, und der Marienberger Chronist Goswin erwähnt bereits im 14. Jahrhundert die meisten von ihnen: den Töschgwaal, den Larginwaal, den Fosses- oder Fasseswaal, den Latinigwaal, den Pötzlwaal, den Mühlwaal, den Kriegwaal.

Die Bewässerungszeiten, Wasserrechte und Vorschriften für alle anderen Belange waren von den Bauern und Gemeinden im Laufe der Zeit genau festgelegt worden und wurden jährlich am 1. Mai unweit der heute noch vorhandenen „Steinernen Brücke" über den Pu-

Wandervorschlag

Lexikon: S. 125, Nr. 9—15

Allgemeines: Da es sich bei den Waalen auf der Malser Haide um Wiesenwaale ohne Begleitweg handelt, empfiehlt sich ihre Begehung nur im Herbst, wenn das Gras gemäht ist und nur noch das Vieh auf den Wiesen weidet. Zu dieser Jahreszeit sind Streifzüge nach eigenem Gutdünken kreuz und quer über die Haide im Anblick des Ortlers und seiner Trabanten besonders lohnend. Für die übrige Zeit aber, in der man markierten Routen folgen muß, wird hier eine Runde beschrieben, auf der man nicht nur mehrere Waale quert, sondern auch noch Gebiete antrifft, die nach der althergebrachten Berieselungsmethode bewässert werden.

Die Route in Kurzform: Mals–Ulten–Burgeis–Mals.

Wegverlauf: In Mals (1050 m) durch die malerischen Gassen nordwärts bis zum Dorfrand und dann auf der nach Planeil führenden Straße (Mark. 15) dem Punibach entlang leicht ansteigend weiter. Man kommt an der „Steinernen Brücke" und an mehreren Waalfassungen vorbei und gelangt schließlich, bei der Wegteilung die Puni nach links verlassend, hinauf zur Höfegruppe Ulten (1424 m); ab Mals 1½ Std. — Von da nun der Mark. 29 folgend auf schmalem Fahrweg südwestwärts leicht absteigend quer über den ganzen mittleren Teil der Malser Haide, wobei man unter anderem den Töschgwaal, den Margrin- und den Larginwaal quert, hinunter nach Burgeis (1203 m; Prachtblicke auf Stift Marienberg und Fürstenburg; ab Burgeis ¾ Std.) und ohne die Etsch zu überqueren auf breitem, von der Zufahrtsstraße bei St. Michael rechts abzweigenden Feldweg (Mark. 4, 5, 19) wieder quer über die Malser Haide in schöner Wanderung zurück nach Mals; ab Burgeis knapp ¾ Std.

Höhenunterschied: 374 m.

Gesamtgehzeit: ca. 3 Std.

Orientierung und Schwierigkeit: in jeder Hinsicht leicht und problemlos; durchwegs übersichtliches Gelände.

Wanderkarten 1:50.000: Freytag-Berndt, Blatt S 2 (Vinschgau – Südliche Ötztaler Alpen); Kompaß, Blatt 52 (Vinschgau).

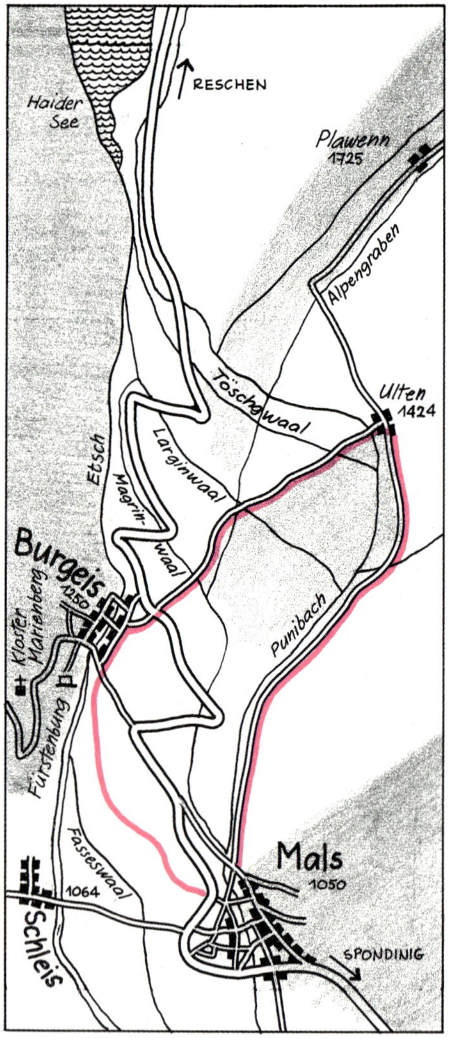

nibach auf der Wiese „Terschenäres" vor versammelter Wirtschaftsgemeinschaft verlesen. Trotzdem gab es viel Streit, und der Name Kriegwaal soll sogar von diesen um seine Wasserentnahme entbrannten Streitereien herrühren, die sich über 300 Jahre hinzogen und erst im 18. Jahrhundert endgültig bereinigt werden konnten, wenngleich angesichts der Vielzahl an Grundstücken und Nutzungsberechtigten zu sagen ist, daß die äußerst komplizierte Wasserregelung im großen und ganzen erstaunlich gut funktionierte.

Die Malser Haide war früher natürlich nicht das einzige Bewässerungsgebiet dieser Art; vielmehr gab es Wiesen und Felder mit Waalen und „Ilzen" fast überall im Lande und in den Alpen, und besonders ausgedehnt waren sie auf den vielen Schwemmkegeln des Vinschgaus. Doch hier brachte sie großteils der Erwerbsobstbau zum Verschwinden, und dort, wo die Gras- und Feldwirtschaft weiter bestehen blieb, brachten Beregnungsanlagen und Maschineneinsatz das Ende der althergebrachten Berieselung.

Um so größere kulturgeschichtliche Bedeutung kommt deshalb der Malser Haide zu, zweifellos einem der letzten Gebiete der Alpen, wo die alte Form der Bewässerung noch in solcher Ausdehnung erhalten geblieben ist, und es wäre zu begrüßen, wenn bei der Ausarbeitung von Meliorierungsprojekten solche Aspekte nicht so außer acht gelassen würden, wie dies bisher leider fast überall geschehen ist.

Der Töschgwaal im oberen Teil der Malser Haide

2 Wiederbelebung der Waale unmöglich?

Am Oberwaal bewiesen die Malser das Gegenteil

In einer Zeit wie der unsrigen ist es schon fast wie ein Wunder. Ein Waal, der bereits aufgelassen war, weil ihn eine Rohrleitung für die Landwirtschaft nutzlos und überflüssig gemacht hatte, ein Tragwaal, den man so wie viele andere verloren glaubte, führt wieder Wasser.

1980 hatte man von der Puni, dem aus dem Planeiltal kommenden Bach, für die Beregnung der Wiesen von Mals und Tartsch eine Rohrleitung erbaut und den Unter-, Mitter- und Oberwaal, die drei Malser Hauptwaale, trockengelegt. Nur im ersten Teil des Unterwaales floß noch weiterhin etwas Wasser zur Bewässerung einiger Gärten und kleiner Grundstücke am Dorfrand von Mals, aber im übrigen drohten die Waale, die sich urkundlich bis ins 14. Jahrhundert zurückverfolgen lassen, aber wohl noch älter sind, bald zu verkümmern und zu verwachsen. Die Waalwege, die zu den schönsten Wandermöglichkeiten im Gebiet von Mals und Tartsch gehörten, hatten damit ihren Reiz verloren.

Da nahmen sich Heimatpflege- und Verkehrsverein von Mals der Sache an, und was anderenorts angeblich an Geldmangel und unüberwindlichen Schwierigkeiten, in Wirklichkeit aber wohl eher an mangelndem guten Willen scheiterte, hier gelang es. Der Oberwaal, der längste und schönste der drei Waale, wurde ausgeräumt, ausgebessert, Knüppelstege und Holzgeländer am Waalweg wurden erneuert, und oberhalb der „Steinernen Brücke", in der manche Forscher ein Bauwerk aus der Römerzeit sehen wollen, wurde an der Puni das Wasser in den Waal eingekehrt.

Gewiß, das Ganze geschah zum Teil für den Fremdenverkehr, nur etwa ein Drittel des sehr langen Oberwaales führt wieder Wasser, und die beiden unteren Waale wurden noch nicht wiederbelebt. Und wer in den Wiesen oberhalb von Tartsch und dem Tartscher Bühel so schön gegenüber die vielen verschwindenden Bewässerungskanäle und die aufgelassenen Tragwaale sieht, wer weiß, wie viele andere Vinschgauer Waale trockenliegen, für den mag die Tat der Malser höchstens ein Tropfen auf den heißen Stein sein. Und dennoch ist es weit mehr als nur der berühmte Tropfen. Denn die Malser sind vielen anderen mit gutem Bei-

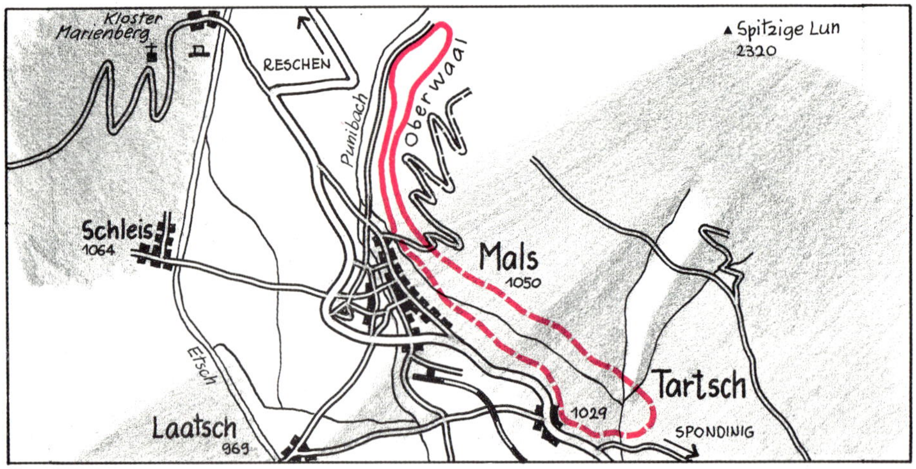

Wandervorschlag

Lexikon: S. 127, Nr. 29

Allgemeines: Malser Ober- und Mitterwaal ermöglichen eine überaus lohnende Rundwanderung in den Waldhängen nordöstlich oberhalb Mals. Der Oberwaal ist von Frühjahr bis Herbst wasserführend, der Unterwaal jedoch nicht. Beim Aufstieg zum Oberwaal durchquert man den Malser „Naturpark"; von hier aus und dann auf den Waalwegen bieten sich an freien Stellen prachtvolle Ausblicke über den ganzen Südteil der Malser Haide und zu den Ortlerbergen.

Die Route in Kurzform: Mals–Naturpark –Oberwaal–Steinerne Brücke–Mitterwaal –Mals.

Wegverlauf: In Mals (1050 m) durch die Parkgasse (an ihrem Beginn verschiedene Wegweiser) hinauf zum Dorfrand, dann der Beschilderung „Oberer Waalsteig" folgend durch den erwähnten Park hinauf bis zum Oberwaal (1200 m; ab Mals ca. 20 Min.) und dann auf dem schönen und guten Waalweg (Mark. 17) in ebener Wanderung nordwestwärts teils durch Mischwald, teils durch steilen, streckenweise felsigen Lärchenwald bis zur Waalfassung an der Planeiler Straße (1250 m; in der Nähe die bekannte „Steinerne Brücke"); ab Mals knapp 1½ Std. — Von da auf der Straße hinab in Richtung Malser Dorfrand, bei Wegweiser „Tartsch" links ab, auf dem guten Begleitsteig des aufgelassenen Malser Mitterwaales in ebener Wanderung durch steilen Lärchenwald zum Naturpark und zurück nach Mals; ab Steinerne Brücke ca. 1 Std.

Höhenunterschied: 200 m.

Gesamtgehzeit: ca. 2½ Std.

Orientierung und Schwierigkeit: in jeder Hinsicht leicht und problemlos.

Variante: Wer die Runde um rd. 2 Std. verlängern möchte, kann folgende Route wählen: Begehung der beschriebenen Runde in umgekehrter Richtung, dann am Oberwaal weiter der Nr. 17 folgend in sehr schöner Wanderung ostwärts bis zur Matscher Straße, auf dieser talwärts, ein Stück vor Tartsch rechts ab, durch die Wiesen zum Mitterwaal und auf diesem zurück nach Mals.

Wanderkarten 1:50.000: Freytag-Berndt, Blatt S 2 (Vinschgau – Südliche Ötztaler Alpen); Kompaß, Blatt 52 (Vinschgau).

Der Wanderweg am wiederbelebten Malser Oberwaal

spiel vorangegangen, sie haben gezeigt, daß es mit gutem Willen ohne weiteres möglich ist, einen bereits seit einigen Jahren aufgelassenen und noch dazu teilweise durch recht ausgesetzte Felshänge führenden Waal wieder in Betrieb zu nehmen, und vor allem haben sie ein Vinschgauer Kulturdenkmal gerettet. Und daß der Malser Heimatkundler Robert Winkler, der sich bereits früher für die Erhaltung der Waale eingesetzt hatte, diese Rettung zum Anlaß nahm, die bewegte Geschichte der Malser Waale zu publizieren, gab der Sache noch zusätzliche Bedeutung. Alles in allem ein Lichtblick also, ein erster, wegweisender Schritt in Richtung einer Vinschgauer Kultur- und Heimatpflege, wie sie zwar sehr lange vernachlässigt wurde, für die es aber noch nicht endgültig zu spät ist.

3 Der Rampitschenwaal im Münstertal

Ein Waal mit vielen Besonderheiten

Allein mit Untersuchungen, Erklärungen und Deutungsversuchen der Namen der Waale könnte man viele Buchseiten füllen. Manche stammen von der Lage, vom Verlauf oder vom Alter des Waales, manche von Fluren, Höfen und Dörfern, manche vom Bach, der ihnen das Wasser liefert; manche sind leicht enträtselbar, manche schwer oder gar nicht.

Und damit sind wir schon bei der ersten Besonderheit jenes fast ausschließlich durch ausgedehnte Wiesen führenden Waales, der unweit von Taufers im Münstertal vom Rambach abzweigt und im Calvenwald endet. Er heißt nämlich Rampitschen oder Rampitschenwaal.

Nun kommt man natürlich schnell darauf, daß der seltsame Name etwas mit dem Rambach zu tun hat, aber das ist auch schon alles. Und so hilft, um es genauer zu wissen, dann nur, jemanden zu fragen, der das Bündnerromanische versteht, die Sprache, die hier im Münstertal auch diesseits der Schweizer Grenze einmal gesprochen wurde und noch in den meisten Flur- und Ortsnamen steckt, oder die einschlägige Fachliteratur zu konsultieren.

Und da stellt sich dann folgendes heraus: „pitschen" heißt klein, „Ram" heißt Flußarm, und Rampitschen folglich kleiner Flußarm oder kleiner Rambach. So einfach ist das — wenn man es weiß.

Nachdem nun dies geklärt ist, und wir in der Tatsache, daß der Rampitschen immer noch ein wasserführender Wiesenwaal ist (Wiesenwaale sind heute ja noch seltener als Hangwaale), nicht eine weitere Besonderheit sehen wollen, hören wir zunächst, was mir der Waalaufseher, ein freundlicher, aufgeschlossener Mann aus Rifair, über die Geschichte dieses Wasserlaufs zu erzählen wußte: Der Waal gab oft Anlaß zu Reibereien zwischen den Gemeinden Taufers und Laatsch. Denn die Tauferer verbrauchten in ihren großen Wiesen und Feldern so viel Wasser, daß den Laatschern für ihre — allerdings kleineren — Güter oft nichts mehr oder jedenfalls zuwenig übrigblieb.

Also kam man nach langem Hin und Her überein, daß die Tauferer den Laatschern eine ganz bestimmte Menge Wasser — damals berechnete man die Wassermenge nach sogenannten „Furchen" — zukommen lassen mußten. Und damit die Einhaltung dieser Ver-

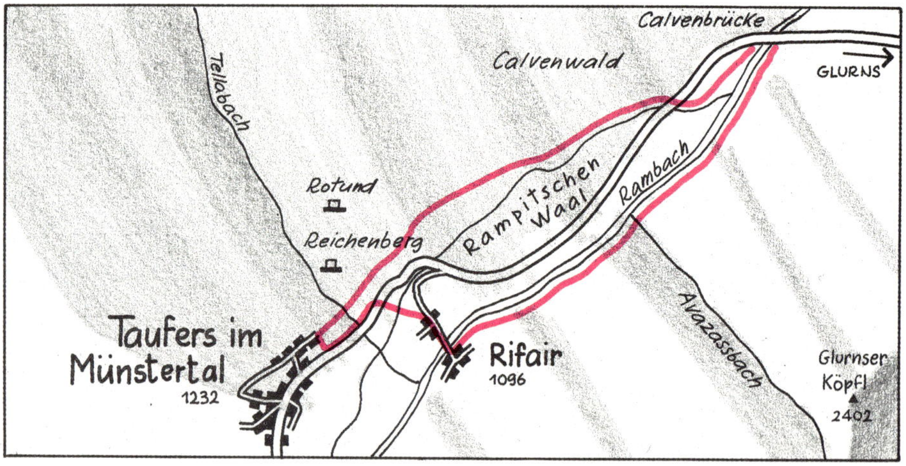

Wandervorschlag

Lexikon: S. 129, Nr. 34

Allgemeines: Da es sich beim Rampitschenwaal größtenteils um einen Wiesenwaal ohne Begleitweg handelt, empfiehlt sich seine Begehung im Sommer nicht. Doch gibt es markierte Wege, die eine schöne Runde durch das Münstertal ermöglichen und sowohl Teile des Rampitschenwaales als auch den „Waalweg" des ehemaligen Plurwaales sowie Taufers und Rifair kennenlernen lassen.

Die Route in Kurzform: Calvenbrücke–Rampitschenwaal–Plurwaal–Taufers i. M.–Rifair—Calvenbrücke.

Wegverlauf: Von der Calvenbrücke, mit der die von Glurns ins Münstertal führende Straße den Rambach überquert (967 m), der Mark. 8 folgend zuerst kurz auf der Straße und dann abseits derselben etwas tiefer durch den herrlichen Calvenwald talein, dann kurz hinauf zur Straße, nach deren Überquerung am Rand der Wiesen und dem Rampitschenwaal entlang (in diesem Bereich befindet sich der durchlochte Meßstein) weiter. Später, den Waalverlauf verlassend, hinauf zum Oberrand des Turnauna-Schwemmkegels und auf dem Weg des ehemaligen Plurwaales in schöner, ebener und aussichtsreicher Wanderung nach Taufers im Münstertal (1232 m); ab Calvenbrücke ca. 2 Std. — Nun kurz auf der Straße talaus, dann auf dem Wiesenweg Nr. 9, bald den Rampitschenwaal überquerend, hinab nach Rifair (1096 m) und von da der Mark. 30 folgend auf großteils breitem Weg (1983 teilweise zerstört, aber im Zuge der Wildbachverbauung wieder errichtet) in langer Wanderung dem wilden Rambach entlang talaus zur Calvenbrücke; ab Taufers ca. 1½ Std.

Höhenunterschied: 265 m.

Gesamtgehzeit: ca. 3½ Std. (Teilzeiten siehe oben).

Orientierung und Schwierigkeit: im großen und ganzen leicht und problemlos; über den Zustand des Weges Nr. 30 dem Rambach entlang erkundige man sich vorsichtshalber in Taufers oder Rifair.

Wanderkarten 1:50.000: Freytag-Berndt, Blatt S 2 (Vinschgau – Südliche Ötztaler Alpen); Kompaß, Blatt 52 (Vinschgau).

einbarung von seiten der Laatscher auch jederzeit genau nachprüfbar sein würde, und damit andererseits den Tauferern kein Tropfen zuviel abhanden kommen würde, setzte man an der Grenze eine große schwere Steinplatte mit einem Loch quergestellt in den Waal. Durch dieses Loch konnte nun die genaue, den Laatschern zustehende Wassermenge fließen, und wenn es nicht „voll“ war, wurden die Tauferer zur Rechenschaft gezogen.
Die einfache Vorrichtung funktionierte dann auch, und sie tut es noch heute, denn der Stein mit dem genau berechneten Durchlaß regelt immer noch die Wassermenge.
Das also ist die zweite Besonderheit. Aber wer dem Auslauf des Waales folgend durch den herrlichen Lärchendom des Calvenwaldes und dann — wenn möglich nicht gerade, wenn das Gras am höchsten steht — neben dem munteren Waalwasser durch die Wiesen der Laatscher und Tauferer wandert oder der vorgeschlagenen Route folgt, wer vielleicht auch mit den Leuten redet und die Augen offenhält, wird ganz bestimmt noch eine ganze Reihe weiterer Besonderheiten finden.

Der Rampitschenwaal

Der Lochstein regelt die Wassermenge des Waales

Durch die Wiesen bei Taufers im Münstertal schlängelt sich das glitzernde Band des Rampitschenwaales

4 Der Glurnser Mitterwaal

Auf dem Bauche kriechend...

Südlich von Glurns, dem ummauerten Städtchen im Vinschgau, breiten sich leicht ansteigend auf einem Schuttfächer Wiesen und Felder aus und ziehen sich hinauf zum schneeweißen, weithin leuchtenden Kirchlein St. Martin. Obwohl auf der Vinschgauer Schattenseite gelegen, ist dies ein Gebiet mit intensiver künstlicher Flurbewässerung und, wenn nicht alles täuscht, mit uralter noch dazu.

Wenn nämlich, wie der Namenforscher Karl Finsterwalder darlegt, der Name des auf diesen Gütern befindlichen Söleshofes auf das romanische Wort Sala gleich Rinne und damit möglicherweise auf einen künstlichen Bewässerungsgraben zurückgeht, und wenn die Weiterentwicklung von Sala zu Söles das Vorhandensein dieses Hofes bereits im 8. Jahrhundert annehmen läßt, so heißt das nichts anderes, als daß es hier schon damals einen Wasserwaal gegeben haben muß.

Aber Söles kommt, wenn wir ganz genau sein wollen, nicht von Sala, sondern von der Verkleinerungsform Salin oder Salina, worunter also ein kleiner Wasserlauf zu verstehen ist, und demnach handelt es sich bei jenem ersten Waal des Söleshofes wohl nicht um einen der späteren großen Waale, und ganz sicher nicht um den Glurnser Mitterwaal, einen der größten und bedeutendsten Südtirols. Denn der wurde, wie uns schriftlich überliefert ist, „erst" im Jahre 1260 erbaut.

Das ist für einen so großen Waal aber auch sehr früh, und wer ihn kennt, kann für jene Leute des Hochmittelalters, die ihn anlegten, nur Bewunderung übrig haben. Das Gelände, durch das er führt, ist nämlich alles andere als „waalfreundlich"; die Wälder sind bis auf wenige Stellen durchwegs sehr steil und immer wieder von wilden Gräben und senkrechten Felsabbrüchen durchzogen, an denen in schwindelnder Höhe große schwere, aus Baumstämmen gefertigte Holzrinnen, sogenannte Kandeln, befestigt werden mußten.

Heute nun sind diese Rinnen zwar durch halbmeterdicke Metallrohre ersetzt, aber die Begehung des Waales bleibt auf diesen Strecken so abenteuerlich wie eh und je. Ja eine Stelle ist sogar so geartet, daß man wegen der überhängenden Felsen auf dem Bauch über lange, federnde, lose den Trägern aufliegende Bretter kriechen muß, unter

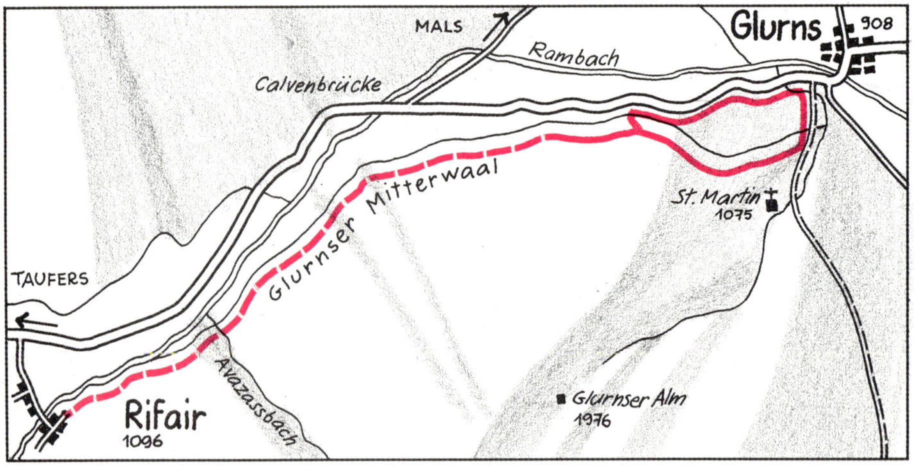

Wandervorschlag

Lexikon: S. 129, Nr. 35

Allgemeines: Die Begehung des gesamten Waales ist wegen einiger ausgesetzter Stellen in seinem mittleren Teil, an denen man sich — ein kurzes Stück sogar kriechend — in luftiger Höhe über wackelige und ungesicherte Bretter wagen muß, nur absolut trittsicheren, schwindelfreien und furchtlosen Gehern vorbehalten. Doch der östlichste Abschnitt des Waalweges ist gut und gefahrlos begehbar und wurde zusammen mit einem Zugang für die Touristen markiert, so daß er hier auch für weniger tüchtige Wanderer in Form einer relativ kurzen Rundwanderung beschrieben werden kann.

Die Route in Kurzform: Glurns–Münstertaler Straße–Mitterwaal–Glurns.

Wegverlauf: Von Glurns (908 m) zu Fuß auf der ins Münstertal führenden Straße in ca. 20 Min. westwärts bis zur Stelle, an der die Straße den Bergfuß berührt (940 m). Hier, dem Wegweiser „Zum Waalweg" folgend, auf dem markierten Serpentinensteig durch den Wald in ca. 10 Min. hinauf zum Waal und zunächst auf dem Waalweg westwärts bis zu den schwierigen Stellen. Dann wieder zurück, auf dem Waalweg weiter bis zu den Wiesen und Feldern, in denen sich der Waal in kleinere Äste teilt, durch die Wiesen hinüber zu dem von St. Martin herabkommenden Fahrweg und hinab nach Glurns.

Höhenunterschied: ca. 100 m.

Gesamtgehzeit: ca. 1½ Std. (die Begehung des ganzen Waales bis nach Rifair beträgt 2½ Std.).

Orientierung und Schwierigkeit: leicht und problemlos.

Variante: Lohnend ist auch die teilweise Begehung von Westen her: Von Rifair auf dem Avazassweg (Mark. 8, Wegweiser) ca. 20 Min. talaus zur Waalfassung und dann auf dem gut begehbaren, aber teilweise stark verwachsenen Waalweg in rund einstündiger Wanderung bis zu den schwierigen Stellen. Hier irgendwo auf einem der Waldwege hinab und auf dem Weg Nr. 8 wieder talein nach Rifair.

Wanderkarten 1:50.000: Freytag-Berndt, Blatt S 2 (Vinschgau – Südliche Ötztaler Alpen); Kompaß, Blatt 52 (Vinschgau).

4

denen die Felswand Dutzende von Metern senkrecht abfällt.
Spätestens hier wird man nun nicht allein den Erbauern, sondern genauso den Waalhütern Respekt zollen, die seit über 700 Jahren diese Stellen begehen mußten. Andererseits aber beweisen diese primitiven Bretterstege auch, wie furchtlos die Waalbetreuer sind, denn die Anbringung eines Halteseiles oder eines Geländers und die bessere Befestigung der Bretter wäre ja sicher ein leichtes.
Waaler, wie man die Betreuer auch nennt, aber sind eben keine ängstlichen Touristen, und weil der Glurnser Mitterwaal bis jetzt noch kein ausgesprochener Touristenwaal ist, bleibt seine gesamte Begehung nur einigermaßen „schneidigen" Leuten vorbehalten.
Dennoch soll das Gesagte niemanden abschrecken, diesen großartigen Waal kennenzulernen. Denn die bösen Stellen beschränken sich nur auf den mittleren Teil, und in seinem westlichen, vor allem aber im östlichen Abschnitt ermöglicht der gute und gefahrlose Waalweg doch eine jedem zu empfehlende Begehung, bei der man die Großartigkeit des Waales erleben kann, auch wenn man dort, wo es allzu schwindelerregend wird, umkehrt oder ins Tal absteigt.

Der Glurnser Mitterwaal

5 Der Leitenwaal bei Schluderns

Ein „Ableger" des bekannten Bergwaales

Neben Mals und Schlanders ist Schluderns die Ortschaft des Vinschgaus, welche die meisten Waale besitzt, auch wenn diesbezüglich leider auch hier so mancher Verlust zu beklagen ist. Der Griggwaal nämlich ist zur Gänze verrohrt worden, der Quaierwaal zur Gänze aufgelassen, der Matscher Wiesenwaal, der Gschneirer Waal und der Bergwaal sind auf mehr oder weniger lange Strecken gestorben.

Ähnliches gilt auch für unseren Leitenwaal, der so heißt, weil er durch die Schludernser Leiten führt und die dortigen Wiesen bewässert. Bewässern heißt heute allerdings auch hier großteils beregnen, und da, wo die Wiesen beginnen, beginnt auch die Rohrleitung. Aber bis hierher ist der Waal noch intakt, führt teilweise noch schön gepflastert und von Steinplatten eingefaßt, teilweise auch in alten Holzkandeln, bald durch steilen Lärchenwald, bald durch artenreiches Laubgehölz und ist somit noch ganz das, was man sich unter einem schönen, wasserführenden Waal vorstellt. Außerdem ist sein Weg markiert, an den exponierten Stellen mit Geländern abgesichert, man kann seine Begehung mit jener des Bergwaales verbinden oder auch mit der des aufgelassenen Griggwaales, der mit seiner verdorrten Vegetation einen besonders traurigen Kontrast zum Leitenwaal bildet und deutlicher als alle Worte vor Augen führt, welche Folgen die Verrohrung eines Waales für die ihn umgebende Natur hat.

Doch zurück zum Leitenwaal. So wie die anderen erwähnten Schludernser Waale beginnt er in der wilden Schlucht des aus dem Matscher Tal kommenden Saldurbaches, doch wird er nicht unmittelbar von diesem Bach, sondern von dem am jenseitigen Hang talaus führenden Bergwaal mit einem handspannendicken Rohr abgeleitet, das die Schlucht hoch über ihrem Grund überquert, früher aus Holzkandeln bestand und, ebenso wie das erst 1984 erneuerte Fassungsstück des Bergwaales, von Können und Geschicklichkeit der Waalbauer spricht.

Gerade hier am wilden Saldurbach, der oft genug alles menschliche Bauwerk mit sich riß und Schluderns verwüstete, bedeutet nur eine Fassungsstelle für zwei Waale geringeren Arbeitsaufwand vor allem dann, wenn größere Schäden zu beheben sind.

Andererseits freilich kann eine solche gemeinsame Wasserfassung eher zu Streitfällen führen, als wenn jeder Waal seine eigene besitzt. Und dies dürfte wohl auch der Grund dafür sein, daß man es im allgemeinen vorgezogen hat, doch jedem Waal seine eigene „Einkehr" zu geben und der Leitenwaal somit eine ziemlich seltene Ausnahme ist.

So macht ihn das alles zu einem in jeder Hinsicht bemerkenswerten, ebenso wildromantischen wie idyllischen Waal, und es ist mehr als erfreulich, daß er — so wie auch die anderen noch bestehenden Waale — auf guten Steigen zugänglich und sicher begehbar gemacht wurde. Dadurch ist er zwar ein vielbegangener Touristenwaal geworden, und der Freund einer ungestörten Naturwildnis wird es sicherlich nicht vorbehaltlos begrüßen. Aber vielleicht trägt gerade die touristische Erschließung dazu bei, daß im Gebiet von Schluderns zumindest das an Waalen erhalten bleibt, was vom ehemaligen Bestand noch übriggeblieben ist.

Wandervorschlag

Lexikon: S. 130, Nr. 42

Kartenskizze: S. 53

Allgemeines: Der Schludernser Leitenwaal hat seine Fassung in der Schlucht des Saldurbaches, wo auch der Schludernser Bergwaal beginnt. Da es einen Weg von Schluderns zur Fassung der beiden Waale nicht gibt und sich die Begehung des Leitenwaales folglich nicht zu einer Rundwanderung gestalten läßt, ist vor allem die Runde Schluderns–Bergwaal–Leitenwaal–Schluderns zu empfehlen. Doch auch auf dem Leitenwaal bis zu seiner Fassung und dann wieder zurückzuwandern, ist durchaus lohnend. Aufstieg und Waalweg sind gut markiert und instand gehalten, und wer die Wanderung ausdehnen möchte, kann westwärts bis nach Mals wandern und die dortigen Waale kennenlernen. Hier wird für „Kurzwanderer" jedoch nur die Begehung des Leitenwaales beschrieben.

Die Route in Kurzform: Schluderns–Leitenwaal–Saldurschlucht–retour.

Wegverlauf: Von Schluderns (1919 m) der Markierung 18 folgend dem Saldurbach entlang talein bis zur Sperrmauer, hier links abbiegend auf dem markierten, steilen Steig hinauf zum ehemaligen Griggwaal und weiter bergan zum westlichen Ende des Leitenwaales (ca. 1130 m); ab Schluderns knapp ¾ Std. – Von da auf dem guten und interessanten Waalweg nun ostwärts durch die teils bewaldeten, teils felsigen Wände hinein bis in die Schlucht, wo der Waal beginnt (ca. 1200 m; ab Schluderns ca. 1½ Std.) und dann wieder auf der beschriebenen Route zurück nach Schluderns.

Höhenunterschied: ca. 280 m.

Gesamtgehzeit: ca. 2½ Std.

Orientierung und Schwierigkeit: leicht und problemlos, der Aufstieg etwas mühsam, die Wege gut markiert und beschildert.

Varianten: a) Begehung des Leitenwaales in Verbindung mit dem Bergwaal: siehe S. 53. – b) Wanderung vom Leitenwaal bis nach Tartsch oder Mals: Vom Waalende der Mark. 17 weiter westwärts folgend bis zur Matscher Straße und hinunter nach Tartsch (ca. 1 Std.), oder auf dem Höhenweg Nr. 17 bleibend zum Malser Oberwaal und hinab nach Mals (ca. 2 Std.). Dann mit dem Bus oder mit einer anderen Fahrgelegenheit zurück nach Schluderns.

Wanderkarten 1:50.000: Freytag-Berndt, Blatt S 2 (Vinschgau – Südliche Ötztaler Alpen); Kompaß, Blatt 52 (Vinschgau).

Der Schludernser Leitenwaal

Der Schludernser Bergwaal

Waalstreit anno 1984

6

Der Schludernser Bergwaal machte Schlagzeilen

Waale gaben schon immer Anlaß zu Streitigkeiten, doch einen so heftigen Streit wie um den Schludernser Berg- oder Perkwaal gab es schon lange nicht mehr. Und nicht nur, daß er erst vor kurzem, nämlich 1984, ausgetragen wurde, er war auch in anderer Hinsicht sehr neuartig. Denn es stritten sich hier nicht, wie früher meist, die Waalbesitzer um die ihnen vermeintlich oder tatsächlich zustehenden Wasserrechte, nein, diesmal ging es um etwas anderes.
Der Waal mit seinem eindrucksvollen Verlauf an den Flanken der Saldurschlucht, mit seinem Ortlerblick und mit seiner Waalschelle war seit langem keine gewöhnliche Wasserleitung mehr, sondern eine vielbewunderte, vielbesuchte Sehenswürdigkeit und eine großartige Wandermöglichkeit noch dazu. Doch da ging eines Tages die Hiobsbotschaft durch alle Medien, daß Bagger dabei seien, den Waal zu verrohren und zuzuschütten, ja mehr noch, daß bereits ein erheblicher Teil des Waales unwiederbringlich zerstört sei. Vertreter von Vereinen, Umweltschützer, Liebhaber des Vinschgaus, Naturfreunde, Landeskundler und Journalisten prangerten diese Zerstörung auf das schärfste an, es fielen so harte Worte wie Umweltskandal, Kulturschande, Barbarei, Gesetzesverletzung und Kompetenzüberschreitung. Und der Waal wurde als einmaliges Kultur- und Naturdenkmal bezeichnet.
Die Gegenseite, unter anderem das Bonifizierungskonsortium Vinschgau, das für das Geschehene verantwortlich war, verwahrte sich gegen die Anschuldigungen, man meinte, einen Waal als Denkmal zu bezeichnen sei „blanker Unsinn", denn er sei nichts anderes als eine Wasserleitung, mit der ihre Besitzer, die Bauern, zu tun und lassen, was sie wollten, wohl das Recht hätten. Außerdem sei ja nur „ein minimales Teilstück", nämlich 1000 von 6500 Metern, verrohrt worden, und mehr habe man ohnehin nicht zuschütten wollen.
Nun, über die Absicht des Konsortiums ließe sich streiten, und das „minimale Teilstück" ist weit mehr als das. Denn wasserführend und im ursprünglichen Zustand erhalten blieb vom gesamten Waal nur knapp ein Drittel; der Rest ist entweder zerstört oder zumindest aufgelassen. Und das wird auch nicht dadurch weniger unerfreulich, daß sich ungefähr die Hälfte des Waales ohnehin

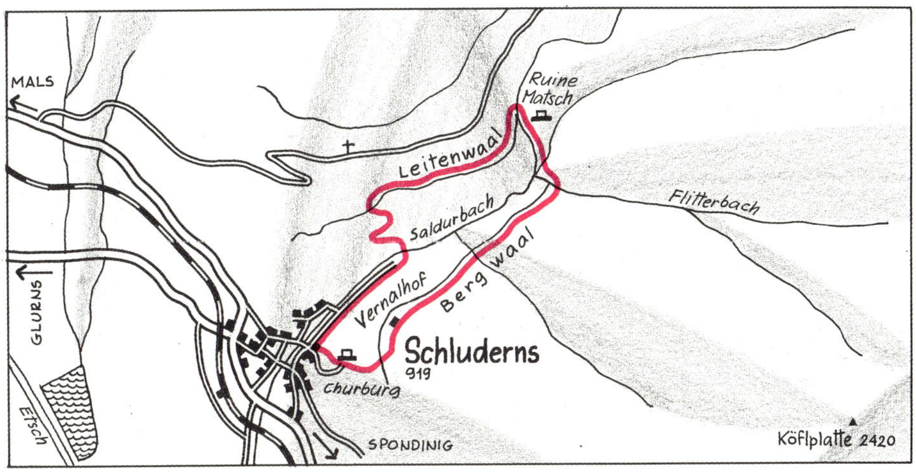

Holzkandeln am Schludernser Bergwaal

Wandervorschlag

Lexikon: S. 130, Nr. 45

Allgemeines: Bildete bis zur Zerstörung bzw. Verrohrung im Jahre 1984 besonders der südliche Teil des Schludernser Bergwaales zusammen mit Aufstieg eine äußerst schöne Runde mit Ortlerblick, so muß man sich heute nur mit dem nördlichen Abschnitt begnügen, der allerdings auch eine gute und interessante Wandermöglichkeit darstellt. Als Rundwanderung läßt er sich jedoch nur noch in Verbindung mit dem Schludernser Leitenwaal begehen, weshalb hier diese Route beschrieben wird. Wer will, kann natürlich auch von der Waalfassung wieder auf dem Bergwaal zum Ausgangspunkt zurückkehren.

Die Route in Kurzform: Schluderns–Churburg–Bergwaal–Leitenwaal–Schluderns.

Wegverlauf: Vom Schludernser Park am nordöstlichen Dorfrand (919 m) der Mark. 20 folgend auf schmalem Fußweg durch Wald hinauf zur Churburg, dann durch Wiesen weiter empor zum Vernalhof (1152 m; knapp ¾ Std.) und auf dem guten, an ausgesetzten Stellen durch Geländer abgesicherten, durch bewaldete, aber sehr steile und felsige Hänge führenden Waalweg hinein in die Schlucht des Saldurbaches, wo der Waal gefaßt wird (1200 m); ab Schluderns ca. 1 ½ Std. — Wer hier umkehrt, kann kurz vor dem Vernalhof auf dem rechts abzweigenden „Edelweißsteig" nach Schluderns absteigen. Unweit der Waalfassung dann auf dem Steig kurz hinab zum Bach (Brücke), jenseits hinauf zum Leitenwaal, auf dessen ebenfalls gutem Waalweg an den westseitigen Hängen zum Ende des Waales, auf Steig Nr. 18 hinab zur Staumauer und hinaus nach Schluderns. Ab Saldurschlucht knapp 1 ½ Std.

Höhenunterschied: ca. 280 m.

Gesamtgehzeit: ca. 3 Std.

Orientierung und Schwierigkeit: leicht und problemlos, Weg gut instand gehalten, markiert und beschildert.

Wanderkarten 1:50.000: Freytag-Berndt, Blatt S 2 (Vinschgau – Südliche Ötztaler Alpen); Kompaß, Blatt 52 (Vinschgau).

nie zum Wandern eignete. Aber wie dem auch sei, Tatsache und tröstend ist, daß — ob auf Grund der massiven Proteste oder nicht — der erste Teil des Waales unangetastet blieb; und das ist zumindest etwas. Denn ob man es wahrhaben will oder nicht, er ist tatsächlich ein erhaltenswertes Kulturdenkmal. Aber auch das ist eine Tatsache: Der „Fall Bergwaal" hat viele Vinschgauer in ihrer Ansicht bestärkt, daß man die Waale nicht so leichtfertig auflassen oder gar zuschütten soll. Das habe ich in Gesprächen mit den Bauern oft genug feststellen können, mit Bauern, die noch imstande sind, in einem Waal mehr zu sehen als nur und ausschließlich eine Wasserleitung, die man bedenkenlos zerstören darf, sobald sie nicht mehr wirtschaftlich genug zu sein scheint.

Nun bringt das alles das verschwundene Stück des Bergwaales nicht wieder zurück, und die Polemik hat auch nicht verhindert, daß durch die Installierung der Beregnungsanlage am Bergwaal auch der ein Stück tiefer verlaufende Quaierwaal überflüssig geworden ist und seit 1984 kein Wasser mehr führt. Aber es war dies das erste Mal, daß die Verrohrung eines Waales so großes Aufsehen erregt hat, daß auf das vielschichtige Problem des Waalsterbens landesweit aufmerksam gemacht wurde, und daß durch die Proteste und durch das Einschreiten politischer Stellen ein Teil eines Waales in letzter Sekunde gerettet werden konnte.

So gesehen haben die teilweise Zerstörung des Bergwaales und der daraufhin ausgebrochene Streit anno 1984 vielleicht doch auch ihr Gutes gehabt, und hoffentlich war es ein Signal dafür, daß in Zukunft ein Waal nicht mehr so sang- und klanglos verschwinden kann, wie das bisher so oft geschehen ist.

Auf jeden Fall, ein Teil des einzigartigen Bergwaales besteht noch, und wer ihn begeht, wird sich zumindest darüber freuen. Und daß er ein erhaltenswertes Kulturdenkmal des Vinschgaus ist, wird gewiß niemand bestreiten.

Der Gschneirer Waal

7

Der längste Waal des oberen Vinschgaus?

Es ist gar nicht so lange her, da konnte man gelegentlich lesen, daß der Gschneirer Waal mit seinen zehn Kilometern Länge der längste Waal des oberen Vinschgaues sei, daß er noch größtenteils in seinem ursprünglichen Zustand erhalten, daß die Waalschelle noch in Betrieb und daß der Waalweg ein überaus schöner Wanderweg sei.
Aber bei den Waalen ist das eben so eine Sache — was gestern noch stimmte, kann heute schon überholt sein; und wenn man schon — so sagte ich mir — den ein Stück tiefer verlaufenden Bergwaal zu einem guten Teil verrohrt hat, wer weiß, ob das mit dem Gschneirer Waal nicht auch schon geschehen ist. Zwar konnte ich mich nicht erinnern, von einer solchen Zerstörung gehört oder gelesen zu haben, aber das hat man bei vielen anderen aufgelassenen Waalen ja auch nicht. Daher fragte ich in Schluderns vorsichtshalber nach dem Zustand des Waales, damit dann oben die Enttäuschung nicht allzu groß sein würde.
Doch als man mir sagte, daß der Waal sehr wohl noch in Betrieb sei, machte ich mich erfreut auf den Weg und fand alles so, wie ich es vor einiger Zeit gelesen hatte: gute Wegweiser, gute Markierung, der teils am Oberrand von Wiesen frei und aussichtsreich dahinführende, teils Nadelwälder durchquerende Waalweg sehr schön, die Waalschelle vorhanden, im naturnahen Kanal viel klares, fröhlich dahinfließendes Wasser — kurzum ein Waal, wie man ihn sich wünscht.
Zehn Kilometer Waallänge, so sagte ich mir, das werden mindestens drei großartige Wanderstunden. Doch die Großartigkeit war bereits nach einer Stunde zu Ende. Denn alles stimmte an diesem Waal, nur seine Länge nicht. Oberhalb des Greinhofes nämlich hörte die Markierung auf, ein Wegweiser gab zu verstehen, daß man hier am besten wieder talab gehen sollte, und der Waal war von da an kein offener Wasserlauf mehr, sondern eine zunächst noch verschämt unterirdisch und später dann recht unverschämt oberirdisch verlaufende Leitung aus rund 20 cm dicken Eisenrohren. Jetzt erst wurde mir klar, warum der Mann unten in Schluderns etwas von drei Kilometern Länge gemurmelt hatte; mir war das wohl etwas merkwürdig vorgekommen, aber ich hatte dem keine besondere Bedeutung

Wandervorschlag

Lexikon: S. 130, Nr. 44

Allgemeines: Überaus schöne Rundwanderung am Schludernser „Berg". Bis zur Höfegruppe Gschneir, dem Ausgangspunkt der Waalwanderung, könnte man zwar fahren, aber dann müßte man auf dem Waalweg wieder dorthin zurückkehren. Daher wird hier der Aufstieg zu Fuß empfohlen, wodurch sich die Möglichkeit ergibt, vom Ende der Waalwanderung auf anderem Weg nach Schluderns abzusteigen.

Die Route in Kurzform: Schluderns–Churburg–Gschneir–Gschneirer Waal–Greinhof –Schluderns.

Wegverlauf: Vom Schludernser Park am nordöstlichen Dorfrand (919 m) auf Waldsteig Nr. 20 hinauf zur Churburg, dann auf Weg Nr. 23 nordöstlich durch Wiesen leicht ansteigend zum Koflhof und weiter, zuletzt ein gutes Stück auf der nach Tannas führenden schmalen Straße, zur Höfegruppe Gschneir (1344 m); ab Schluderns 1 ½ Std. — Von da dem Wegweiser „Gschneirer Waal" folgend auf Fußweg Nr. 19 durch Wiesen in etwa 10 Min. hinauf zum Waal und nun auf dem guten Waalweg zuerst durch freie Hänge mit schöner Aussicht und dann durch Nadelwald, vorbei an einer Waalschelle, in ebener Wanderung bis zum Ende des offenen Waales oberhalb des Greinhofes; ab Gschneir gut 1 Std. — Hier (Wegweiser „Schluderns") links ab, auf dem mit 20 markierten Weg kurz hinab zum Greinhof, durch Wiesen weiter bergab zum Vernalhof und zur Churburg (stets Nr. 20) und wie im Aufstieg wieder zurück nach Schluderns; ab Greinhof knapp 1 Std.

Höhenunterschied: ca. 500 m.

Gesamtgehzeit: ca. 3 ½ Std.

Orientierung und Schwierigkeit: leicht und problemlos, die Wege gut markiert und beschildert, großteils übersichtliches Gelände.

Wanderkarten 1:50.000: Freytag-Berndt, Blatt S 2 (Vinschgau – Südliche Ötztaler Alpen); Kompaß, Blatt 52 (Vinschgau).

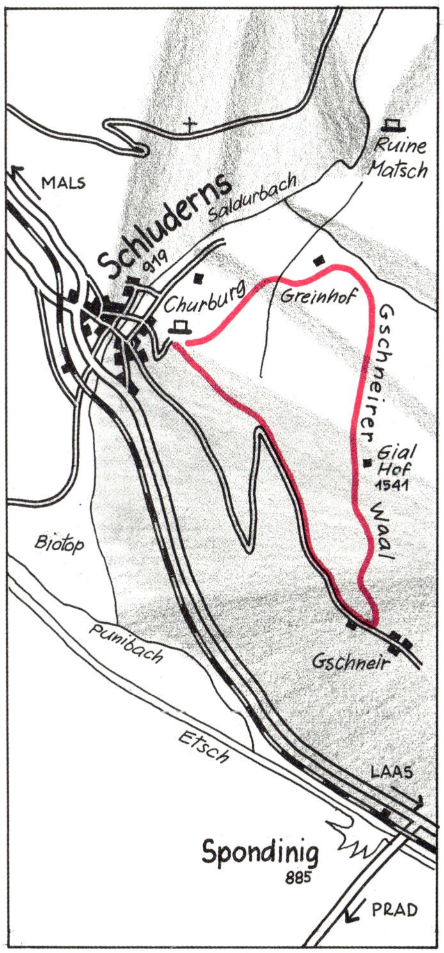

Der Gschneirer Waal bei Schluderns

beigemessen, vielleicht hatte ich mich auch nur verhört.
Nun, das Gelände vom Greinhof bis hinein zum Remsbach weit drin im Matscher Tal ist steil, die Instandhaltung des Waales war sicher immer schon recht schwierig, die Wiesen, die er mit Wasser zu versorgen hat, sind groß, und bei seiner Länge ging viel des kostbaren Wassers im Waldboden nutzlos verloren. So versuchte ich mich in die Lage der Bauern zu versetzen, die Gründe für die Verrohrung zu verstehen und anzuerkennen, daß mit der Offenhaltung zumindest eines Teiles des Waales hier eine Art Kompromiß geschlossen wurde, was bei sehr vielen anderen Waalen leider nicht der Fall war.
Nur, der längste Waal des oberen Vinschgaus ist der Gschneirer Waal somit nicht mehr, und das ist, bei allem Verständnis für die wirtschaftlichen und arbeitstechnischen Vorteile der Verrohrung, eben doch schade, auch wenn zu wiederholen ist, daß der verbliebene Teil des Waales trotz allem sehr schön ist.

Fischerwaal und Bergwaal

8

Die beiden Tschenglser Waale an der Vinschgauer Schattenseite

Die Waale des Vinschgauer Sonnenberges sind zahlreicher und auch viel bekannter als jene am „Nördersberg", sie prägen das Landschaftsbild stärker und sie fallen vielfach weithin auf. Und wenn man mit Leuten redet, die den Vinschgau nur oberflächlich kennen, trifft man nicht selten die Meinung an, es gäbe nur am Sonnenberg Waale, und ihre Entstehung sei hauptsächlich auf das dortige Fehlen des Waldes zurückzuführen.

Am Fischerwaal: die Ruine Tschenglsberg

Dies alles aber stimmt nur zum Teil. Denn in erster Linie sind Waalbau und künstliche Bewässerung eine Folge der geringen Niederschläge, unter denen auch die Schattenseite leidet, und außerdem drückt hier die kürzere Vegetationsperiode die landwirtschaftlichen Erträge kaum weniger stark herunter als drüben auf der Sonnenseite die extreme, durch die Südexposition und zum Teil tatsächlich auch durch die Waldarmut bedingte Trockenheit.

So verwundert es eigentlich nicht, daß derjenige, der auf Waalsuche geht, am Nördersberg, also auf der Schattenseite des Tales, eine weit größere Zahl an solchen Wasserkanälen findet, als man vermuten würde; was freilich nur gilt, wenn man auch die aufgelassenen Waale mitzählt, denn die, die noch in Betrieb sind, machen den Braten wirklich nicht mehr allzu fett. Waren es einst viele Dutzende, so kann man sie heute an den Fingern einer Hand aufzählen. Aber das ist nicht nur auf den Nördersberg beschränkt.

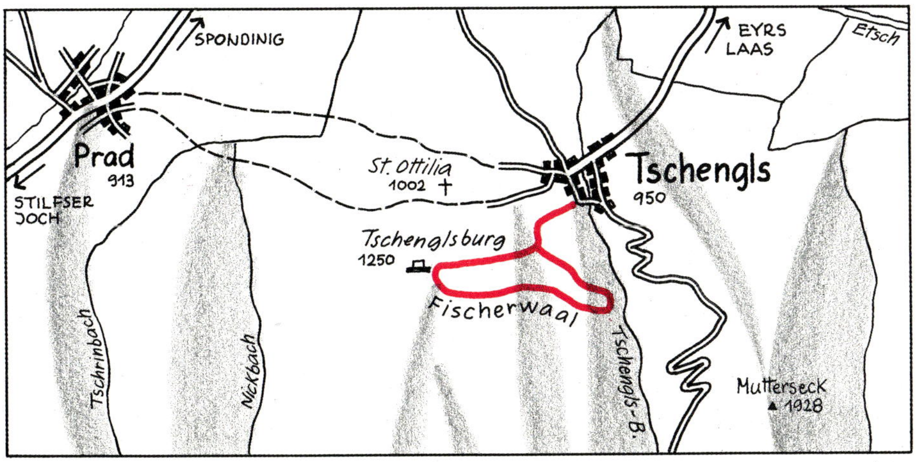

Wandervorschlag

Lexikon: S. 133, Nr. 62, 63

Allgemeines: Rundwanderung, bei der man sowohl den Tschenglser Bergwaal als auch den Fischerwaal begeht. Der Weg des erstgenannten ist im Gegensatz zu dem des letzteren nicht markiert, aber gut begehbar. Beide Steige führen fast ausschließlich durch die Nadelwälder des Nördersberges und bieten, was allerdings noch mehr für den Zugang gilt, weite Ausblicke über den Vinschgau und hinüber zum Sonnenberg. Sehr eindrucksvoll am Ende des Fischerwaales die stolze Ruine Tschenglsberg mit ihrem mächtigen Rundturm. Hübsch auch der Blick hinab zum Kirchlein St. Ottilia, das einsam inmitten weiter Wiesenhänge steht.

Die Route in Kurzform: Tschengls–Tschenglser Bergwaal–Fischerwaal–Tschenglsberg–Tschengls.

Wegverlauf: Von Tschengls (950 m) auf der zu den Höfen im Bereich der Ruine Tschenglsberg führenden schmalen Straße in aussichtsreicher Wanderung leicht ansteigend hinauf bis zur zweiten (Rechts-)Kehre, wo der Bergwaal links vom Wald herabkommend die Straße quert und auf die Wiesen austritt (ca. 1100 Meter); ab Tschengls ca. ½ Std. (hierher auch mit dem Auto möglich). — Von da nun auf dem Waalsteig durch den Wald leicht ansteigend zu einer großen Waalschelle und weiter bis zur Abzweigung des Fischerwaales (ca. 1280 Meter); ab Straße ½ Std. — Hier scharf rechts ab, auf dem markierten, gefahrlosen Steig des Fischerwaales in schöner, ebener Wanderung durch die ausgedehnten Waldhänge westwärts bis zum Ende des Waales unweit der Ruine Tschenglsberg (1250 m; ab Bergwaal ca. 1 Std.) und dann auf der Höfestraße ostwärts wieder zurück nach Tschengls; ab Waalende 1 ½ Std.

Höhenunterschied: ca. 330 m.

Gesamtgehzeit: ca. 3 ½ Std. (Teilzeiten siehe oben).

Orientierung und Schwierigkeit: leicht und problemlos.

Wanderkarten 1:50.000: Freytag-Berndt, Blatt S 2 (Vinschgau – Südliche Ötztaler Alpen); Kompaß, Blatt 52 (Vinschgau).

8

Zu diesen letzten gehören nun auch die beiden Tschenglser Waale oder genauer gesagt, der am Tschenglser Bach beginnende Bergwaal — so wie auch anderwärts „Perkwaal“ gesprochen — und der von ihm bergseitig (!) abzweigende Fischerwaal.
Der Bergwaal ist eigentlich der größere und wichtigere von beiden, aber da er einerseits im ersten Teil wegen einer neuen Forststraße ein Stück verrohrt wurde und andererseits schon nach relativ kurzem Verlauf durch den Wald auf die Wiesen austritt, wo er sich verzweigt und in die Beregnungsanlagen übergeht, steht er — zumindest in touristischer Hinsicht — dem doppelt so langen Fischerwaal um einiges nach, der nicht nur einen markierten Waalweg besitzt und großteils eben und sehr schön durch die Nadelwälder führt, sondern da, wo er endet, uns plötzlich der imposanten, von einem der vier Vinschgauer Rundtürme überragten Ruine Tschenglsberg gegenüberstehen läßt.

Außerdem können wir am „Fischerwaalele“, wie ihn die Tschenglser nennen, an den außer Betrieb gesetzten Bretterwieren und den neuen, aus Bäumstämmen hergestellten Kandeln erkennen, daß die ältere Form einer Holzrinne keineswegs die schlechtere ist, und daß man wieder zu ihr zurückgefunden hat. Auch kann man über den Namen Fischerwaal Überlegungen anstellen und vermuten, daß er von einstigen Fischweihern bei der Ruine Tschenglsberg herrühre, und man kann am Beginn des Waales die ebenso einfache wie gut ausgeklügelte Methode bestaunen, mit der nur das Überwasser des einen Waales in den anderen Waal geleitet wird.

Andererseits hat der Bergwaal wiederum etwas, was dem Fischerwaal fehlt, nämlich eine immer noch funktionierende Waalschelle, und zwar wohl eine der interessantesten, die man heute noch an einem Südtiroler Waal findet. So wie zum Beispiel die Blechglocke am Glurnser Mitterwaal auf einer hohen Stange befestigt war, hängt sie hier hoch an einer mächtigen Lärche, und dies nicht nur damit sie vor Beschädigung oder gar Diebeshand sicher ist, sondern vor allem, weil man so ihren Klang viel weiter hören kann. Und da diese Schelle eigens für diesen Zweck geschmiedet wurde und größer als eine gewöhnliche Kuhschelle ist, hört man sie auch tatsächlich, wie mir ein Bauer versicherte, bei gutem Wind bis hinauf ins Vinschger Oberland!

Doch die beiden Waale brauchen nicht gegeneinander ausgespielt zu werden, und da der eine vom andern abzweigt, hat der Wanderer auch nicht die Qual der Wahl. Denn man kann sie beide mit einer einzigen, nicht besonders langen und überaus lohnenden Rundwanderung kennenlernen.

Die Waalschelle am Tschenglser Bergwaal

Der Fischerwaal bei Tschengls

9 Der Laaser Aquädukt

Haushohe Steinpfeiler, die einst Wasserrinnen trugen

Wie schon in Vorwort und Einleitung dargelegt, geht es mir bei aller Faszination, die wasserführende Waale auf mich ausüben, nicht allein um das Wandern an einem Wasserlauf; denn dann hätte ich ja genauso auch nur idyllische Naturbäche beschreiben können.
Nein, mir geht es in diesem Buch um mehr, darum, in den Südtiroler und speziell natürlich in den Vinschgauer Waalen Kulturdenkmäler zu sehen und nicht nur simple Wasserläufe. Deshalb beinhaltet nicht nur das „Lexikon“ im Anhang, sondern auch der Wanderteil Waale, die zwar schon längst aufgelassen sind, aber dem genannten Anspruch gerecht werden.
Dies, so glaube ich, trifft ganz besonders für den Laaser Aquädukt zu, auch wenn er kaum bekannt ist, selten irgendwo erwähnt wird und im Schatten solcher Sehenswürdigkeiten steht, wie es etwa der weiße Laaser Marmor, die romanische Apsis der Pfarrkirche oder die Kirche Sankt Nikolaus sind. Den Bewässerungsanlagen ergeht es eben leider wie so manch anderem aus der bäuerlichen Arbeitswelt. Solange etwas nichts mit gehobener Kunst zu tun hat, wird es als Kulturschöpfung gering geachtet, und erst dann, wenn es zum museumsreifen Seltenheitsstück einer vergangenen Epoche geworden ist, wird man sich seines Wertes gewahr — leider oft zu spät!
Der Laaser Aquädukt bestand aus einer langen Reihe bis zu 15 Meter hoher Steinpfeiler, auf denen Holzrinnen lagen, die das Wasser des Valdaun- oder Laaser Baches von der Vinschgauer Schattenseite hoch über dem Einschnitt des Tales hinweg hinüber auf die trokkenen Sonnenhänge brachten. Kein üblicher Hangwaal also war diese Wasserleitung, sondern einer, für den nur das Wort Aquädukt passend erscheint, auch wenn ihn die Bevölkerung einfach den Laaser Kandelwaal nannte.
Was schon andere Autoren vermerkten, daß nämlich dieser Waal sehr auffallend an römische Aquädukte erinnert, trifft durchaus zu. Aber ähnlich wie bei manchem „römischen“ Rundturm, Pflasterweg oder steinernen Brückenbogen brauchen wir — bei allem Respekt vor ihrer Baukunst — die Römer auch hier nicht zu bemühen. Denn der Laaser Kandlwaal wurde „erst“ 1790 erbaut, also von unseren bäuerlichen Vorfahren, und er beweist, daß diese einfachen Leute gar so viel ungeschickter als die Römer nicht waren.
Wie Rosenberger berichtet, fielen die in Höhe der Laaser Hausdächer das Dorf überquerenden Holzkandeln 1907 leider einem Brand zum Opfer und wurden nicht wieder errichtet, sondern durch eine unterirdische Druckrohrleitung ersetzt. So ist uns auch dieser einzigartige Waal, ähnlich wie so viele andere, nur noch als Ruine erhalten.
Aber auch ohne die Holzkandeln ist die lange Pfeilerreihe ein ebenso seltenes wie beeindruckendes Kulturdenkmal, das mehr Beachtung verdienen würde, als ihm bisher geschenkt wurde, auch wenn es kein bedeutender Sakralbau, sondern „nur“ der Rest einer Wasserleitung ist. Aber man muß immerhin froh sein, daß es in den 80 Jahren seines nutzlosen Daseins nicht schon längst abgetragen wurde und heute sogar unter Denkmalschutz steht.

Wandervorschlag

Lexikon: S. 134, Nr. 70

Kartenskizze: S. 62

Allgemeines: Seit der Fertigstellung der Umfahrungsstraße ist es in Laas ziemlich ruhig geworden, und so kann man heute das Dorf mit seinen malerischen Gassen und seinen kunsthistorischen Sehenswürdigkeiten mit weit größerem Gewinn besichtigen als früher. Zu den bisher wenig beachteten, aber deshalb nicht weniger eindrucksvollen Denkmälern des Ortes, der vor allem wegen des weißen Marmors berühmt ist, gehören auch die 30, bis zu 15 m hohen Aquäduktpfeiler des ehemaligen Kandlwaales, die beiderseits der Etsch in langer Reihe in die Höhe ragen. Eine längere Wanderung ermöglichen die noch im Dorfbereich stehenden Pfeiler allerdings nicht, und es genügt, von der Hauptstraße zwischen den Häusern auf einer der Gassen zur Etschbrücke hinunterzugehen, wo die Pfeiler nicht mehr zu übersehen sind. Doch demjenigen, der sich auch für andere Waalanlagen in dieser Gegend interessiert, sei empfohlen, die Besichtigung der Steinpfeiler mit der Begehung des Leitenwaales zu verbinden.

Die Route in Kurzform: Laas–Aquäduktpfeiler–Laas–Allitz–Leitenwaal–Laas.

Wegverlauf: siehe S. 63.

Wanderkarten: Freytag-Berndt, Blatt S 2 (Vinschgau – Südliche Ötztaler Alpen); Kompaß, Blatt 52 (Vinschgau).

Drei Pfeiler des Laaser Kandlwaales

Im Winter fast noch beeindruckender als im Sommer: der 1790 erbaute Laaser Aquädukt

10 Das Waalsystem bei Allitz

Aufgelassen zwar, aber dennoch sehenswert

„Es wird zur allgemeinen Kenntnis gebracht, daß jeder Interessent sich beim Wahler zu melden hat, ob er von der unteren oder der oberen Wahlerhütte das Wasser erhält, und keinen Schwöller zu ändern hat, sonst zahlt er zugunsten des Armenfund Lire 10.000 für einmal. Sollte sich dies wiederholen, wird das Komitee strengere Maßnahmen verfügen".
So stand es noch vor nicht allzu langer Zeit auf einer großen Tafel an der unteren Waalerhütte am Weg von Laas nach Allitz zu lesen. Und auf einer anderen Tafel hatte der Waaler mit weißer Kreide aufgeschrieben, ab wann und wie lange dieser oder jener Nutzungsberechtigte gerade die „Road" hatte, also bewässern durfte.
1985 war diese Tafel noch an der Hütte angebracht, die andere bereits entfernt, und ausgedient haben sie beide. Seit auch hier beregnet wird, hat sich alles geändert, und das Wasser des Allitzbaches, das einst Anlaß zu langen und erbitterten Streitfällen war, läuft heute in Rohren. So mancher Waal auf dem riesigen Schuttkegel der Gadria ist schon verschwunden, so mancher besteht zwar noch, liegt aber trocken.
Die beiden oben erwähnten Waalerhütten sind zwar ebenfalls dem Verfall preisgegeben, aber sie stehen noch; um sie herum sind noch die Reste des verzwickten Waalsystems samt den hölzernen Verteilerschleusen gut erhalten, und besonders schön ist der Waal, der am oberen Rand der Obstgüter und am unteren der ausgemergelten, verdorrten Leiten in Richtung Loretzboden beziehungsweise St. Sisinius verläuft.
Zwar hat auch dieser Waal ausgedient, aber sein Verlauf mit den schattenspendenden Pappeln, mit dem vielfältigen Gebüsch, mit den Trockenmauern, die den alten Weg säumen, der den Waal begleitet — das alles ist noch sehr schön.

Aufgelassen, aber immer noch schön: der Laaser Leitenwaal

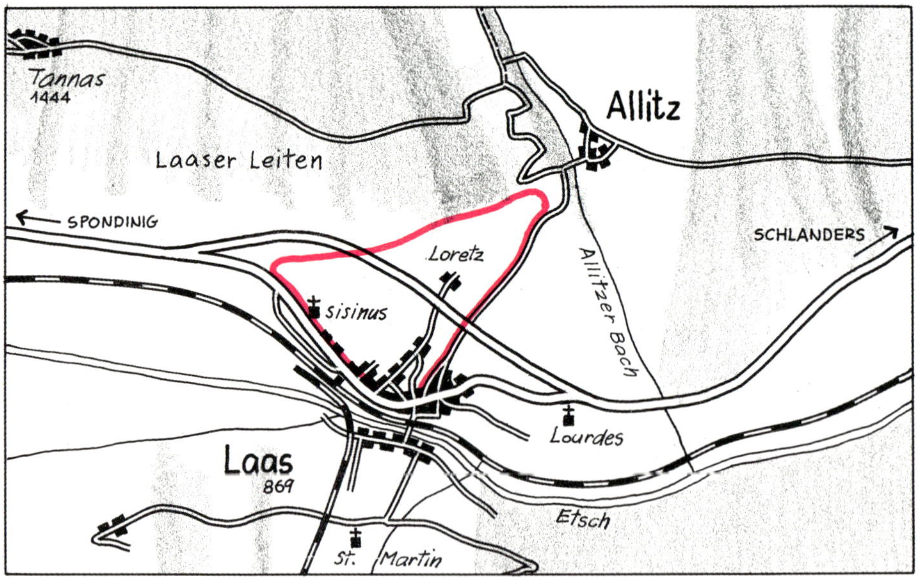

Wir sahen hier so manchen seltenen Vogel, zwischen Sanddorn, Kreuzdorn und Schlehe leuchteten die purpurroten Pfaffenhütchen, und ober dem Waal im dornigen Gestrüpp stand sogar ein Hirsch und äugte zu uns herab.
So ist hier ein Stück von dem, was für den Vischgau — und nur für ihn! — so besonders charakteristisch ist, noch so weit intakt, daß ein Versuch, das Verbliebene vor seinem Untergang zu retten, noch nicht zu spät wäre. Es müßte doch möglich sein, im genannten Waal wieder Wasser fließen zu lassen, bevor die Pappeln, die jetzt schon erste Anzeichen des Wassermangels aufweisen, gänzlich verdorren, es müßte doch möglich sein, die Waalerhütten mit den umliegenden, gemauerten und gepflasterten Kanälen zumindest in ihrem jetzigen Zustand zu erhalten — auch wenn das Ergebnis einer solchen Bemühung selbstverständlich nicht die Wiederbelebung der alten Bewässerungsform, sondern so etwas wie die Schaffung eines Freilichtmuseums wäre.
Es wäre einfach zu schade, wenn diese letzten eindrucksvollen Zeugnisse der jahrhundertealten Bewässerungswirtschaft zugrunde gingen, Zeugnisse so reich an Vinschgauer Geschichte, so eng mit dem Leben und Schicksal von Generationen verbunden. Noch lohnt sich die Besichtigung dieser Zeugnisse und die Wanderung dem trockengelegten Waal entlang; aber wie lange noch?

Wandervorschlag

Lexikon: S. 134, Nr. 71

Allgemeines: Hier handelt es sich einerseits um die Besichtigung zweier Waalhütten und eines aufgelassenen, aber noch vorhandenen und sehr eindrucksvollen Waalverteilersystems, aber andererseits auch um eine hübsche Wanderung auf einem schönen alten Weg, neben dem der aufgelassene Laaser Leitenwaal verläuft. Das Ganze liegt unweit von Allitz und läßt sich von Laas aus in Form einer Rundwanderung begehen. In Verbindung mit dieser relativ kurzen Wanderung empfiehlt sich in Laas auch die Besichtigung der dortigen Aquäduktpfeiler des ehemaligen Kandlwaales (s. S. 60).

Die Route in Kurzform: Laas–Waalerhütten bei Allitz–Laaser Leitenwaal–Laas..

Wegverlauf: Von Laas (870 m) auf der nach Allitz führenden Straße nordwärts durch die Obstgüter leicht ansteigend in ca. ½ Std. hinauf bis zu einem Lärchenbestand, in dem die zwei Waalerhütten sowie schöne, steingemauerte Waalzüge und verschiedene Schleusen erhalten sind (ca. 1050 m). Hier nun von der Straße links ab, auf einem kurzen Fahrweg hinüber zu einem Hof und dann, nach einem großen Wegkreuz mit schwarzem Herrgott, auf dem breiten, steinmauergesäumten Weg neben dem aufgelassenen, von Pappeln überschatteten Leitenwaal am Fuß der versteppten Laaser Leiten in nahezu ebener Wanderung westwärts bis zur neuen Laaser Umfahrungsstraße. Diese Überquerend schließlich auf der ins Dorf führenden Straße, am Hügelkirchlein St. Sisinius vorbei, zurück nach Laas.

Höhenunterschied: ca. 180 m.

Gesamtgehzeit: ca. 2 Std..

Orientierung und Schwierigkeit: trotz fehlender Markierungen leicht und problemlos, durchwegs übersichtliches Gelände.

Wanderkarten 1:50.000: Freytag-Berndt, Blatt S 2 (Vinschgau – Südliche Ötztaler Alpen); Kompaß, Blatt 52 (Vinschgau).

Schleuse und Waalerhütte bei Allitz

Auf dieser Tafel teilte der Waaler den Bauern die Bewässerungszeiten mit

11 Vier Waale übereinander

Die Wasserkanäle am Schlanderer Sonnenberg

Talatsch, Außereggen, Innereggen, Gsal, Pernui, Waldental (ursprüngl. Walchental), Forra und Gmahr — das sind die Höfe und Weiler, die zusammen die Fraktion Sonnenberg bilden und zu den höchsten und entlegensten Dauersiedlungen des Vinschgaus gehören. Doch anders als drüben, jenseits des Schlandrauntales, wo der Zerminighof seit dem Brand im Jahr 1948 nur noch Ruine ist, und der Greithof und der Gamphof ebenso wie der Schupferhof im Talgrund so gut wie verschwunden sind, haben sich hier die meisten Höfe noch halten können.

Man ist es gewohnt, Höfe in solcher Extremlage fast ausschließlich als Ansiedlung des Hochmittelalters anzusehen, doch beweist gerade hier auf Talatsch der Fund von zahlreichen Bronzegeräten — darunter zwei sichelähnliche „Runggeln" —, daß der Mensch der Vorzeit solche Lagen nicht unbedingt mied. Hier müssen sich — so der Archäologe Reimo Lunz — „schon vor der Mitte des 1. Jahrtausends v. Chr. Menschen niedergelassen, ihre einfachen Hütten erbaut, die kargen Felder und Äcker bestellt und das Vieh auf die Weide getrieben haben".

Und da erhebt sich nun wieder die Frage nach dem Alter der Waale. Hatten etwa die Ur-Talatscher bereits vor über 2500 Jahren vom Schlandrauntal heraus eine Wasserleitung, so wie sie die heutigen Talatscher schon seit Jahrhunderten haben?

Die Antwort kann nur lauten: Man weiß es nicht. Aber soviel ist sicher: Unter Wassermangel litt das Gebiet sicher schon immer, und wenn die Leute damals schon fähig waren, hier in dieser Extremlage zu leben und zu überleben, so waren sie auch in der Lage, durch die Hänge vom Schlandraunbach heraus einen kleinen Wasserkanal für Mensch und Vieh zu bauen, ja vielleicht waren sie sogar dazu gezwungen. Denn wie geradezu unmöglich ein Überleben ohne Wasser am Vinschgauer Sonnenberg ist, zeigt sich deutlich genug daran, daß nicht nur in neuerer Zeit, sondern auch schon seit dem 15. Jahrhundert zahlreiche Höfe wegen Wassernot aufgelassen werden mußten. Wie heißt es doch in einer Klage aus dem Jahr 1420? „Die Bauleute ziehen davon und wollen nimmer auf den Gütern bleiben".

Doch wie gesagt: Nachweisen lassen sich vorgeschichtliche Waale auch hier trotz allem nicht. Hingegen spricht eine Urkunde aus dem 14. Jh. von Wasserrechten auf Talatsch, und der etwas höher verlaufende Zaalwaal, von dem noch an anderer Stelle eingehender die Rede sein wird, ist sogar gut hundert Jahre früher urkundlich nachweisbar. Und auch die beiden anderen Waale werden ungefähr in diese Zeit zurückreichen.

Die beiden anderen? So wird nun vielleicht so mancher fragen, vier Waale übereinander? — Ja so ist es. Und da der Talatscher Waal relativ kurz und der Zaalwaal aufgelassen ist, sind die „anderen beiden", der Neuwaal und der Forrawaal, als die schönsten hier oben zu bezeichnen. Sie sind, zumindest bis Außereggen, noch in ihrem ursprünglichen Zustand, im Neuwaal sprudelt das Wasser des Schlandraunbaches, und im Forrawaal jenes des Meineidbaches (mit Meineid dürfte der Name wohl nichts zu tun haben, denn das Wort wird „Maneid" gesprochen, mit der Betonung auf der zweiten Silbe); sie führen zusammen mit den einfachen Waalsteigen großteils durch schöne Lärchenwälder, und wo Wiesen sind, bietet sich eine großartige Aussicht.

Damit sind der Neuwaal und der Forrawaal geradezu ideal geeignet für eine lohnende Rundwanderung, die nicht nur die Höfe am Sonnenberg und die

Der Neuwaal am Schlanderer Sonnenberg gegen die Laaser Berge

11

Waale selbst, sondern auch das schöne einsame Schlandrauntal kennenlernen läßt.

Daß es auch hier, wie es sich für echte Bergwaale gehört, die eine und andere etwas luftige Stelle gibt, muß freilich auch gesagt werden, aber am unteren Waal helfen einmal so etwas wie eine Holzleiter und dann wieder so etwas wie Bretterstege weiter, und am oberen, wo der schmale Steig ungesichert und schwindelerregend eine Felswand quert, lenken die in die Felsen gemeißelten Inschriften der Waaler vom Blick in die Tiefe ab; ein Freibrief für Leichtsinn und Unachtsamkeit ist dies allerdings nicht, und wer nicht schwindelfrei ist, sollte die beiden Waale vielleicht doch lieber meiden.

An der luftigsten Stelle des Forrawaales: Inschriften der Waalbetreuer

Wandervorschlag

Lexikon: S. 135, Nr. 76—79

Allgemeines: Ziemlich lange, nur trittsicheren und schwindelfreien Gehern vorbehaltene Waaltour, bei welcher der Neuwaal bis zu seiner Fassung und dann der rund 100 m höher verlaufende Forrawaal begangen werden. Ausgangs- und Endpunkt der Rundwanderung ist der kleine Bergweiler Außereggen hoch oben am Schlanderer Sonnenberg. Eine herrliche Aussicht zu den vergletscherten Laaser Bergen, die schöne bäuerliche Kulturlandschaft und eine noch weitgehend unangetastete Natur zeichnen die Wanderung aus, bei der man auch das einsame Schlandrauntal kennenlernt.

Wegverlauf: Anfahrt von Kortsch (Wegweiser „Sonnenberg") auf langer Höfestraße hinauf gegen den Weiler Talatsch und weiter, an der Jausenstation „Waldentalhof" und anderen Höfen vorbei, bis nach Außereggen (1632 m). Von da zuerst kurz auf dem mit Nr. 15 markierten Weg ostwärts und dann am Wiesenrand rechts wenige Schritte weglos hinunter zum aufgelassenen Zaalwaal und zum etwas tiefer verlaufenden, wasserführenden Neuwaal, dessen Begleitsteig von nun an gefolgt wird. Er quert zunächst steile Wiesen und dann die bewaldeten Westflanken des Schlandrauntales. Die wenigen leicht ausgesetzten Stellen (z. T. Bretterstege) sind ziemlich problemlos zu begehen, etwas heikler dagegen ist eine rund 3 m hohe Felsstufe, die über eine luftige Holzleiter oder über den gutgestuften Fels erklommen werden muß. Der Waalsteig endet schließlich unweit des ehemaligen Schupferhofes (heute Alm) im Schlandrauntal (1750 m); ab Außereggen ca. 1 ½ Std. — Von da nun auf dem breiten Weg knapp ½ Std. talein bis zu dem links herabkommenden Meineidbach (in der Nähe die Schlanderer Alm), neben diesem ein kurzes Stück hinauf zur Fassung des Forrawaales (1852 m) und auf seinem Waalsteig dann südwärts. Er führt ähnlich wie der Neuwaal durch die steilen Waldhänge (vorwiegend Lärchen), ist aber etwas besser. Nur etwa auf Halbweg quert er auf trockengemauertem, schmalem und grasüberwuchertem Waaldamm sehr ausgesetzt und ungesichert eine hohe senkrechte Felswand, in die über dem Waal verschiedene Inschriften der Waalhüter eingraviert sind. Der offene Waal endet schließlich bei einer neuen Filtrieranlage oberhalb von Außereggen (1790 m); ab Waalbeginn 1 ½ Std. — Von da nun über die freien Weidehänge problemlos in rund 15 Min. gerade hinab zum Ausgangspunkt.

Höhenunterschied: 220 m.

Gesamtgehzeit: ca. 4 Std. (Teilzeiten siehe oben).

Orientierung und Schwierigkeit: orientierungsmäßig problemlos. Die Waalsteige nicht markiert und nicht gesichert, teilweise stark ausgesetzt. In letzter Zeit werden die Waale von Touristen zunehmend begangen, so daß möglicherweise eine Entschärfung der heikelsten Stellen zu erwarten ist (evtl. im Waldentalhof fragen).

Wanderkarten: Freytag-Berndt, Blatt S 2 (Vinschgau – Südliche Ötztaler Alpen); Kompaß, Blatt 52 (Vinschgau).

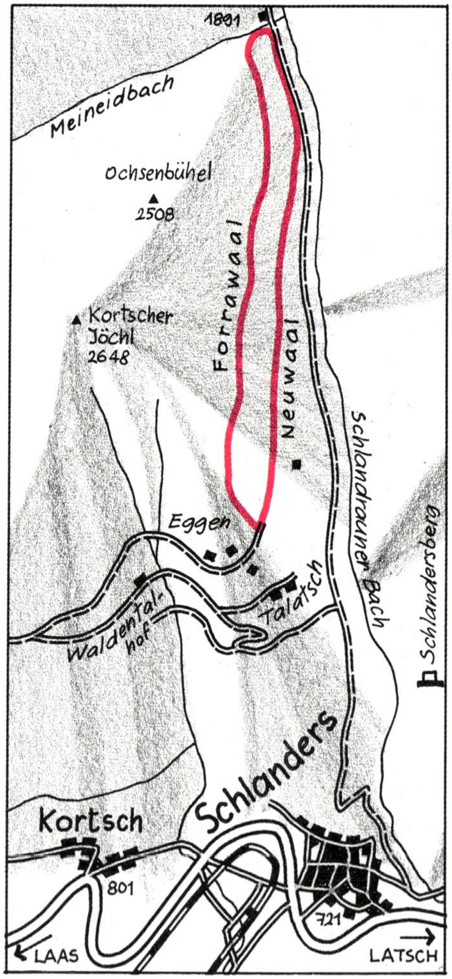

Die „Zaal" der Kortscher 12

Ein sehr alter und sehr merkwürdiger Waal

Warum die Leute von Kortsch und vom Schlanderer Sonnenberg diesen Waal „die Zaal" nennen, wird erst verständlich, wenn man weiß, daß dieser Name mit „Zahl" oder „zahlen" nichts zu tun hat (wenn auch die Vermutung aufgetaucht ist, daß die hohen Bau- und Instandhaltungskosten zum Namen „Zahlwaal" geführt hätten), sondern seinen Ursprung im romanischen Wort sala gleich Rinne hat. Und das weist auf ein sehr hohes Alter des Waales hin, es führt uns in eine Zeit zurück, die lange vor jener liegt, in welcher der Waal in den schriftlichen Urkunden erstmals auftaucht, obwohl dies immerhin das Jahr 1332 ist.

Aber nicht nur Alter und Name des Waales sind bemerkenswert, auch sein Verlauf ist es. Denn er führt zunächst lange hoch oben am Berghang aus dem Schlandrauntal heraus, läßt dann das Wasser rund 500 Höhenmeter steil bergab fließen, und setzt sich erst herunten in den Kortscher Leiten wieder als richtiger Waal fort. Das heißt, daß der Waal aus einem oberen und einem sehr viel tiefer liegenden unteren Teil besteht (oder zumindest bis 1974 bestand), und daß zu seiner Beaufsichtigung zwei Waaler notwendig waren, die aufgrund der Entfernung und des Höhenunterschiedes sozusagen „Komunikationsprobleme" miteinander hatten.

Da diesen Waalern ein Telefon oder Funkgerät nicht zur Verfügung stand, behalfen sie sich auf andere Weise, und zwar so: Trat im unteren Teil des Waales ein Schaden auf, der oben das Ableiten des Wassers erforderte, so legte man bei Tag unten bei Kortsch an einer ganz bestimmten Stelle ein weißes Leintuch aus, und bei Nacht stellte man an dieser Stelle eine rote Laterne auf. So wußte der Waaler oben Bescheid. Und um sich die nächtliche Wacht ein wenig zu erleichtern, hatte er sich neben der Liegestatt die Mauer seiner Waalerhütte durchgebohrt und in die Öffnung ein Metallröhrchen installiert, durch das er unten im Tal genau die Stelle anvisieren konnte, auf der die Laterne stand — oder auch nicht.

Daß diese Laterne vergebens aufgestellt wurde und der untere Waaler mitten in der Nacht vom Brunnental auf dem steilen und selbst bei Tage nicht ganz ungefährlichen Steig die 500 Höhenmeter hinaufeilen mußte, um den oberen Waaler erst zu wecken — das kam zwar hie und da freilich auch vor, aber im großen und ganzen hat die originelle Einrichtung doch einwandfrei funktioniert.

Seit 1974 nun sind Zielröhrchen, Laterne und Leintuch überflüssig, aber nicht etwa, weil die Waalhütte oben ein Telefon erhalten hätte, sondern weil der obere Teil der Zaal aufgelassen und durch eine Rohrleitung, die dem Schlandrauner „Alpweg" folgt, ersetzt wurde.

Der untere Teil des Waales aber, für den auch der Name „Kortscher Waal" zu hören ist, führt nach wie vor noch Wasser. Und mag es auch großteils nur das Überwasser der Rohrleitung und nur zu einem geringen Teil jenes der Quellen im Brunnental sein, so macht es doch die „untere Zaal" zu einem der schönsten Waale, die wir noch haben.

Mühle am unteren Zaalwaal

Wandervorschlag

Lexikon: S. 135, Nr. 79

Kartenskizze: S. 69

Allgemeines: Da der obere Teil des Zaalwaales aufgelassen und seine Begehung zwar grundsätzlich noch möglich, aber nicht mehr lohnend ist, wird hier nur der noch in Betrieb befindliche und nach wie vor sehr schöne untere Teil als Wanderung beschrieben, die mit dem Aufstieg von Kortsch zum Waal und dem Abstieg von seinem Ende eine nicht allzu lange Runde ergibt. Die Lage des Waales gewährt schöne Tiefblicke auf Kortsch, Schlanders und auf den riesigen Murkegel der Gadria, aber auch eine umfassende Schau zu den südseitigen Vinschgauer Bergen.

Die Route in Kurzform: Kortsch–Zaalwaal–Kortsch.

Wegverlauf: Von Kortsch (801 m) der Mark. 6 und dem Straßenschild „Sonnenberg" folgend auf der schmalen, zu den Höfen des Sonnenberges führenden Straße nordostwärts hinan bis zu einem schönen Kastanienhain gegenüber dem Ägidiuskirchlein, hier links ab und auf dem Fußweg 6a am Rand von Weinbergen und durch Gebüsch hinauf zum Waal (975 m); ab Kortsch ½ Std. — Von da nun dem meist wasserreichen Waal folgend auf dem guten und an etwas ausgesetzten Stellen durch Geländer abgesicherten Waalweg in ebener Wanderung durch die Kortscher Leiten westwärts, später an zwei aufgelassenen Mühlen vorbei, bis zu einem Sportplatz, wo der Waal in Rohren verschwindet und dann in Obstanlagen eintritt (925 m); ab Waalbeginn knapp ¾ Std. — Vom Sportplatz schließlich auf dem Fahrweg südostwärts leicht absteigend zurück nach Kortsch; ½ Std.

Höhenunterschied: 174 m.

Gesamtgehzeit: ca. 2 Std.

Orientierung und Schwierigkeit: in jeder Hinsicht leicht und problemlos.

Wanderkarten 1:50.000: Freytag-Berndt, Blatt S 2 (Vinschgau – Südliche Ötztaler Alpen); Kompaß, Blatt 52 (Vinschgau).

Der Ilzwaal ober Schlanders 13

Vom Schlandraunbach zum Ägidiuskirchlein

Eigentlich lernen wir bei dieser Rundwanderung zwei Waale kennen, den Köstenwaal und den Ilzwaal; doch wollen wir hier vor allem der namenkundlichen Seite des letztgenannten unser Augenmerk schenken.

Unter „Ilzen" — das Wort ist romanischen Ursprungs — versteht man im Vinschgau normalerweise jene meist kleinen Wasserkanäle, die in Wiesen über langgezogene, durch Sandablagerung entstandene Geländerücken — die sogenannten „Bichl" — führen. Solche Ilzen findet man heute noch da und dort, besonders im oberen Vinschgau, doch sie sind schon großteils von den Beregnungsanlagen verdrängt und damit zur Seltenheit geworden.

Unser Ilzwaal, der von der Schlucht des äußeren Schlandrauntales in Richtung Ägidiuskirchlein führt, zur Bewässerung der darunter liegenden Obst- und Weingärten dient und immer noch ein wasserführender, romantischer Waal mit Prachtblick zum Schloß Schlandersberg ist, hat hinsichtlich seines Aussehens mit den genannten Wiesen-Ilzen nicht das geringste gemein. Er verläuft teils in schattigem Föhrenwald, teils an steilen bis senkrechten, schütter mit Buschwerk bewachsenen Felsflanken, ist ein echter Tragwaal und damit nicht nur größer, sondern auch in seiner Funktion von den gewöhnlichen Ilzen, die nur die Endverästelungen eines Bewässerungssystems darstellen, grundverschieden.

Heute ist der Ilzwaal zum beliebten und vielbegangenen Touristenwaal geworden, mag er auch weiterhin der Bewässerung dienen, und so mancher, der das jüngst renovierte, an steiler Felswand klebende Kirchlein Sankt Ägidius — das Wahrzeichen der Sonnenleiten ober Schlanders und Kortsch — besucht, verbindet diesen Besuch mit der Begehung des Waales. Das berechtigt zur Zuversicht, daß der Waal auch weiterhin erhalten bleiben wird.

Und so wird er, sofern die Zuversicht nicht doch noch eines Tages enttäuscht werden sollte, auch in Zukunft nicht nur einer der schönsten und letzten Waale des Vinschgaus sein, sondern den Begriff Ilze vielleicht noch in eine Zeit hinüberretten, in der die Wiesen-Ilzen längst alle verschwunden sein werden und damit auch dieses uralte Wort für Wasserlauf gestorben sein wird.

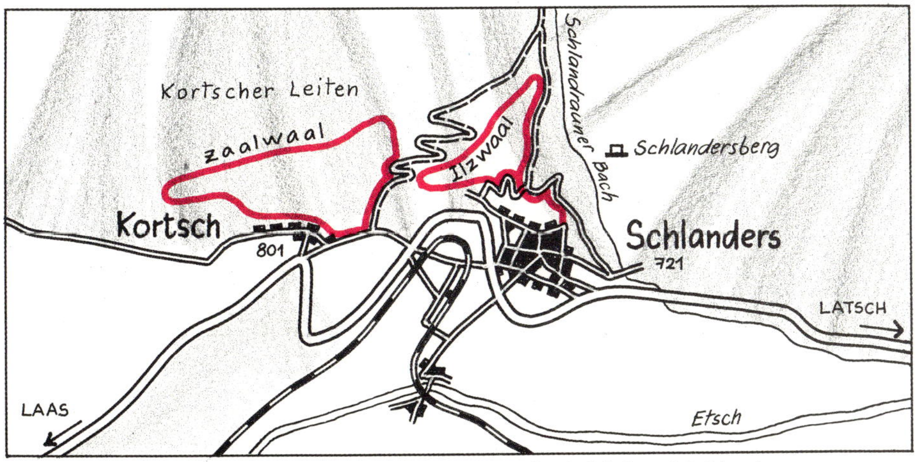

◁ *Der „Kortscher Waal" (unterer Teil des Zaalwaales) mit Blick auf Schlanders*

Wandervorschlag

Lexikon: S. 136, Nr. 81

Allgemeines: Relativ kurze, in jeder Hinsicht sehr hübsche Waalbegehung, die mit der Besichtigung des sehenswerten Ägidiuskirchleins verbunden werden kann und zusammen mit Auf- und Abstieg eine geschlossene Rundwanderung ergibt. Auch im Hochsommer dank der Bewaldung der Hänge nicht zu heiß. Prachtblicke auf Schloß Schlandersberg, Kortsch, Schlanders, Laaser Berge.

Die Route in Kurzform: Schlanders–Ilzwaal–Ägidiuskirchlein–Schlanders.

Wegverlauf: Vom nordöstlichen Dorfrand von Schlanders (721 m) der Markierung 5 folgend zunächst auf breitem Weg kurz neben dem Schlandraunbach talein, dann am westseitigen Hang in wenigen Kehren hinauf und auf dem rechts abzweigenden Steig empor zum Waal (ca. 930 m); ab Schlanders ¾ Std. — Auf dem schönen, an ausgesetzten Stellen gut mit Geländern abgesicherten Waalweg kurz ostwärts bis hinein in die Schlucht des Schlandraunbaches, wo der Waal gefaßt wird. Dann wieder zurück, auf dem Waalweg westwärts durch Wald weiter bis zu einem Betonbecken, dem wasserführenden, offenen Waal folgend kurz abwärts bis zur Waalteilung, hier links dem unteren Waal entlang (stets Mark. 5) durch terrassierte Obstgärten, teils unter Kastanien und an einem Haus vorbei bis hinüber unter das Ägidiuskirchlein (ca. 825 m; kurzer Abstecher hinauf zum Kirchlein lohnend) ab Waalfassung ca. ¾ Std. — Nun hinunter zum Dorfrand von Kortsch, am Fuß der Steilhänge (stets Mark. 5) auf der den Köstenwaal begleitenden „Promenade" zur Staumauer im Schlandrauntal und wie im Aufstieg zurück nach Schlanders; ab Ende des Ilzwaales ca. 1 Std.

Höhenunterschied: ca. 200 m.

Gesamtgehzeit: ca. 2–2½ Std. (Teilzeiten siehe oben).

Orientierung und Schwierigkeit: in jeder Hinsicht leicht und problemlos.

Wanderkarten 1:50.000: Freytag-Berndt, Blatt S 2 (Vinschgau – Südliche Ötztaler Alpen); Kompaß, Blatt 52 (Vinschgau).

Der Ilzwaal oberhalb Schlanders

Der Schlandersberger Waal

14

Sehr schön, aber kein Waal für Promenadenwanderer

Man hatte mir von diesem Waal erzählt, hatte mir gesagt, daß er noch in Betrieb sei und daß seine Begehung durchaus lohnend wäre. Und als ich einmal auf der gegenüberliegende Seite ins Schlandrauntal wanderte, schaute ich lange hinüber zu den äußerst steilen, von großen Schuttreisen durchzogenen Hängen, aber ich konnte keine Spur von einem Waal entdecken. Und da ich auch nie etwas über diesen Waal gelesen hatte, schien mir das, was man mir erzählt hatte, wenig glaubhaft.

Andererseits, wenn ich von der Vinschgauer Talsohle hinaufblickte zu den Schlandersberger Wiesen, die als saftiggrüne Insel inmitten verdorrter Steppenhänge lagen, sagte ich mir, daß diese Wiesen doch von irgendwoher reichlich Wasser erhalten mußten, um so grün sein zu können. Und da es noch dazu ein ehemaliger Waaler gewesen war, der mir den Tip gegeben hatte, entschloß ich mich doch, der Sache auf den Grund zu gehen, wenn auch mit geringer Hoffnung. Nur zu gut hatte ich nämlich noch in Erinnerung, wie enttäuscht ich über den höher oben befindlichen Tappeiner Waal gewesen war, der den schönen grünen Wiesen nach auch noch hätte existieren müssen und dennoch, abgesehen von einem ganz kurzen Rest, schon lange durch eine Rohrleitung ersetzt, verwildert und unbegehbar geworden war.

Aber der Schlandersberger Waal war keine Enttäuschung. Er war noch nicht aufgelassen, noch nicht verrohrt, und er führte wie seit eh und je das Wasser aus der Schlandrauner Schlucht zu den Fisoler und Schlandersberger Wiesen heraus.

Mag sein, daß an diesem strahlenden Herbstmorgen der Himmel, der sich da und dort im Waalwasser spiegelte, noch blauer war als sonst, daß die Birken und Lärchen ihr schönstes Kleid angezogen hatten, daß im Geäst der Haselsträucher immer wieder ein schwarzes Eichhörnchen zu erblicken war — aber all das war es nicht allein, was den Waal so besonders reizvoll machte, nein, es war auch der Umstand, daß er so versteckt und unbekannt ist, und daß der Waal-

Blick vom Schlandersberger Waal auf das gleichnamige Schloß

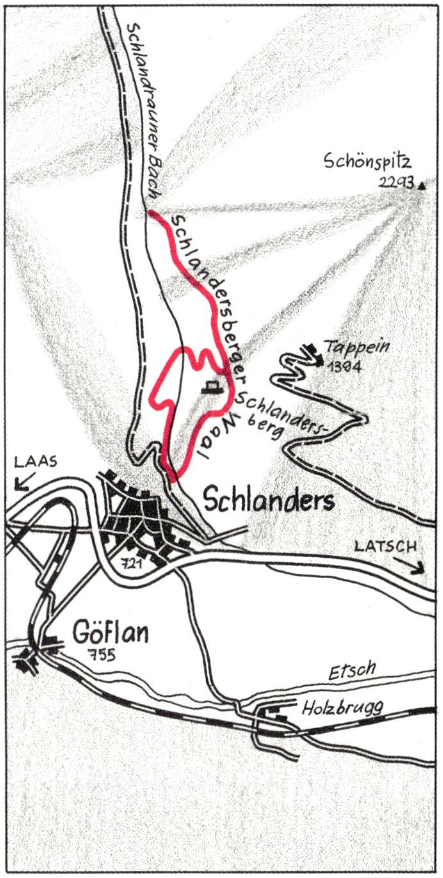

14

Verborgen und unbekannt: der Schlandersberger Waal

weg noch keine breite Promenade ist, sondern ein Weg, der kaum die Bezeichnung Steig verdient und deshalb nur jenem Waal-Liebhaber empfohlen werden kann, der kein Geländer und keine „Autobahn" braucht, der sich gern damit abfindet, daß es an einem Waal auch Stellen gibt, deren Begehung etwas Mut erfordert.
Andererseits ist der Schlandersberger Waal aber auch wieder nicht so exponiert wie manch anderer, und die alten, dann und wann quergestellten Holzzäune sind nicht als Absperrung für den Wanderer gedacht, sondern für das Weidevieh, das ja bekanntlich gern den Waalen folgt und sich dann schwerer tut als der Mensch, auf dem ganz schmalen Waaldamm umzukehren, wenn es nicht mehr weitergeht.

Doch die heikelsten Stellen befinden sich nicht dort, wo das Wasser offen im Kanal dahinsprudelt, und auch nicht dort, wo es in recht luftigen Kandeln fließt, sondern schon ziemlich weit drin im Schlandraungraben, wo der Waal die erwähnten Schuttreisen unterirdisch quert und der Steig mit Fug und Recht als gefährlich bezeichnet werden darf. Aber wer hier umkehrt, muß es nicht bedauern. Denn er hat bereits alles kennengelernt, was die Schönheit des Schlandersberger Waales ausmacht.
Das alles heißt also, daß unser Waal zwar nichts für große Touristenmassen ist, aber ein Geheimtip für den etwas schwindelfreien Feinschmecker. Das ist gut so — zumindest so lange, als man ihn nicht deshalb verrohrt, weil ihn zu wenige Touristen begehen.

Wandervorschlag

Lexikon: S. 136, Nr. 84

Allgemeines: Auch wenn der Begleitsteig des Schlandersberger Waales kein Touristenweg, stellenweise etwas ausgesetzt und da und dort auch ziemlich verwachsen ist, kann die Begehung des Waales jedem Naturfreund, der einigermaßen schwindelfrei, trittsicher und vorsichtig ist, nur empfohlen werden. Bis zum Schloß Schlandersberg bzw. zum nahen Fisolhof könnte man von Vezzan her zwar auch fahren, doch da die Waalbegehung relativ kurz ist, seien hier die von Schlanders heraufführenden Fußwege beschrieben, die eine schöne Rundwanderung ermöglichen.

Die Route in Kurzform: Schlanders–Schloß Schlandersberg–Waalweg–Schloß Schlandersberg–Schlandraunschlucht–Schlanders.

Wegverlauf: Am nordöstlichen Rand von Schlanders (721 m) zuerst über den Schlandraunbach, dann auf markiertem Steig leicht ansteigend nordwärts zum kahlen Südrükken des Schloßhügels und über ihn in Serpentinen ziemlich steil (im Hochsommer heiß) empor zum Schloß Schlandersberg (1060 m); ab Schlanders knapp 1 Std. Nun auf der Zufahrtsstraße kurz ostwärts, bis jenseits des Grabens der Fußweg Nr. 7 bergan führt, und auf diesem in rd. 10 Min. durch Gebüsch hinauf zum Waal (1130 m). Nun links auf dem mäßig guten Waalsteig die Hänge querend in nahezu ebener Wanderung nordwärts (schöne Aussicht). Je nach Mut und Trittsicherheit kann man schließlich entweder bei einer etwas exponierten Holzrinne oder erst ziemlich weit drin im Tal, von der Waalfassung nicht mehr allzu weit entfernt, bei einer großen Fels- und Schuttflanke, die das Steiglein über dem unterirdischen Waal nicht ganz ungefährlich quert, umkehren. Ab Schloß ca. 1 Std. Dann auf dem Waalsteig wieder ein gutes Stück zurück, auf einem ihn querenden Fußweg durch Haselgebüsch gerade hinab zum Fisolhof beim Schloß (Jausenstation), hier rechts auf Steig Nr. 5 hinab in die Schlucht des Schlandraunbaches, auf dem guten Begleitweg des Ilzwaales aus der Schlucht heraus, dann links ab und Steig und Weg hinab nach Schlanders; ab Umkehr am Waal ca. 1½ Std.

Höhenunterschied: ca. 400 m.

Gesamtgehzeit: ca. 3½ Std. (Teilzeiten siehe oben).

Orientierung und Schwierigkeit: die Waalbegehung etwas heikel, die übrigen Wege ohne Schwierigkeiten, wenn auch steil und etwas beschwerlich; landschaftlich sehr schön.

Variante: Wer die Tour ausdehnen möchte, kann auf dem Ilzwaal bis zum Ägidiuskirchlein wandern und evtl. von dort auch noch den Zaalwaal begehen. Siehe S. 67 und 69.

Wanderkarten 1:50.000: Freytag-Berndt, Blatt S 2 (Vinschgau – Südliche Ötztaler Alpen); Kompaß, Blatt 52 (Vinschgau).

15 Der Goldrainer Jochwaal

1983 schlug ihm die letzte Stunde

Die Hänge, die sich zwischen Schlanders im Westen und Staben im Osten von der Vinschgauer Talsohle zweitausend Höhenmeter zu Zerminiger und Vermoispitze hinaufziehen, gehören zu den trockensten und abweisendsten Teilen des gesamten Vinschgauer Sonnenberges; und die wenigen Bäche — der Fallerbach, der Tissbach, der Vermoibach und der Galsauner Bach —, die da in wilden Gräben herabfließen, können bei Gewittern wohl zu gefährlichen Reißbächen anschwellen, aber normalerweise ist ihre Wasserführung nur dürftig. Sie reichte schon von je her nie aus, um die Güter von Vezzan, Goldrain, Kastelbell, St. Martin im Kofel, Tschars und der anderen verstreuten Höfe so zu bewässern, wie es notwendig gewesen wäre.

Doch man wußte sich zu helfen. Die Vezzaner holten sich vom Schlandraunbach heraus ihr Wasser, die Galsauner, Tscharser und Stabener zapften den Schnalser Bach an, und die Goldrainer, die Leute von St. Martin und die anderen, im Bereich von Faller- und Tissbach Wohnenden, kamen auf die Idee, das Wasser der hinter dem hohen Bergzug auf Schnalser Seite gelegenen Hochgebirgsseen auf die Vinschgauer Seite herüberzuleiten, ähnlich wie dies die Tarscher von Ulten her und die Schnalser vom Pfossental heraus taten. Die besagten Seen im obersten Penaudtal gehörten zwar dem Kartäuserkloster Allerengelberg in Schnals, doch da der Penaudbach ohnehin wasserreich genug war, gaben die Mönche bereitwillig ihre Zustimmung zur Nutzung der Seen, wenn auch nur als Lehen und gegen entsprechenden Zins.

Freilich, das Wasser, das man von einem 2772 m hoch gelegenen Seelein mit einem rund 500 m langen Waal über das Zuckbichljöchl dem Fallerbach zuführte, war nur wenig ergiebig, und es konnte nicht verhindern, daß die vier Höfe Zuckbichl, Lagàr, Patsch und Mittereben nach und nach aufgelassen werden mußten. Den damals entstandenen Reim kennt heute noch jedes Kind: „Auf Zuckbichl und Lagàr isch der

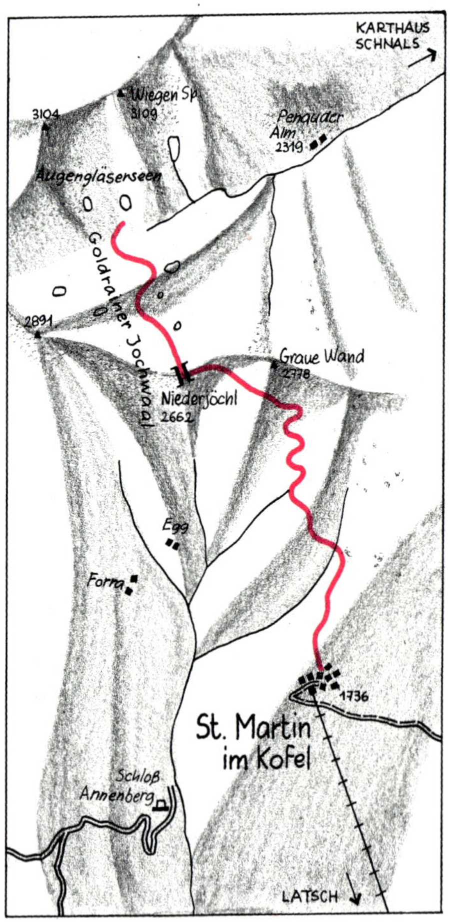

Wandervorschlag

Lexikon: S. 139, Nr. 106

Allgemeines: Auch wenn der Goldrainer Jochwaal aufgelassen wurde, so ist er doch noch eindrucksvoll und lohnt den langen Aufstieg. Gleichermaßen aber fasziniert hier auch die schöne Berglandschaft mit ihrem Gegensatz steilster Felsflanken und weiter Schafweiden mit ihren kleinen Seeaugen. In diesem Gebiet erhebt sich mit dem 3107 m hohen Zerminiger einerseits einer der höchsten unvergletscherten Berge der Ostalpen, und andererseits umfaßt die prachtvolle Aussicht die Eisgipfel des Ötztaler Hauptkammes ebenso wie die der Ortlergruppe. Und besuchenswert ist schließlich auch St. Martin im Kofel, der Ausgangs- und Endpunkt der Tour.

Die Route in Kurzform: St. Martin im Kofel –Niederjöchlkreuz–Jochwaal–retour.

Wegverlauf: Von Latsch mit der kleinen Personenseilbahn hinauf zur Bergsiedlung St. Martin im Kofel (1760 m; hierher auch von Kastelbell über Platz mit dem Auto möglich, aber wenig ratsam). Von der Kirche nun auf Weg 6/8 in ½ Std. durch Wiesen und Wald hinauf zur „Alm" (hier eine große Tschött, fast schon ein See), auf dem Weg 6/8 (später Nr. 6) dann teilweise einem aufgelassenen Waal entlang in langer Querung der Waldhänge mäßig ansteigend zur Baumgrenze, auf dem stets mit Nr. 6 markierten Steig über steinige Weidehänge ein Stück bergan, dann in langer, leicht ansteigender Querung der felsigen Bergflanken (der Steig verläuft höher als in den Karten verzeichnet) hinüber zum großen und weithin sichtbaren Niederjöchlkreuz (2731 m; unweit davon eine versperrte Hirtenhütte) und westlich kurz hinab zum Waalende am Niederjöchl (2662 m); ab St. Martin 3 Std. — Hier sei es jedem selbst überlassen, den Waal näher zu erkunden oder eine andere Wanderung zu unternehmen. — Der Abstieg erfolgt dann wieder auf dem beschriebenen Anstiegsweg; etwa 2–2½ Std.

Höhenunterschied: 971 m.

Gesamtgehzeit: ca. 5–6 Std. (Teilzeiten siehe oben).

Orientierung und Schwierigkeit: nach alpinen Begriffen leicht und problemlos, Bergerfahrung und Gehtüchtigkeit aber erforderlich; ebenso Bergbekleidung.

Wanderkarten 1:50.000: Freytag-Berndt, Blatt S 2 (Vinschgau – Südliche Ötztaler Alpen); Kompaß, Blatt 52 (Vinschgau).

Der ehemalige Goldrainer Jochwaal in über 2600 Meter Höhe

Schmòlzkibl lar, auf Patsch und Mittreben weart er a nimmer lòng hebm".
Aber um so ergiebiger war das Wasser, das man von einigen etwas tiefer gelegenen Quellen und Seen mit einem knapp zwei Kilometer langen Waal zum 2662 m hohen Niederjöchl führte und von dort dem Tissbach zuleitete.
Dieser Waal verlief durch karge Grasinseln, grobe Blockhalden und an der Hühnerwand sogar längere Zeit durch senkrechte Felsen. Er war teilweise gepflastert und mit Steinplatten gedeckt, teilweise offen, teilweise bestand er aus Holzkandeln, die im Felsen verankert waren oder über langgezogene Steinmauern liefen.
Vom Niederjöchl floß dann das Wasser die 2000 Höhenmeter zu Tal, ermöglichte den Höfen im Gebiet von St. Martin das Überleben, ließ, zusammen mit dem übrigen Wasser des Tissbaches, die Fluren von Goldrain, St. Martin im Kofel und Annenberg grünen und gedeihen.
Wann der kleine Zuckbichlwaal und der große Goldrainer Jochwaal erbaut wurden, weiß man nicht, aber immerhin gibt es eine Urkunde aus dem Jahr 1740, in welcher der letztgenannte bereits als alter Waal erwähnt wird. Die Quellen und die „Augengläserseen" liefern dem Tissbach also nachweisbar seit Jahrhunderten ihr Wasser, und tun dies auch heute noch. Dennoch hat der Waal oben am Niederjöchl ausgedient. Nachdem schon früher, im Sommer 1951, die Holzkandeln durch Eternitrohre ersetzt worden waren, wurde im Sommer 1983 abseits des alten Waalverlaufes eine unterirdische Rohrleitung verlegt. Damit konnte die zugeführte Wassermenge erhöht und vor allem das in solcher Höhe natürlich immer schon schwerwiegende Problem der Waalinstandhaltung ein für allemal gelöst werden; freilich um den Preis, daß der höchste noch in Betrieb gewesene Bewässerungswaal der Ostalpen aufgelassen und dem Verfall preisgegeben wurde.

Bergszenerie am Niederjöchl; hier verläuft der Goldrainer Jochwaal

Die Hinterlassenschaft der Waaler

Felsgravierungen am Neuwaal bei Montani

Nein, wer einen dahinmurmelden Wasserlauf sucht, der braucht den Neuwaal nicht mehr zu begehen. Denn seit 1975 fließt kein Wasser mehr, oder genauer gesagt, es fließt in Rohren. Der Waal selbst ist mit seinen eindrucksvollen Trockenmauern streckenweise noch erhalten, aber auch diese Strecken sind zum Verschwinden verurteilt, so wie andere Teile bereits verschwunden und zu einem breiten Weg geworden sind, und wie auch die alte Waalerhütte nur noch aus ein paar Mauerresten besteht.
Der Neuwaal war einer der größten im Gebiet von Morter, Latsch und Tarsch, und er teilt das Schicksal seiner Brüder: der Rautwaal ist aufgelassen, der Mareinwaal ebenso, der Kòndlwaal, der Raminiwaal, der Sandwaal. Zu spät hat man erkannt, was diese Waale für den Fremdenverkehr in diesem Gebiet bedeuten würden, und die Tatsache, daß die Begleitwege des Neuwaals, des Rautwaales und des Raminiwaales immer noch den Touristen als „Waalwege" angeboten werden, markiert sind und trotz allem noch vielbegangene Wandermöglichkeiten darstellen, unterstreicht dies.
Rautwaal und Raminiwaal wären mit etwas gutem Willen sicher wieder zu beleben, der Neuwaal aber wohl nicht mehr, denn zu große Strecken sind schon zugeschüttet, verrohrt oder gänzlich verwildert. So wäre sein Verlauf heute nun nichts anderes mehr als ein Wanderweg wie jeder andere, auch wenn er als solcher mit seinem Blick über den mittleren Vinschgau und zu den Ruinen von Ober- und Untermontani und dank auch der schattigen Lage durchaus noch als schön zu bezeichnen ist, abgesehen allerdings von den da und dort bereits allmählich abdorrenden Bäumen. Und dieser Weg bräuchte nicht in einem Buch über Waalwege besonders hervorgehoben werden, wenn er nicht eine Sehenswürdigkeit besäße, die in waalgeschichtlicher Hinsicht einen Besuch trotz allem noch

„Selbstbildnis" eines Waalers

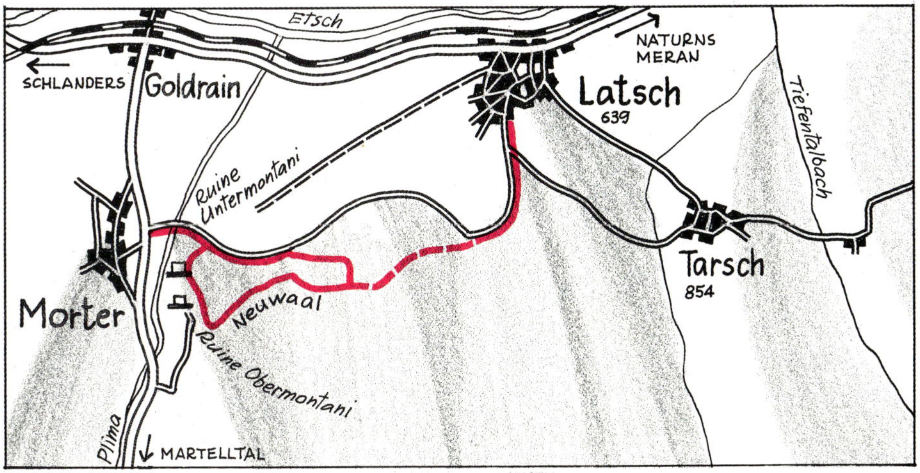

Wandervorschlag

Lexikon: S. 138, Nr. 96

Allgemeines: Zumindest im mittleren Teil seines Verlaufes bietet der ehemalige Neuwaal eine empfehlenswerte Wanderung, auch wenn der Waal selbst weitgehend verschwunden und zum breiten Weg geworden ist. Sie läßt sich gut mit dem Besuch der Ruinen Unter- und Obermontani verbinden, und es gibt außerdem auch noch verschiedene andere, den Karten leicht entnehmbare Kombinationsmöglichkeiten im Wandernetz zwischen Latsch und Morter. Hier wird eine relativ kurze, aber sehr hübsche Rundwanderung vorgeschlagen, die an den erwähnten Ruinen vorbeiführt, ein gutes Stück dem ehemaligen Waal folgt und vor allem zu den Felsinschriften der einstigen Waaler führt. Nahe der Burg Obermontani steht die Kapelle St. Stephan mit sehenswerten Fresken; Gruppen von mehreren Personen erhalten den Schlüssel im nahen Montanigerhof.

Die Route in Kurzform: Morter–Ruinen von Montani–Neuwaal–Bierkeller–Morter.

Wegverlauf: Von Morter am Eingang ins Martelltal bzw. von der Umfahrungsstraße (701 m) dem Wegweiser „Bierkeller" folgend auf schmaler Straße, die Plima überquerend, kurz durch Obstgüter ostwärts zum Nordfuß des Burghügels von Montani, hier rechts ab, auf markiertem Steig südwärts durch Gebüsch hinauf zur Ruine Untermontani, über den Rücken weiter bergan zur Ruine Obermontani und südwärts bald auf einem Forstweg, vorbei an der Falknerei, leicht ansteigend zum Waalweg (ca. 850 m); ab Morter ca. ¾ Std. — Auf dem Waalweg (Mark. 5) nun ostwärts in ebener Wanderung durch die Waldhänge zu der Felswand mit den verschiedenen Inschriften, dann weiter bis zu einer Wegteilung, hier links hinunter zum Gasthaus „Bierkeller" und westwärts auf der schmalen Straße durch die Obstwiesen wieder zurück nach Morter.

Höhenunterschied: ca. 150 m.

Gesamtgehzeit: ca. 2 Std.

Orientierung und Schwierigkeit: in jeder Hinsicht leicht und problemlos; Wege gut markiert und beschildert.

Wanderkarten 1:50.000: Freytag-Berndt, Blatt S 2 (Vinschgau – Südliche Ötztaler Alpen); Kompaß, Blatt 52 (Vinschgau).

lohnt: eine leicht überhängende Felswand, in die verschiedene Namen, Figuren, Jahrzahlen, Buchstaben und unleserliche Zeichen eingemeißelt sind.
Da lesen wir zum Beispiel Mathies Jeger 1858, PA i81, Mi. Fischer mit den Jahrzahlen von 1897 bis 1903, Josef Peer 1908, eine Jahrzahl 1772 und so weiter. Und auch eine Art Strichmännchen, das fast an prähistorische Felsbilder erinnert, sowie ein sehr sorgfältig ausgeführter Mann — beide mit einem langstieligen Arbeitsgerät auf der Schulter — zieren die Felswand.
Hier haben sich die Waaler mit ihrer Waalhaue selbst abgebildet, sie haben ihren Namen mitgeteilt und die Zeit, in der sie mit der Aufsicht des Waales betraut gewesen waren. Und sie haben dies aus Freude an ihrer Tätigkeit getan und gewiß auch ein wenig aus Stolz, denn Waaler zu sein hieß das Vertrauen der Dorfgemeinschaft zu besitzen und eine Respektsperson zu sein. Ihm war es in die Hände gelegt, etwas vom wichtigsten zu überwachen und das so lebensnotwendige Wasser verläßlich dorthin zu lenken, wo es gebraucht wurde, er war zuständig dafür, daß Ordnung herrschte, jeder Wasserbezieher zu seinem Recht kam, aber auch niemand übervorteilt wurde.
Nicht mehr und nicht weniger als sich selbst und ihre ehrenvolle Aufgabe verewigen — das war es, was die Waaler mit ihren Inschriften am Neuwaal wollten. Aber sie ahnten wohl nicht, daß sie damit auch die Erinnerung an den Waal selbst in eine Zeit hinüberretteten, in der es ihn schon längst nicht mehr geben würde, daß sie mit ihrem Tun ein Stück Kulturgeschichte festhielten und damit ein Kulturdenkmal schufen, dessen Bedeutung wir erst heute allmählich zu erkennen beginnen, heute, da der Beruf des Waalers weitgehend schon ebenso der Vergangenheit angehört wie die Waale selbst.

Am Weg von Morter zum Neuwaal: die mächtige Burgruine Obermontani

In einer Felswand am Neuwaal verewigt: Aussehen, Name und Dienstzeit eines Waalhüters

Aquäduktreste in 2507 Meter Höhe: die Steinpfeiler des Tarscher Jochwaales; über sie liefen einst Holzrinnen

Der Tarscher Jochwaal 17

Ultner Wasser für die Vinschgauer Wiesen

Im Jahre 1782 geschieht folgendes: Der Kuppelwiesbauer in Ulten hat Geldsorgen und bietet seine Alm oben unter dem Hasenöhrl zum Verkauf an. In Ulten aber findet sich kein Käufer, und als die Kunde von der „feilen" Alm auch hinüber auf die Vinschgauer Seite dringt, rüsten Tarscher und Latscher unverzüglich zum Aufbruch — allerdings unabhängig voneinander und jeweils im Bestreben, als erste nach Ulten zu kommen.

Was zählt es schon, daß die Alm etliche Stunden weit jenseits des hohen Bergkammes liegt — wichtig ist, in den Besitz der sonnseitigen und trotzdem wasserreichen Weide zu kommen. Die etwas wohlhabenderen Latscher spannen die Pferde vor den Wagen und kutschieren, wie es ihrem Stande entspricht, über Meran und Lana in Richtung Ulten. Die nicht ganz so wohlhabenden Tarscher dagegen kutschieren nicht, sondern reiten, und sie wählen nicht den bequemen Weg über Meran, sondern den steilen über das Joch — auf Vinschgauer Seite ein paar Stunden steil bergan und auf Ultner Seite wieder ein paar Stunden steil bergab.

Mit dem Kuppelwieser werden die Tarscher dann rasch handelseins, und siehe da, gerade wie sie sich wieder aufs Roß schwingen, um den Heimweg anzutreten, kommen die Latscher auf ihrem Wagen daher — ums „Abschlüpfen" zu spät.

Die Tarscher lachten sich natürlich ins Fäustchen, denn bei dem Wettlauf hatten sie mehr als nur die Alm gewonnen, etwas, worauf es wohl auch die Latscher insgeheim abgesehen gehabt hätten: das viele Wasser, das vom Kuppelwiesferner hinabfloß nach Ulten und dem gehörte, der die Alm besaß. Denn dieses viele Wasser ließ sich recht gut auf die Vinschgauer Seite herüberleiten.

So machten sich die Tarscher auch bald an die Arbeit und bauten vom Gletscherbach auf Ultner Seite einen über zwei Kilometer langen Waal herüber zu den „Sieben Brunnen" auf Vinschgauer Seite, von wo dann das Gletscherwasser zusammen mit dem wenn nicht gerade wundertätigen, so doch sehr heilkräftigen Siebenbrunnenwasser zu Tal fließen konnte. Allerdings war die Ausführung des Vorhabens weit schwieriger, als man gedacht hatte. Am Latscher Jöchl mußten hohe Steinpfeiler aufgeführt werden, man mußte weit unten im Wald Holz schlagen, Rinnen daraus

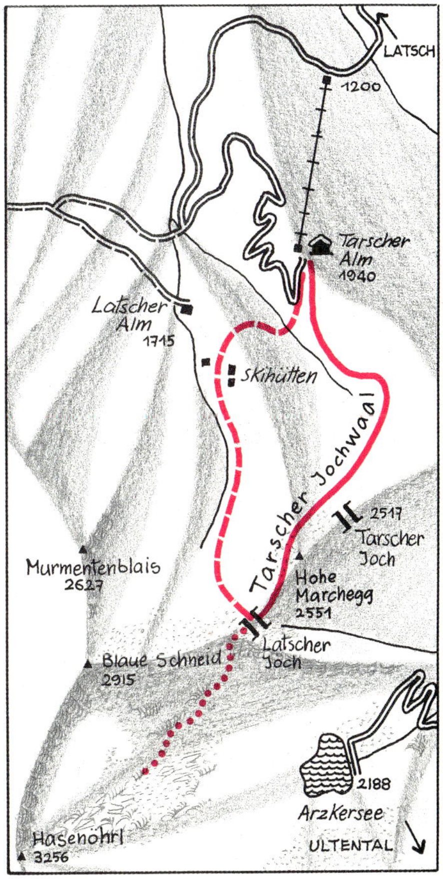

17

machen und diese dann hinaufschleppen, in den steilen Felsen verankern und über die Pfeiler legen, man mußte lange Stützmauern bauen — kurzum, eine gehörige Schinderei auf sich nehmen.
Und als der Waal dann endlich fertig war und man die Baukosten ausrechnete, da zeigte sich, daß die Arbeiter da oben in über 2500 Metern Höhe so viel Speck und Käse verzehrt hatten, daß man mit den Rinden und „Schwarten" den gesamten Waal hätte pflastern können. Und es zeigte sich noch Schlimmeres: Auf dem langen Weg, den das Wasser zurückzulegen hatte, ging viel zuviel davon verloren, und überdies sahen es die Ultner gar nicht gern, daß die Tarscher ihren Kuppelwiesbach anzapften.
So stand der Tarscher Jochwaal von allem Anfang an unter keinem guten Stern. Er brachte den Tarschern nicht die erhoffte Wassermenge, er war schwierig instand zu halten und brachte zudem Zwist mit den Ultnern. Und als dann eines Tages noch zu allem Überfluß die so mühsam hinaufgeschleppten Kandeln in Flammen aufgingen — ob durch Blitzschlag oder durch die Hand eines Brandstifters blieb ungeklärt, wenn auch viel gemunkelt wurde —, verdroß der Waal die Tarscher so sehr, daß sie ihn nicht wieder instand setzten. Heute wissen die Enkel und Urenkel der damaligen Waalbauer wohl noch das eine und andere zu erzählen, aber ansonsten ist der Waal fast schon vergessen. Sein Verlauf jedoch durch steile Kare und Felshänge ist immer noch erhalten, und die Steinpfeiler am Latscher Jöchl ragen immer noch bis zu vier Metern in die Höhe und geben den vielen Touristen, die da unwissend an diesem einstigen Aquädukt vorbei in Richtung Hasenöhrl wandern, unlösbare Rätsel auf.

Tarscher Jochwaal mit Hasenöhrl

Tarscher Jochwaal gegen das Hohe Marchegg

Wandervorschlag

Lexikon: S. 139, Nr. 101

Allgemeines: Dank Sessellift bzw. Straße zur Tarscher Alm nicht allzu lange, landschaftlich überaus lohnende Bergwanderung, die den Tarscher Jochwaal und seine Aquäduktpfeiler kennenlernen läßt, durch eine schöne Berglandschaft führt und eine prachtvolle Aussicht schenkt, die das Hasenöhrl, die Südlichen Ötztaler Alpen, die Ultener Berge, den Vinschgau und den Arzker Stausee umfaßt. Auch wenn der Tarscher Jochwaal schon lange aufgelassen ist, so ist er trotzdem noch immer ein eindrucksvolles Kulturdenkmal.

Die Route in Kurzform: Tarscher Alm–Wetterkreuz–Latscher Jöchl–Skihütten–Tarscher Alm.

Wegverlauf: Anfahrt von Latsch über Tarsch zur Talstation des Tarscher–Alm–Sessellifts. Von da entweder mit dem Lift oder — falls er nicht in Betrieb sein sollte — mit dem Auto hinauf zur Tarscher Alm (1940 m; Gastbetrieb). Von da auf Weg Nr. 1 über die Schneise der Skipiste mäßig steil hinauf zum Viehstall „Jochpfarrer" (2281 m), dann auf Bergweg 2 A rechts weiter zum Wetterkreuz und hier dem Wegweiser „Hasenöhrl" folgend erneut rechts auf dem bald beginnenden ehemaligen Waal, der heute zum Touristenweg geworden ist und die Nordhänge des Hohen Marchegg quert, in nahezu ebener Wanderung hinüber zum Latscher Jöchl, wo die bis zu 4 m hohen Steinpfeiler des einstigen Kandlwaales stehen (2507 m; der Name des Joches ist in den Karten nicht verzeichnet); ab Tarscher Alm 2 Std. — Von da setzt sich der Waalverlauf südwärts zu einem 2620 m hohen Jöchl (hier verläßt die zum Hasenöhrl führende Markierung den Waal nach rechts) und dahinter südseitig durch steile Felshänge bis hinein zum Gletschervorfeld des Kupelwiesferners fort; die Begehung ab dem genannten Jöchl kann aber wegen des schlechten Erhaltungszustandes und des wilden Geländes nicht empfohlen werden und bringt auch kaum Neues. — Für den Rückweg zur Tarscher Alm sei folgende Route empfohlen: Von den Steinpfeilern am Latscher Jöchl auf dem mit 2 markierten Steig nordseitig steil, aber unschwierig gerade hinunter zur Waldgrenze und zu den sogenannten Skihütten, bald darauf, noch vor Erreichen der Latscher Alm, bei Wegweiser „Tarscher Alm" rechts ab und auf Steig 9 in nahezu ebener Waldquerung ostwärts hinüber zur Tarscher Alm. Ab Latscher Jöchl ca. 1½ Std.

Höhenunterschied: 567 m.

Gesamtgehzeit: ca. 3½ Std. (Teilzeiten siehe oben).

Orientierung und Schwierigkeit: leichte Höhentour, etwas Bergerfahrung aber notwendig, ebenso Bergbekleidung und festes Schuhwerk.

Wanderkarten 1:50.000: Freytag-Berndt, Blatt S 2 (Vinschgau – Südliche Ötztaler Alpen); Kompaß, Blatt 52 (Vinschgau).

Der Latschanderwaal

18

Einer der letzten großen Waale

Mit seinen acht Kilometern Länge und seiner starken Wasserführung zählt der Latschanderwaal zu den großen und auch heute noch für die Bewässerung sehr wichtigen Waalen des Vinschgaus. Er beginnt im Gebiet von Goldrain, verläuft etliche Meter oberhalb der Staatsstraße ostwärts nach Kastelbell und endet bei Galsaun.

Damit ist er ein Teil der in fast ununterbrochener Folge von Mals im oberen Vinschgau bis nach Meran durch die unteren Hänge des gesamten Vinschgauer Sonnenberges ziehenden Waale, angefangen von den Malser Waalen im Westen bis zum Algunder Waal im Osten.

Auf weite Strecken ist diese einzigartige Waalreihe als grüner, üppig wuchernder Vegetationsgürtel weithin sichtbar, doch da und dort täuscht dieses grüne Band heute einen Waal, zumindest einen wasserführenden, auch nur vor, wurden doch weit mehr als die Hälfte dieser Waale in den letzten Jahren aufgelassen oder verrohrt. Hier beginnen die Pappeln und anderen Gehölze vielfach bereits abzusterben, und über kurz oder lang werden die für den Vinschgau so charakteristischen Lebenslinien überall dort verschwinden, wo ihnen das Wasser entzogen wurde.

Um so erfreulicher ist es, daß dieses Schicksal dem Latschanderwaal nicht widerfahren ist und ihn ein breiter Vegetationsgürtel säumt, urwaldähnlich und erfüllt von vielfältigem Leben. Aber auch hier trügt stellenweise der Schein; so gesichert wie man meinen möchte, ist der Fortbestand dieses vielfältigen Lebens trotz des vielen dahinfließenden Wassers nicht. Denn das Etschwasser wird heute in einer Kläranlage so weit gereinigt, daß es kein feines Ton- und Sandmaterial mehr mitführt. Das hat zwar den Vorteil, daß der Waal nicht mehr ständig ausgeräumt werden muß, aber gleichzeitig auch den Nachteil, daß mangels der abdichtenden Trübe der Damm durchlässig wird. Dies wiederum macht die Anbringung von Betonrinnen notwendig, und diese geben nun den Wurzeln der Pflanzen kein Wasser mehr ab und gefährden damit ihr Überleben, ja manche Pappeln sind bereits mehr oder weniger stark abgedorrt.

Noch besteht der Waal zwar erst zu rund einem Viertel aus solchen Rinnen, aber das ist schon mehr als genug, und es bleibt zu wünschen, daß die neue Ortsstelle Latsch des Heimatpflegeverbandes Schlimmeres zu verhüten imstande sein wird.

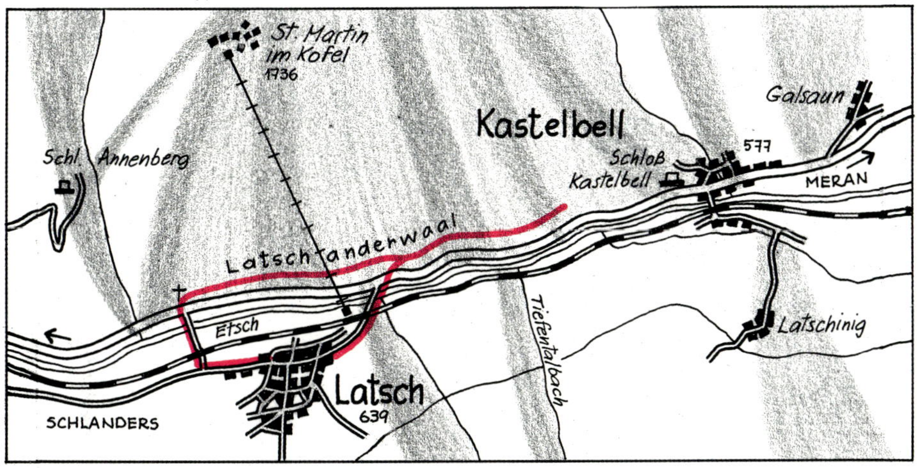

Wandervorschlag

Lexikon: S. 140, Nr. 111

Allgemeines: Der Latschanderwaal führt zwar von Tiss bis Galsaun, doch offen und gut begehbar ist nicht der ganze Waalverlauf. Abgesehen vom östlichsten Abschnitt, der oft auch in Verbindung mit dem Tscharser Schnalswaal begangen wird, ist die westliche Hälfte in touristischer Hinsicht der eigentliche Latschanderwaal. Hier ist er markiert, beschildert und ermöglicht ab Latsch eine häufig durchgeführte Rundwanderung. Zugang und Rückkehr von und nach Latsch erfolgen zwar auf Straßen, doch dafür ist der Waal mit seiner urwaldähnlichen Vegetation schattig und naturnah.

Die Route in Kurzform: Latsch–Nähe Tiss –Latschanderwaal–Etschbrücke–Latsch.

Wegverlauf: Von der Dorfmitte in Latsch (638 Meter) auf der nach Goldrain führenden Straße ca. 500 m westwärts bis zum Dorfrand, hier rechts ab und nordwärts auf schmaler Verbindungsstraße den Bahnkörper und die Etsch überquerend durch Obstgüter hinüber zur Vinschgauer Talstraße, wo nur wenige Meter weiter westlich der Waalweg beginnt (Wegweiser); ab Latsch ca. 20 Min. — Nun auf dem schönen und gefahrlosen Waalweg, der zusammen mit dem Wasserlauf einige Meter über der Straße am Hang verläuft, in ebener Wanderung ostwärts, bis ein Verbotsschild vor dem Weitergehen warnt, da bald an der senkrecht zur Straße abbrechenden Felswand nur unter Absturzgefahr begehbare, ungesicherte Stellen kommen. Vom Durchgangsverbot (ab Waalbeginn ca. 1 Std.) also wieder auf dem Waalweg zurück, bis ihn ein Steig mit Wegweisern kreuzt. Auf diesem nun wenige Schritte hinab zur Straße, und diese sowie die Etsch überquerend auf der Latscher Osteinfahrt zurück zum Ausgangspunkt; ab Waal ca. 20 Min.

Höhenunterschied: unbedeutend.

Gesamtgehzeit: ca. 1½ bis 2 Std. (Teilzeiten siehe oben).

Orientierung und Schwierigkeit: in jeder Hinsicht leicht und problemlos.

Wanderkarten 1:50.000: Freytag-Berndt, Blatt S 2 (Vinschgau – Südliche Ötztaler Alpen); Kompaß, Blatt 52 (Vinschgau).

Der Latschanderwaal zwischen Latsch und Kastelbell

Wasser aus dem Schnalser Bach 19

Der Tscharser und der Stabener Schnalswaal

Wie mit dem Lineal gezogen durchqueren die beiden Waale die versteppten Steilhänge, die zwischen der Mündung des Schnalstales und Tschars von der Talsohle zu jenem langen Geländesporn hinaufziehen, auf dem, hoch über der Schlucht des äußeren Schnalstales auf der einen und dem breiten Vinschgau auf der anderen Seite, die gewaltige Festung Juval thront und die Höfe von Unter-, Mitter- und Oberjuval liegen.
Solche Geradlinigkeit charakterisiert auch die meisten anderen Hangwaale, und man fragt sich, wie es die einstigen Erbauer wohl angestellt haben mögen, mit ihren einfachen technischen Mitteln so schnurgerade Waale zu errichten. Rosenberger gibt in seiner fundierten Arbeit über das Bewässerungswesen die Antwort darauf: Man wies den Arbeitern vor dem eigentlichen Baubeginn von der gegenüberliegenden Talseite aus verschiedene Punkte an, die dann durch den Waal miteinander verbunden wurden — das ist alles, und es zeigt, wie gut man sich auch ohne hochkomplizierte Meßgeräte zu helfen wußte.
Doch zurück zu unseren beiden Waalen. Was man von der Vinschgauer Seite aus sieht, das ist nur ihre eine Hälfte, die andere liegt nämlich auf der Schnalser Seite. Und wenn diese Hälfte auch nicht so ins Auge springt, so ist sie dennoch kaum weniger erwähnenswert, und mit ihrem Verlauf durch senkrechte Felswände macht sie die beiden Waale mit zu den kühnsten derartigen Anlagen, die wir kennen.
Der Stabener Waal ist sechs Kilometer lang, der rund 100 Meter höher verlaufende Tscharser Waal sogar 11 Kilometer, und damit gehören sie auch zu den längsten Waalen Südtirols. Während nun der erstgenannte auf Schnalser Seite kaum und nur auf Vinschgauer Seite einigermaßen begehbar ist, bietet der Tscharser Waal dank des guten, markierten und beschilderten Waalweges eine lange, aber sehr schöne und beliebte Wanderung, auch wenn jener Abschnitt, der auf Schnalser Seite verläuft, wegen des Steinschlags und äußerst steilen Geländes heute fast zur Gänze verrohrt ist, so wie er auch schon früher auf längere Strecken durch mannshohe Felsstollen verlief.

Das Dorfbuch von Tschars gibt uns darüber Auskunft, daß der Plan zum Bau dieses Waales gegen Ende des 15. Jahrhunderts gefaßt wurde, daß 1504 die Arbeiten aufgenommen und sie 1517 beendet wurden. Über den Stabener Waal hingegen weiß man, daß er 1842 errichtet wurde.

Das heißt also, daß zumindest der Tscharser Waal seit bald einem halben Jahrtausend das Wasser des von den Gletschern der Ötztaler Alpen gespeisten Schnalser Baches allsommerlich zu den ausgedehnten Obst- und Weingütern in der näheren und weiteren Umgebung von Tschars bringt. Aber Waale und Flurbewässerung gab es in diesem Gebiet — so wie überall im westlichen Südtirol und auch anderwärts — bereits Jahrhunderte früher.
Ob für den 1268 in Tschars aufscheinenden Beinamen „de Wal" tatsächlich ein Wasserwaal Pate getanden hat, ist heute nicht mehr mit Sicherheit zu entscheiden; aber daß der Richter von Kastelbell, dem auch Tschars, Staben und das äußere Schnalstal unterstand, 1398 ein Machtwort in dem Streit sprechen mußte, den die Gemeinde Tschars mit dem hoch oben am Berg liegenden Schönegghof wegen der Wasserrechte führte, ist urkundlich belegt.

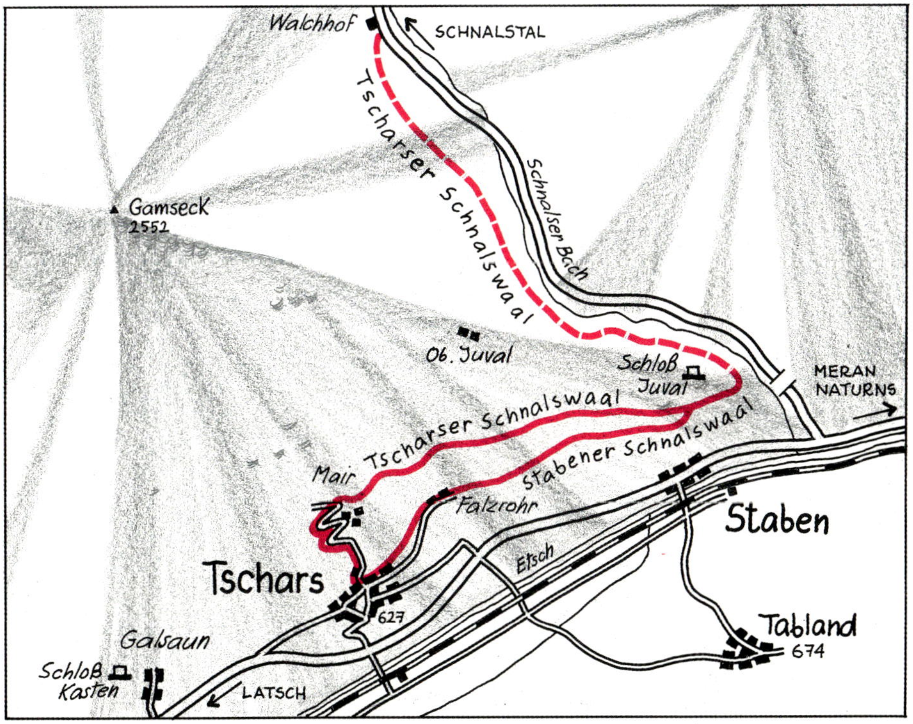

19

Dazwischen aber liegt jenes Jahr 1290, das dem, der sich mit der Geschichte der Waale befaßt, heute immer wieder begegnet. In einer mit 28. Juni 1290 datierten, in lateinischer Sprache abgefaßten Urkunde wird nämlich von einem Wasserwaal am Stabener Sonnenberg gesprochen, bei dem allerdings nicht klar ist, um welchen Waal es sich dabei gehandelt haben könnte. War der Schloßwaal der Juvalhöfe gemeint, oder vielleicht gar ein Vorläufer des Tscharser oder Stabener Schnalswaales? — Wir wissen es nicht.

Nun könnten diese hoch- und spätmittelalterlichen Waale natürlich auch sogar die Nachfolger noch viel älterer Wasserführungen sein, die vielleicht von jenen Menschen angelegt wurden, die uns auf dem Sporn von Juval ihre Schalensteine und prähistorischen Scherben hinterlassen haben, aber leider wissen wir auch dies nicht, und so ist es zwecklos, Spekulationen darüber anzustellen, zumal uns ja auch die erwähnten Urkunden schon weit genug in die Geschichte der Waale zurückführen, wenn auch jene von 1290 — im Gegensatz zu dem, was manchmal zu lesen ist — nicht die allererste ist, die uns von Waalen und künstlicher Bewässerung in Südtirol berichtet. Denn einige Erwähnungen von Waalen in der Meraner Gegend sind um mehr als ein halbes Jahrhundert älter.

Aber das tut den Waalen von Tschars und Staben keinen Abbruch. Für den Wanderer kommt es schließlich nicht auf das Alter eines Waales an, sondern auf verschiedene andere Dinge: auf einen guten Waalweg, darauf, daß der Waal landschaftlich schön ist, daß er noch möglichst naturnahe belassen wurde, und in erster Linie auf das, was früher selbstverständlich war, es heute aber nicht mehr ist: nämlich darauf, daß der Waal noch wasserführend ist.

Und all dies trifft, wenn auch mit gewissen Einschränkungen, für unsere beiden Waale und insbesondere für den Tscharser Schnalswaal gottlob immer noch zu.

Wandervorschlag

Lexikon: S. 142, Nr. 113, 114

Allgemeines: Für den, der den gesamten Tscharser Schnalswaal begehen will und es sich fahrtmäßig einrichten kann (Bus, Zweitauto oder andere Fahrgelegenheit), beginnt die rund vierstündige Wanderung in Altratteis, führt über Schloß Juval nach Tschars und endet in Galsaun (das Ganze auch in umgekehrter Richtung lohnend). Der Schnalser Abschnitt des Waales ist zwar großteils verrohrt, aber der Weg ist markiert, gut begehbar und interessant. Um aber die Begehung zu einer Rundwanderung mit gleichem Ausgangs- und Endpunkt gestalten zu können, wird hier vorgeschlagen, von Tschars aus den mittleren Teil des Waales zu begehen und dann auf dem Stabener Schnalswaal nach Tschars zurückzukehren. Dies ist eine sehr lohnende Rundwanderung, die teils unter schattigen Laubbäumen, teils durch sonnige Trockenhänge verläuft und einen schönen Blick auf den weiten Tschirlander Schwemmkegel bietet.

Die Route in Kurzform: Tschars–Tscharser Schnalswaal–Sonnenhof unter Juval–Stabener Schnalswaal–Tschars.

Wegverlauf: Von Tschars (627 m) der Markierung 1A folgend auf einer Höfezufahrt in rd. 20 Min. hinauf zum Tscharser Schnalswaal (730 m) und dann auf dem durchwegs guten und gefahrlosen, mit Nr. 3 markierten Waalweg, an einer Waalerhütte und einer Waalschelle vorbei, in langer Wanderung ostwärts bis zum Sonnenhof (Jausenstation) unterhalb der Burg Juval; ab Tschars ca. 1½ Std. — Von da auf dem mit Nr. 1 markierten, nach Staben führenden Pflasterweg hinab bis zum Stabener Schnalswaal, auf seinem unmarkierten, aber recht gut begehbaren Begleitsteig wieder westwärts zum Ende des Waales nahe dem Hof Falzrohr, auf kurzem Feldweg zum Hof und von da auf schmaler Straße zurück nach Tschars; ab Sonnenhof knapp 1½ Std.

Höhenunterschied: ca. 100 m.

Gesamtgehzeit: ca. 3 Std. (Teilzeiten siehe oben).

Orientierung und Schwierigkeit: an sich leicht und problemlos, der Stabener Waal aber unmarkiert und an einigen Stellen ganz leicht ausgesetzt. Außerdem ist dieser Waal nur zeitweise wasserführend.

Wanderkarten 1:50.000: Freytag-Berndt, Blatt S 2 (Vinschgau – Südliche Ötztaler Alpen); Kompaß, Blatt 52 (Vinschgau).

Als grüne Lebenslinien durchziehen Tscharser und Stabener Schnalswaal die versteppten Hänge unter Schloß Juval

20 Der Klammwaal in Schnals

Eine Wasserleitung im Hochgebirge

Wandervorschlag

Lexikon: S. 143, Nr. 119

Allgemeines: Bergwanderung, die als Hauptziel den seit kurzem in Rohre gefaßten und nur noch an einigen wenigen Stellen offenen, aber noch immer sehr eindrucksvollen Klammwaal mit seiner Waalerhütte hat, aber auch landschaftlich sehr lohnend ist. Beim Auf- und Abstieg durchquert man schöne Lärchenwälder, kommt an einer Alm vorbei, und oben auf der Hochfläche des Atzbodens mit seinen kargen Weideböden bietet sich eine prachtvolle Rundsicht zum Similaun, zu den Hochgipfeln des Ötztaler Hauptkammes über dem Pfossental, zur Texelgruppe und zu den Schlandrauner Bergen.

Die Route in Kurzform: Schmiedhof im Schnalstal–Gurschlhof–Waalerhütte am Atzboden und Klammwaal–retour.

Wegverlauf: Vom Schmiedhof im Schnalstal (1401 m; er liegt nur wenig außerhalb von Unser Frau) der Mark. 27 folgend auf schönem Wald- und Wiesenweg ostwärts hinauf zum Gurschlhof, dann empor zu einer Tschött unweit der Gurschlalm, weiter durch die Lärchenbestände (stets Weg 27) zur Baumgrenze (wobei man meist dem aufgelassenen bzw. verrohrten Waal folgt), über freie Hänge empor zur Waalerhütte (2377 m) am Atzboden und den mit Steinplatten abgedeckten Waal entlang hinüber zu einem Jöchl mit schöner Aussicht (2425 m; die Senke wird Klamm genannt); ab Schmiedhof 2½ bis 3 Std. — Von der Klamm kann noch in ebener Wanderung dem Waalverlauf beliebig weit gefolgt werden (bis zur Waalfassung am Grafbach ca. ¾ Std.), auch die leicht ansteigende Wanderung ostwärts zum Höchstpunkt des Atzbodens (2494 m; knapp ½ Std.) ist zu empfehlen. — Der Abstieg erfolgt dann wieder auf dem beschriebenen Aufstiegsweg, ca. 2 Std.

Höhenunterschied: 1024 m.

Gesamtgehzeit: ca. 4½ Std.

Orientierung und Schwierigkeit: leichte und problemlose Bergwanderung; etwas Gehtüchtigkeit und Bergerfahrung notwendig, ebenso Bergbekleidung.

Wanderkarten 1:50.000: Freytag-Berndt, Blatt S 2 (Vinschgau – Südliche Ötztaler Alpen); Kompaß, Blatt 52 (Vinschgau).

Dreißig Sommer lang hauste der Waaler da oben in der einfachen Hütte auf fast 2400 m Höhe am Atzboden, dreißigmal stieg er im Frühsommer, wenn die Wiesen und Felder von Gfall und Gurschl die letzten Tropfen Schmelzwasser längst aufgesogen hatten und nach neuem Wasser dürsteten, hinauf zur Gurschlalm, weiter zum Bildstöckl mit dem heiligen Martin und zu seiner Steinhütte. Hier rastete er kurz, ging dann neben dem Waal über die Steinböden der Klamm hinüber zu einem Jöchl und schaute hinein zu den Gletschern des Similaun im obersten Graftal, wo er am tosenden Fernerbach den Waal einkehren sollte. Aber oft genug war da nichts einzukehren, der Waal lag selbst Ende Juni noch tief unter dem Schnee. So blieb dem Waaler nichts übrig, als in seiner Hütte Waalhaue und Schaufel zu holen und den Waal freizuschöpfen bis ganz hinein zum Bach. Mühsam war diese Arbeit und schwer, sie ging lang-

Verrohrt und zugedeckt: der Klammwaal

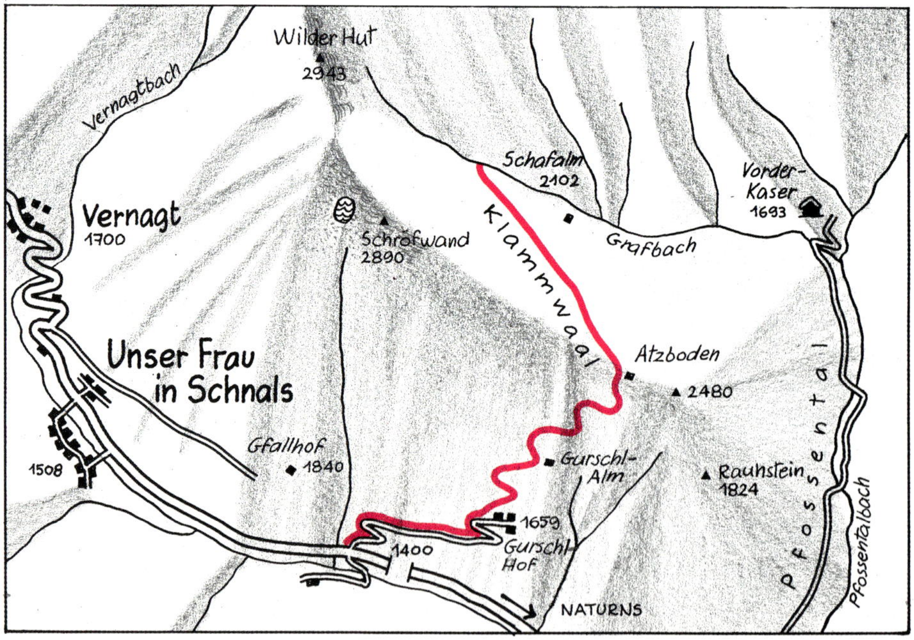

sam voran, besonders, als der Waaler seine besten Jahre schon längst hinter sich hatte. Aber schließlich war es doch soweit. Vielleicht noch am gleichen Abend, vielleicht erst am nächsten oder übernächsten, saß er dann lange vor seiner Hütte, lauschte dem Rauschen des Waalwassers und dem Klang der Waalglocke und wußte, daß unten die Leute auf Gfall und Gurschl mit ihm so zufrieden sein würden wie er hier heroben mit der Welt.

Diese Welt war nichts anderes als das leicht trübe Gletscherwasser vom Grafferner, das er, der Waalhirt vom Klammwaal, den Menschen, dem Vieh, den Wiesen und den Feldern hinunterschickte, das Wasser, das Leben und Überleben bedeutete, das wichtiger und notwendiger war als fast alles andere.

Doch als dann 1978 der Tod dem Waaler seine Waalhaue aus der Hand nahm, da fand sich keiner mehr, der sich in den Klammwaal verlieben und mit ihm das halbe Leben teilen wollte. Und so kam es, daß eines Tages ein Hubschrauber lange Kunststoffrohre zur Klamm hinaufflog, Rohre, die dann im Waal unter Geröll und Steinplatten ebenso rasch verschwanden wie der Waal selbst.

Seither hat das Schneeschaufeln ein Ende, es ist nicht mehr notwendig, daß jemand da oben in der einsamen Berghütte haust, und das Wassern auf den steilen Wiesen von Gurschl und Gfall haben Beregner übernommen. Aber seither hört man auch die Waalschelle nicht mehr, und es gibt — abgesehen von ein paar wenigen Stellen — keinen Wasserlauf mehr, an dem der Wanderer, das Weidevieh und die Wildtiere den Durst löschen könnten, mag es in den versteckten Rohren unter den Steinplatten auch noch so verheißungsvoll sprudeln und rauschen. Nur noch die kunstvoll geschichteten Steinmauern sind geblieben, über die einst die Holzkandeln führten, und da und dort hangabwärts ein Stück des gepflasterten und von Steinplatten gesäumten Erdkanals — der Klammwaal ist zum Denkmal erstarrt.

Noch intakt: Seitenast des Klammwaales bei der Gurschlalm

Ausgedient: die Waalerhütte am Atzboden (2377 m)

21 Der Happichlerwaal

Der unterste, der dem Zielbach Wasser „abluchst“

Dem aus dem Herzen der Texelgruppe kommenden Zielbach, der ober Partschins seinen berühmten Wasserfall bildet, ergeht es nicht anders als allen anderen Vinschgauer Seitenbächen. Auch er wird für die Bewässerung angezapft, wo es nur irgend möglich ist.

Der großartigste und beeindruckendste Waal aus dem Zieltal war wohl der Sonnenberger Waal, doch an die Stelle der starken, durch die wilden Steilflanken führenden Holzkandeln ist jüngst eine Rohrleitung getreten. Dasselbe gilt auch für den Steinerwaal, den Dursterwaal und den Schönleitenwaal, während der an anderer Stelle beschriebene Partschinser Waal noch erhalten und sehr schön ist.

Unterster Waal des Zielbaches und Gegenstück zum Partschinser Waal ist jener, der westseitig etwa in Höhe der Stachelburg abgezweigt wird, dann zunächst als rauschender, erlengesäumter Bach bis gegen die Talstation der Gigglbergseilbahn und von da an dann als nahezu eben verlaufender Waal am Hangfuß weiter bis gegen den Happichlerhof führt, nach dem er benannt ist.

Der Waal dient der Bewässerung — oder genauer gesagt, der Beregnung — der Obstgüter rund um Rabland, die sich auf der Westseite des breiten Zielbach-Schuttkegels ausbreiten. Er ist nicht lang und hat auch nichts an Atemberaubendem an sich, aber er ist ein sehr idyllischer Waal. Weißstämmige Birken, bunte Blumen und artenreiches Gebüsch säumen das still dahinmurmelnde Wasser, da und dort lädt eine Bank zum Verweilen ein, und die Leute, die sich den Waalweg für ihren Spaziergang ausgewählt haben, sind meist solche, die diese Idylle nicht stören, Leute die wissen, um wieviel mehr diese schlichte Stille zu schenken vermag als so manche marktschreierisch angebotene „Erholungszone“.

So schmettert hier denn auch noch die Mönchsgrasmücke — die keine Mücke ist, sondern ein kleiner scheuer Vogel mit rostroter oder schwarzer Kopfhaube und besonders kräftiger Stimme — ihre Strophen aus dem Versteck, schwirrt die in allen Farben schillernde Libelle über das Wasser, verharrt die grüne, meisterhaft getarnte Smaragdeidechse wie versteinert in der Hecke und läßt dich ganz nahe an sich herankommen, um dann wie ein Pfeil durch das laut aufrauschende Laub vom letzten Herbst irgendwo zu verschwinden.

Aber hier am Waal wohnen nicht nur Grasmücke, Libelle und Eidechse, sondern auch noch tausend andere Tiere, und wer sie zu beobachten versteht, wer in einem solchen Wasserlauf mehr zu sehen vermag als nur eine Wasserleitung zur Hebung der finanziellen Einnahmen, der wird auch erkennen, welche ökologische Bedeutung der „Lebensraum Waal“ besitzt und wieviel verlorengeht, wenn solche Lebensräume zerstört werden.

Smaragdeidechse am Happichlerwaal

Wandervorschlag

Lexikon: S. 144, Nr. 129

Kartenskizze: S. 92

Allgemeines: Hübsche Waalwanderung am Fuß des Rablander Sonnenberges, die vor allem deswegen lohnend ist, weil der Waal immer noch sehr natürlich erhalten ist. Aufgrund des schattigen und kurzen Wegverlaufs ist die Wanderung, die man eigentlich als Spaziergang bezeichnen kann, ebenso für heiße Sommertage wie für nicht besonders gehfreudige oder tüchtige Wanderer zu empfehlen.

Die Route in Kurzform: Rabland–Happichlerhof–Waal–Gigglbergseilbahn–Rabland.

Wegverlauf: Vom westlichen Dorfbereich von Rabland (525 m) auf schmaler Straße zwischen Häusern und durch Obstgüter in ca. 15 Min. nordwestwärts zu den Talstationen der Gruber- und der Rabenstein-Seilbahn und kurz hinauf zum westlichen Ende des Waales nahe dem Happichlerhof (580 m). Von da auf dem Waalweg in rund halbstündiger, ebener Wanderung ostwärts bis zur Talstation der Gigglberg-Seilbahn und dann wieder auf schmaler Straße in 20 Min. zurück nach Rabland.

Höhenunterschied: unbedeutend.

Gesamtgehzeit: ca. 1 Std.

Orientierung und Schwierigkeit: leicht und problemlos.

Wanderkarten 1:50.000: Freytag-Berndt, Blatt S 1 (Bozen – Meran und Umgebung); Kompaß, Blatt 53 (Meran).

Der Happichlerwaal bei Rabland

22 Der Partschinser Waal

Gab es ihn schon in der Römerzeit?

Im Gebiet von Partschins wäre es verlockend, nach Hinweisen dafür zu suchen, welche die von manchen Forschern vertretene Meinung bestätigen, daß der Ausbau der Waalsysteme wenn nicht von den Römern ins Land gebracht, so doch durch sie wesentlich vorangetrieben und verbessert worden sei. Denn kaum in einem anderen vergleichbaren Gebiet häufen sich bedeutende römische Denkmäler so wie hier. Denken wir nur an den Diana-Altar, den Grabstein des Eutropius und den Nemesis-Stein in Partschins, an den Meilenstein im nahen Rabland und den römischen Brückenkopf im ebenfalls nicht weit entfernten Algund. Aber so wie die in diesem Gebiet auch reichlich vorhandenen prähistorischen Stätten, bleiben uns auch die römischen Denkmäler den Beweis für römerzeitlichen Waalbau schuldig.

Da wir also auch hier in dieser Frage nicht weiterkommen, halten wir uns lieber an das Beweisbare, das uns in einer Urkunde aus dem Jahr 1427 entgegentritt. In ihr wird nämlich ein in Partschins wohnhafter „Wesrer", also ein Wässerer oder Waaler, erwähnt, und damit ist zumindest für diese Zeit künstliche Bewässerung belegt. Und aus anderen Quellen wissen wir, daß es die Stachelburger Grafen waren, die im 15. Jahrhundert unseren Partschinser Waal erbauen ließen. So gilt auch hier, was schon über die beiden westseitigen Schnalswaale gesagt wurde: Wenn unser Waal schon nicht 2000 oder noch mehr Jahre alt ist, so doch immerhin ein halbes Jahrtausend. All die Jahrhunderte her hat er seine Dienste getan, wurde vom Waaler und den Nutzungsberechtigten betreut und führte als Gegenleistung den Partschinser Wiesen das Wasser zu.

Bis in jüngste Zeit herauf lag in der Bewässerung die einzige Aufgabe des Waales; doch dann begann er auch ein wichtiger Teil der Fremdenverkehrseinrichtungen zu werden. Und da dies ihn vielleicht vor der Verrohrung gerettet hat und er mit seinen lichten Birkenhainen, den hübschen Ausblicken und der erhalten gebliebenen Natürlichkeit nach wie vor einer der schönsten Waale in der ganzen Umgebung Merans ist, kann man dagegen nichts einwenden.

Allerdings hat die Entwicklung vom reinen Bewässerungskanal zum bekannten Touristenwaal auch ihre Schattenseiten. Der Waalweg wird so stark abgetreten, daß er weit öfter und mit erheblich größerem Aufwand instand

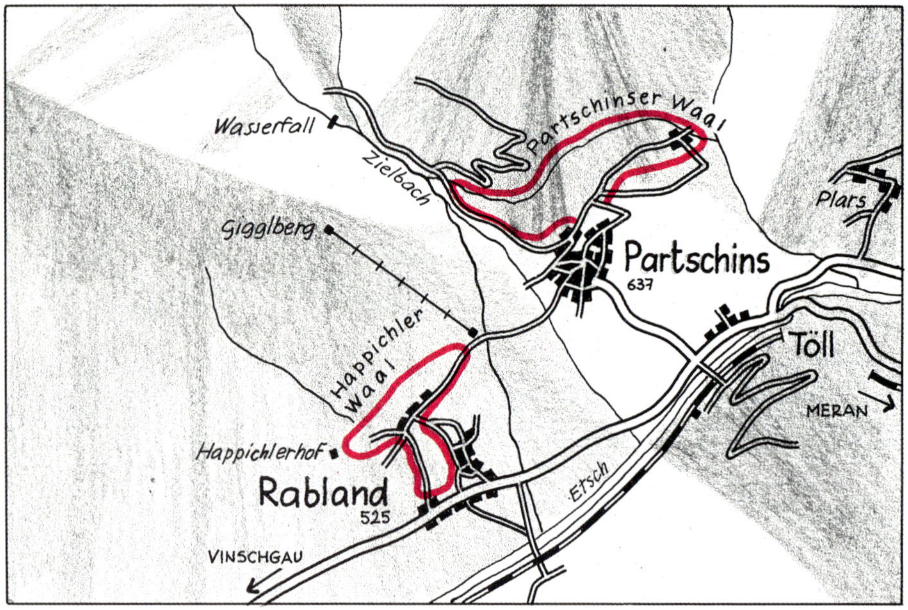

Wandervorschlag

Lexikon: S. 145, Nr. 135

Allgemeines: Außerordentlich schöne Waalbegehung auf gutem, markiertem Waalsteig, der die steilen Hänge oberhalb von Partschins vom Zielbach ostwärts durchquert und von reicher Vegetation gesäumt wird. Zusammen mit Auf- und Abstieg läßt sich die Begehung zu einer Runde schließen, die an die Kondition keine besonderen Ansprüche stellt. An freien Stellen bieten sich vom Waal aus schöne Ausblicke hinab auf Partschins und seine engere und weitere Umgebung.

Die Route in Kurzform: Partschins–Zieltal–Waalweg–Partschins.

Wegverlauf: Von Partschins (637 m) der Markierung 8 folgend auf dem schmalen Sträßchen hinauf ins Zieltal, bis beim mächtigen „Saltenstein" Wegweiser den Waalbeginn anzeigen (820 m); ab Partschins ca. 20 Min. — Nun auf dem Waalweg in ebener bis leicht absteigender Wanderung ostwärts bis zu einem talwärts führenden Weg (Wegweiser „Gasthaus Niedermair"; ab Waalbeginn knapp 1 Std.), auf diesem anfangs gepflasterten Weg kurz hinab und dann auf schmaler Straße zurück nach Partschins; ab Waalende knapp 20 Min.

Höhenunterschied: 183 m.

Gesamtgehzeit: knapp 2 Std.

Orientierung und Schwierigkeit: in jeder Hinsicht leicht und problemlos.

Wanderkarten 1:50.000: Freytag-Berndt, Blatt S 1 (Bozen – Meran und Umgebung); Kompaß, Blatt 53 (Meran).

Partschinser Waalweg mit Blick auf Partschins

gesetzt werden muß als früher, da er nur die Kontrollgänge des Waalers auszuhalten hatte, und dann gibt es unter den vielen Wanderern leider auch ab und zu solche — und es sind keineswegs immer nur Kinder — die irgendwelche Schäden anrichten.

Oft wird beklagt, daß man fast nirgends mehr die Waalschellen hören könne und führt dies auf das Sterben der Waale zurück, was im großen und ganzen ja auch zutrifft. Aber hier am Partschinser Waal mußte sie entfernt werden, weil sie von den Touristen einfach nicht in Ruhe gelassen wurde, von Leuten offenbar, die nicht wußten oder nicht wissen wollten, daß eine Waalschelle kein Spielzeug ist.

Etwas mehr Rücksicht und Vernunft täten also not, und dies keineswegs nur auf dem Partschinser Waal!

23 Algunder Waalweg

Begleitweg dreier Waale

Tappeinerweg und Algunder Waalweg, also der Höhenweg, welcher die von exotischen Bäumen, Ziergewächsen, Weinbergen und Obstgütern geprägten Hänge zwischen Segenbühel ober Meran und der Töll durchquert, gehören zu den beliebtesten Spazierwegen Merans. Zwar zählt niemand die Leute, die hier durch gemütliches Wandern Erholung suchen, aber es sind jährlich sicher viele Tausende.

Der Tappeinerweg, der uns hier nicht weiter beschäftigen soll, endet in Gratsch, und hier beginnt dann westwärts der Algunder Waalweg. Er ist nach der größten Ortschaft in diesem Bereich benannt, er heißt so von Gratsch bis ins Gebiet der Töll, und wer ihn geht, wird dies durchaus in Ordnung finden. Denn abgesehen von einer Stelle, an der man den Waal kurz verläßt und ein Stück bergan — oder je nach Gehrichtung bergab — steigt, um die Wanderung fortzusetzen, gibt es keinerlei Unterbrechungen.

Wer aber entlang der Wanderung die Einheimischen nach dem Namen des Waales fragen würde, bekäme nicht überall dieselbe Antwort. Sie würde im westlichen Abschnitt Plarser Waal lauten, im mittleren Algunder Waal und im östlichsten Gratscher Waal. Der Grund dafür liegt darin, daß der Waal an allen diesen drei Ortschaften in kleinerer oder größerer Entfernung vorbeifließt und vor allem, daß er für die Bewässerung ihrer landwirtschaftlichen Güter das Wasser liefert. Dieser Dreiteilung, von der, wie gesagt, eigentlich nur die Bauern wissen, entspricht auch die Baugeschichte des Waales, der nicht so wie andere große Waale in einem Zuge, sondern stufenweise angelegt wurde: zuert der Plarser Waal, dann als dessen Fortsetzung der Algunder Waal und schließlich als letzte Weiterführung der Gratscher Waal.

Die Plarser waren also die ersten, die von der Töll her das Wasser der Etsch auf ihre Felder leiteten, doch leider weiß man nicht, wann dies geschah. Man weiß nur, daß ihr Waal im fernen Jahr 1333 bereits bestand. Denn in diesem Jahr bestätigte König Heinrich, Sohn von Meinhard II. und Graf von Tirol, der Plarser Dorfgemeinschaft das Recht auf ihren bereits vorhandenen Wasserkanal und erlaubte den Algundern — mit Zustimmung der Plarser — den Waal bis auf ihre Güter zu verlängern.

Die Gratscher hingegen begnügten sich noch lange mit dem Wasser der in ihrem Gebiet vom Berg herabkommenden

Wandervorschlag

Lexikon: S. 145, Nr. 136

Allgemeines: Wollte man die Begehung des Algunder Waalweges (darunter ist hier der gesamte Waal von Plars bis Gratsch zu verstehen) zu einer Rundwanderung gestalten, müßte man für Zugang und Rückkehr längere Straßenmärsche in Kauf nehmen, weshalb hier empfohlen sei, von Gratsch auf dem Waalweg bis nach Plars zu wandern und wieder auf dem Waalweg zurückzukehren, sofern man für die Rückkehr nicht die örtliche Busverbindung oder eine andere Fahrmöglichkeit benützen will. Der teils unter Laubbäumen, teils durch Obst- und Weingüter führende Wahlweg ist einer der bekanntesten in der Umgebung Merans und wird dementsprechend viel begangen. Entlang des Weges ein paar Gasthäuser.

Die Route in Kurzform: Gratsch–Algunder Waal–Plars–retour.

Wegverlauf: In Gratsch, das von Meran herauf auf der Laurinstraße erreicht wird, bei einer scharfen Rechtskurve von der nach St. Peter führenden Straße westseitig ab (Wegweiser „Waalweg"; 370 m), zuerst kurz hinauf und dann auf dem nahezu ebenen Waalweg westwärts bis zum Grubbach bei Algund; hier kurz aufwärts und dann wieder in ebener Wanderung auf dem Waalweg weiter bis zum Ende des offenen Wasserlaufs unweit von Oberplars. Ab Gratsch ca. 1½ Std. — Von da wieder auf dem Waalweg in der gleichen Gehzeit zurück nach Gratsch.

Höhenunterschied: unbedeutend.

Gesamtgehzeit: ca. 3 Std. (kann auch beliebig verkürzt werden).

Orientierung und Schwierigkeit: in jeder Hinsicht leicht und problemlos.

Wanderkarten 1:50.000: Freytag-Berndt, Blatt S 1 (Bozen – Meran und Umgebung); Kompaß, Blatt 53 (Meran).

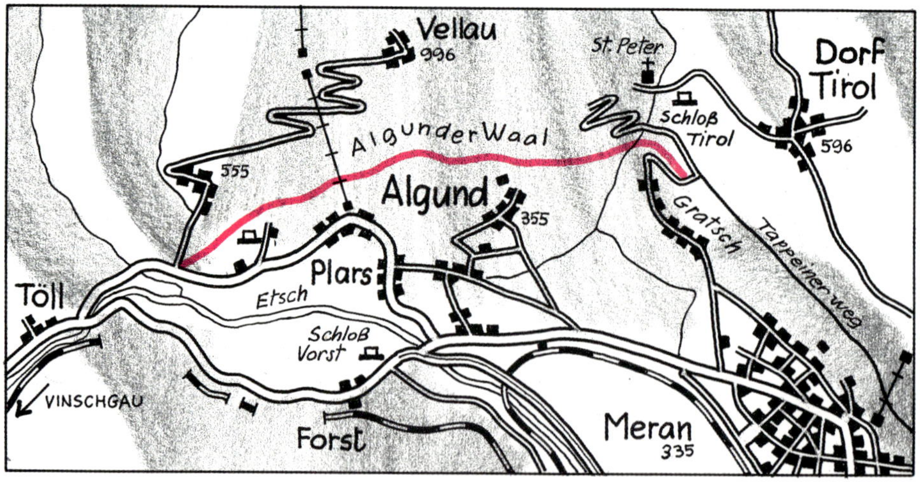

Der Algunder Waalweg; im Hintergrund die neue Algunder Pfarrkirche, dahinter Meran

Gräben, und erst 300 Jahre später erlaubte die Verlängerung des Algunder Waales auch bei ihnen die Bewässerung mit Etschwasser.

Diese Entstehungsgeschichte widerlegt demnach zum einen, daß der gesamte Waal erst 1333 erbaut wurde, wie dies manchmal zu lesen ist, da ja ein nicht unerheblicher Abschnitt von ihm damals bereits bestand und Heinrich den Plarsern ihre Wasserrechte nicht erst zu verleihen, sondern nur zu bestätigen brauchte, und zum andern wirft sie ein Licht auf die Frühgeschichte vieler Waale, von denen wir einen ähnlich stufenweisen Ausbau annehmen dürfen.

Der Wanderer von heute freilich merkt, wie erwähnt, von der Dreiteilung des Waales nichts, und es ist gewiß nicht ganz unberechtigt, wenn man ihn — zumindest aus touristischer Sicht und auch um Verwirrung zu vermeiden — in seiner Gesamtheit den Algunder Waal nennt, zumal man ihm die drei Bauphasen ja nicht ansieht und man auch nicht merkt, ob man sich etwa noch auf Plarser oder bereits auf Algunder Grund bewegt. Aber ein wenig Bescheid zu wissen schadet nichts, und sei es auch nur, um einem Bauern nicht widersprechen zu müssen, wenn er behauptet, dies hier sei etwa der Plarser und nicht der Algunder Waal.

24 Der Kuenser Waal

Der letzte Wasserkanal des Finelebaches

Der zwischen Dorf Tirol und Kuens herabtosende Finelebach hat seinen Ursprung oben bei den berühmten Spronser Seen, die aber nicht nur berühmt sind und die größte Bergseenplatte Südtirols bilden, sondern auch für das Leben der Menschen eine wichtige Rolle spielen.

Einerseits sind diese zehn Bergseen für den Fremdenverkehr von Meran und Umgebung ein nicht unbedeutender Wirtschaftsfaktor, und zum anderen — und hauptsächlich dies ist es, was uns hier interessiert — sind sie für den Wasserhaushalt ungefähr das, was anderswo Gletscher sind: Sie sammeln am Ende des Winters das Schmelzwasser der umliegenden Bergflanken und speichern es, um es dann den ganzen Sommer über gleichmäßig dem Finelebach weiterzugeben.

Das macht diesen bereits im 8. Jahrhundert schriftlich erwähnten Wildbach zu einem verläßlichen Wasserspender für die Leute, die sich in seiner Nähe niedergelassen und es verstanden haben, sich sein Wasser nutzbar zu machen. Und verstanden haben sie es! Während sie oben die Speicherkraft der zwei größten Spronser Seen durch zusätzliche Abdämmung erhöhten, zapften sie den Finelebach an verschiedenen Stellen rechts und links an. Die Dorf Tiroler, die Kuenser und die Riffianer, alle bauten sich lange Wasserwaale durch die Steilhänge des Spronser Tales zu ihren Wiesen und Höfen, und wenn sie auch dem landesfürstlichen Grundherrn auf Schloß Auer für „sein" Wasser zinsen mußten, so war das immer noch weniger arg als auf das wertvolle Spronser Wasser zu verzichten.

An all dem hat sich bis heute im Grunde nichts geändert, denn der Finelebach gibt auch heute noch bereitwillig rechts und links sein Wasser ab. Doch die Form, in der er das tut, hat sich leider schon geändert. Nahezu alle Waale sind heute nämlich durch Rohrleitungen ersetzt, und nur der höchste, der Kuenser Waal, ist noch so, wie ihn die Alten erbaut haben. Ganz von der Verrohrung ist zwar auch er nicht verschont geblieben, aber sie betrifft nur seinen letzten, glücklicherweise recht kurzen Abschnitt. Der ganze übrige bis hinein zum Finelebach unter dem Longfallhof ist ein Wasserlauf, der so durch die üppige Vegetation, durch den Waldboden und um Felsrippen herum fließt, als

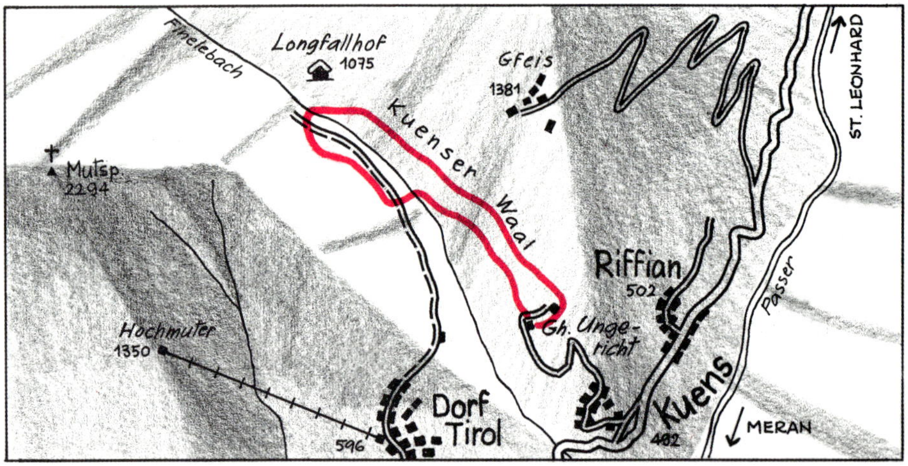

Wandervorschlag

Lexikon: S. 145, Nr. 138

Allgemeines: Bei dieser schönen Waal-Rundwanderung wird zuerst der wasserführende Kuenser Waal begangen und dann auf dem Westteil des aufgelassenen Riffianer Waales zum Ausgangspunkt zurückgekehrt. Wegen der Unberührtheit des Gebietes mit seiner artenreichen Vegetation ist die Wanderung vor allem dem Naturfreund zu empfehlen. Außerdem bietet sie stellenweise eine zwar etwas begrenzte, aber doch schöne Aussicht. Am Kuenser Waal trifft man auf ein paar hübsche Erdpyramiden, während am Gasthaus „Ungericht" ein mächtiger Schalenstein zu besichtigen ist. Die Wanderung ist auch an heißen Sommertagen angenehm.

Die Route in Kurzform: Gasthaus „Ungericht" oberhalb Kuens–Mutlechnerhof –Kuenser Waalweg–Spronser Tal–Riffianer Waalweg–Gh. „Ungericht".

Wegverlauf: Anfahrt von der Passeirer Straße zwischen Meran und Riffian hinauf nach Kuens und weiter bis zum Gasthaus „Ungericht" (770 m). Von da zu Fuß auf der schmalen Straße in ca. 10 Min. hinauf zum Mutlechnerhof (837 m), dann auf dem markierten Fußweg in weiteren rd. 15 Min. hinauf zum Kuenser Waalweg (in den Karten „Oberer Waalweg") und auf diesem nahezu eben in schattiger Wanderung durch die Hänge hinein bis zur Waalfassung am Finelebach (1020 Meter; ca. 15 Min. höher Einkehrmöglichkeit am Longfallhof); ab Gasthaus „Ungericht" knapp 1½ Std. — Von der Waalfassung dann über die Bachbrücke, orographisch rechts auf dem breiten Weg rund 10 Min. talab, dann scharf links ab, wieder hinein zum Bach und jenseits auf dem Riffianer Waalweg in ebener Waldwanderung hinaus zum Gasthaus „Ungericht"; ab Kuenser Waalfassung gut 1 Std.

Höhenunterschied: 250 m.

Gesamtgehzeit: ca. 2½ Std. (Teilzeiten siehe oben).

Orientierung und Schwierigkeit: in jeder Hinsicht leicht und problemlos; die Wege gut markiert und beschildert.

Wanderkarten 1:50.000: Freytag-Berndt, Blatt S 1 (Bozen – Meran und Umgebung); Kompaß, Blatt 53 (Meran).

Der Kuenser Waal, ein Juwel unter den Waalen rund um Meran

ob ihn nicht der Mensch, sondern die Natur selbst geschaffen hätte.
Nur da ein altes Holzgeländer, dort eine moosüberwachsene Trockenmauer oder draußen, wo die Erosion die Eiszeitmoräne angenagt und ein paar hübsche Erdpyramiden geschaffen hat und der Waal ein Stück unterirdisch verläuft, lassen erkennen, daß der Wasserlauf Menschenwerk ist.

Freilich, der Tiroler und der Riffianer Waal waren genauso schön und letzterer sogar doppelt so lang. Deshalb kann man nur bedauern, daß von den ehemaligen Waalen des Finelebaches nur noch der Kuenser Waal übriggeblieben ist. Doch trösten wir uns damit, daß zumindest er nicht nur die letzten Jahre, sondern all die vergangenen Jahrhunderte überlebt hat, die lange Zeit seit dem Jahr 1534, aus welchem jene vielzitierte Kuenser Waalordnung stammt, in der es heißt, daß es den Frauen bei fünf Pfund Berner Strafe verboten sei, im Waal vor Sonnenaufgang Wäsche zu waschen oder gar — und dies galt wohl für jedermann und für jede Tages- und Nachtzeit — „unsauberes Geschlenz oder Prunzkachl darein zu schitten".

25 Der Verdinser Waal

…und die Bewässerungsgeschichte von Schenna

Es mag schon zutreffen, daß die ersten Waale unseres Landes im Vinschgau entstanden, doch den ersten schriftlichen Nachweis für künstliche Bewässerung liefert uns eine Meraner Urkunde aus dem Jahre 1227, in der von der Schenkung von Wasserrechten im Gebiet von Rametz die Rede geht. Und dies ist kein Einzelfall; denn von da an tritt uns das Waalwesen des Burggrafenamtes in den Urkunden recht häufig entgegen, so daß zu vermuten ist, daß es auch hier im 13. Jahrhundert bereits eine längere, wenn nicht gar schon sehr alte Tradition gab, wie dies auch die Erwähnung des Maiser Waales im Jahre 1241, wenig später des Purnwaales auf der gegenüberliegenden Talseite sowie verschiedene andere Nennungen aus dieser Zeit andeuten.

Unser Verdinser Waal hingegen wurde erst 1733 erbaut, was allerdings nicht heißt, daß es in der Gegend von Verdins und Schenna nicht auch schon vorher Waale gegeben hätte. Denn das Dorfbuch von Schenna verzeichnet immerhin schon 1591 Mühlrechte, die mit einem Wasserwaal verbunden waren, auch wenn es sich bei diesem so wie bei einer Reihe anderer, bis vor nicht allzu langer Zeit vorhanden gewesener Waale um bedeutend kleinere Wasserführungen gehandelt hat, als der Verdinser Waal es ist, der von seiner Fassung im Masultal bis zu seiner Mündung in den Naifbach immerhin eine Länge von nahezu acht Kilometern aufweist.

Die späte Erbauungszeit dieses Waales ist also kein Hinweis darauf, daß die Bewässerung im Burggrafenamt wesentlich später eingesetzt hätte als anderswo, sondern nur darauf, daß eben der Ausbau der Waale sich im Laufe der Zeit weiterentwickelt hat, was wir ja auch im Vinschgau vielfach beobachten können, wenngleich gesagt werden muß, daß dort die großen Waale zu einem guten Teil doch früher erbaut wurden als hier in unserem Gebiet.

Wer nun heute einen acht Kilometer langen Verdinser Waal sucht, tut sich etwas schwer, denn hier so wie sonst überall haben sich die Waale wieder gewaltig zurückentwickelt, und so ist auch unser Waal streckenweise verrohrt, und sein Waalweg, der so äußerst beliebt ist und viel begangen wird, ist im wesentlichen nur die rund zwei Kilometer lange Strecke zwischen der Talstation der Taser-Seilbahn und Sankt Georgen. Damit kann sich der Wanderer kaum ein rechtes Bild von der Länge des gesamten Waales und vor allem von der gewaltigen Arbeitsleistung machen, die der Bau, besonders an den Steilflanken des Masulbaches, erforderte.

Aber zumindest eine Ahnung davon vermittelt der für den Fremdenverkehr offengelassene Waalabschnitt doch, besonders da, wo die Wasserführung als kleiner Stollen die Felsen durchbricht oder — kurz darauf — neben den Stufen der „Katzenleiter" recht abenteuerlich als „fliegende Leitung" den Schnuggenbach überquert.

Und so betrachtet, spielt es dann auch gar keine Rolle mehr, daß der Waal erst im 18. Jahrhundert erbaut wurde, denn den Menschen von damals stand ja auch nicht besseres Werkzeug zur Verfügung als denen früherer Jahrhunderte; und weniger schwierig und gefährlich war die Arbeit auch nicht.

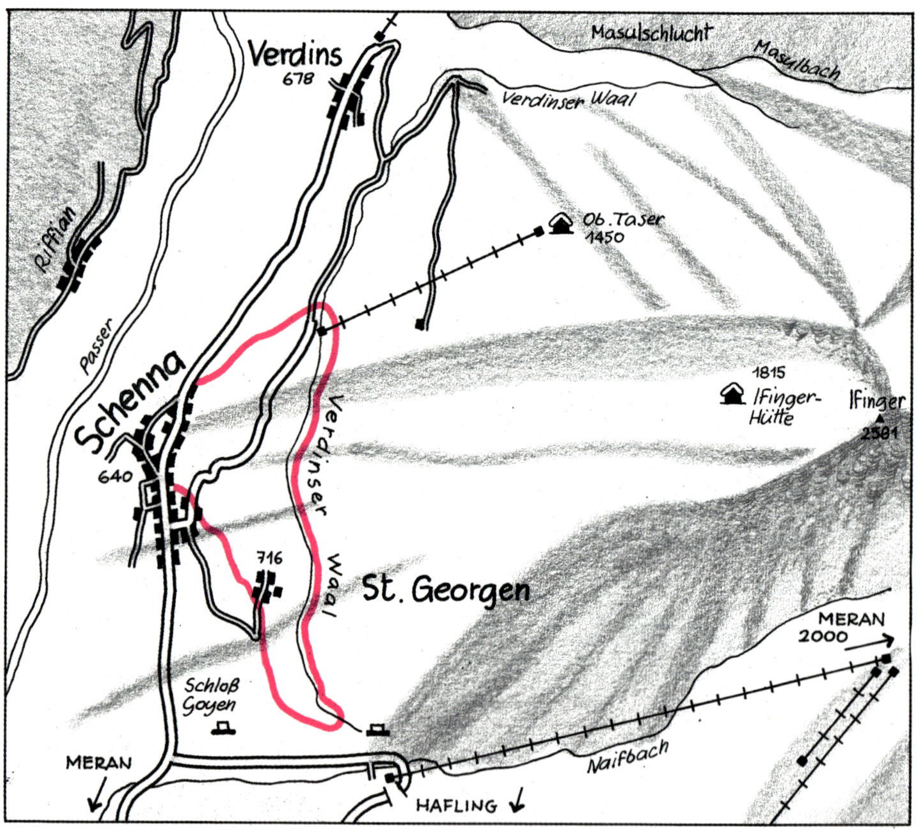

Wandervorschlag

Lexikon: S. 147, Nr. 142

Allgemeines: Sehr schöne Rundwanderung mit Schenna als Ausgangs- und Endpunkt. Sowohl der Aufstieg zum Waal als auch der Abstieg erfolgen großteils abseits der Straßen durch Wiesen und Obstanlagen. Der Waalweg führt neben dem wasserführenden, fast zur Gänze offenen und naturbelassenen Kanal teils durch Nadel- und Laubwald, teils durch schöne Kastanienbestände, teils durch Obstgüter. Er zählt zu den meistbegangenen Wanderwegen im Raum Meran. Die nachfolgend beschriebene Rundwanderung kann auch abgekürzt werden, indem bereits vor dem Ende des Waales auf einem der abzweigenden Wege nach Schenna abgestiegen wird. Entlang des Waalweges bieten sich immer wieder schöne Ausblicke über den Meraner Stadtkessel und zu den Ultner Bergen.

Die Route in Kurzform: Schenna–Gasthaus „Prünster"–Waalweg–St. Georgen–Schenna.

Wegverlauf: In Schenna (640 m) zunächst zum Nordrand des Dorfes und dann den Wegweisern „Waalweg" folgend großteils auf alten Fußwegen durch Obstgüter durchwegs nur mäßig ansteigend, vorbei an Häusern und Höfen, hinauf zum Gasthaus „Prünster" an der nach Verdins führenden Straße, wo der Waalweg beginnt (850 m); ab Schenna gut ½ Std. — Nun auf dem markierten Waalweg zunächst in nahezu ebener Waldwanderung südwärts, dann über die Steinstufen der „Katzenleiter" hinab in einen Bachgraben, hierauf wieder eben weiter, kurz vor einem Hof erneut kurz abwärts, dann wieder eben in längerer Wanderung zur Gsteirer Straße und nach deren Überquerung auf dem Waalweg (hier ist der Waal aufgelassen) weiter bis zu Wegweisern, wo die Waalwanderung endet; ab Gasthaus „Prünster" knapp 1½ Std. — Nun scharf rechts ab, auf schönem Feldweg durch Wiesen und Obstgüter hinab und zuletzt kurz auf der Straße leicht ansteigend nach St. Georgen (716 m). Von da auf gutem Fußweg (Wegweiser „Schenna") nordwestwärts durch Wiesen hinunter nach Schenna; ab Waal ca. ¾ Std.

Höhenunterschied: 210 m.

Gesamtgehzeit: ca. 3½ bis 4 Std.

Orientierung und Schwierigkeit: in jeder Hinsicht leicht; markierte und beschilderte Wege.

Wanderkarten 1:50.000: Freytag-Berndt, Blatt S 1 (Bozen – Meran und Umgebung); Kompaß, Blatt 53 (Meran).

25

Wenn wir uns hier mit der Geschichte der Bewässerung und der Waale in der näheren und weiteren Umgebung von Schenna befaßt haben, so muß noch angefügt werden, daß es nicht immer nur die schriftlichen Quellen allein sind, die uns einen Einblick in die Vergangenheit gewähren. Viele Waale, und so auch der Verdinser Waal und seine kleineren „Brüder", liefern dem aufmerksamen Beobachter schon durch ihre Anlage bereits Anhaltspunkte für eine „relative Chronologie".

Am Schnuggenbach fällt uns etwas auf, das auf den ersten Blick recht rätselhaft erscheint: Hier gibt es einerseits Waale, die am Bach beginnen, und andererseits überquert der Verdinser Waal den Bach, ohne dessen Wasser zu nutzen. Der Grund für diesen seltsamen Umstand ist einfach der, daß beim Bau des Verdinser Waales die Nutzungsrechte am Schnuggenbach bereits anderen Waalbesitzern gehörten, und dies wiederum bedeutet nichts anderes, als daß der große Waal aus dem Masultal jüngeren Datums ist, als etwa der Fünfzehnerwaal oder die Tschifonwaale.

Eine ähnliche „relative Altersbestimmung" ist aber oft auch anhand des Namens „Neuwaal" möglich, der leicht erkennen läßt, welcher von zwei benachbarten Waalen der ältere ist. Und genau das trifft auch beim Verdinser Waal zu. Denn er hieß ursprünglich Neuwaal und wird von den Bauern auch heute noch oft so genannt.

So können Bauweise und Name eines Waales durchaus die eine oder andere Frage beantworten, und der Verdinser Waal bietet ein besonders gutes Beispiel hiefür.

Der Verdinser Waal bei Schenna

26 Der Marlinger Waal

Längster aller Südtiroler Waale

Über die Erbauungsgeschichte des Marlinger Waales, der mit seinen zwölf Kilometern als längster Waal Südtirols gilt und der auch einer der bekanntesten und meistbegangenen ist, sind wir recht gut informiert, liegt sie doch im Vergleich zu anderen Waalen nicht allzu lange zurück, nämlich 250 Jahre.

Angeregt wurde der Bau von den Kartäusermönchen in Schnals, die in der Marlinger Gegend den Gajenhof und mit diesem ausgedehnte Weingüter besaßen, die einer intensiveren Bewässerung bedurften. Die Kartäuser boten sich zwar an, den Bau des Waales allein durchzuführen, doch die Marlinger wollten sich ebenfalls daran beteiligen, wohl um sich Wasserrechte zu sichern, und da der Waal dann größer ausfiel als von den Kartäusern ursprünglich geplant gewesen war, kam er auch wesentlich teurer; statt der veranschlagten 12.000 Gulden soll er 100.000 Gulden gekostet haben. Und wie immer, wenn es ums Geld geht, kam es auch zwischen den Marlingern und den Kartäusern zu Reibereien; aber schließlich trug der Waal doch die erwünschten Früchte, und der Unmut der Bauern, die für seinen Bau so tief in die Tasche hatten greifen müssen, legte sich.

Freilich, so einfach von heute auf morgen ging das alles nicht. Vielmehr dauerte der Bau des Waales von der Töll bis nach Lebenberg — das letzte Stück von da bis zum Raffeingraben bei Oberlana wurde später noch angehängt — von 1737 bis 1756, also ganze 19 Jahre, und nach seiner Fertigstellung hat es sicher auch noch lange gedauert, bis sich das teure Etschwasser bezahlt machte. Aber der Aufwand und alle die Schwierigkeiten, die sich beim Bau in den Weg gestellt hatten, waren eines Tages vergessen, lieferte doch nun die Etsch Wasser zur Genüge für alle und nicht nur für den Gajenhof der Mönche von Allerengelberg.

Wer sich nun mit der Bewässerung dieses Gebietes befaßt, wird feststellen daß man sich auch schon viel früher zu helfen wußte und das Wasser der Bäche, die vom Marlinger Berg herabfließen, zu nutzen verstand. Und in einer Urkunde aus dem Jahr 1385 geht sogar die Rede von einem Waal, der vom Vorstbach zu den Höfen der „Äußeren Gegend" am Eingang ins Ultental geführt habe.

Nun liegt Schloß Vorst unweit der Töll, und die genannten Höfe befinden sich unweit von Oberlana. Haben wir also in

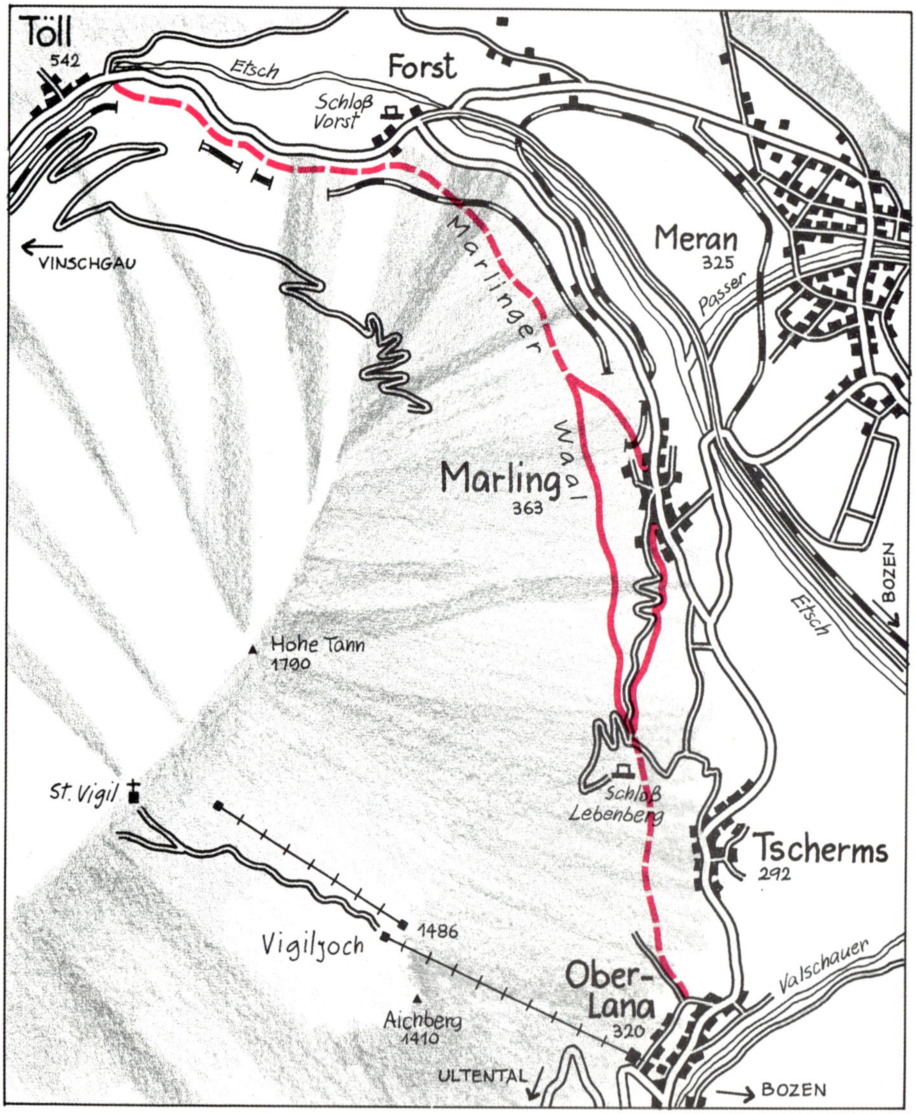

Der Marlinger Waal

26

dem 1385 genannten Waal einen Vorgänger des Marlinger Waales vor uns? Wenn ja, dann wäre das in waalgeschichtlicher Hinsicht eine kleine Sensation und es würde bedeuten, daß man 1737 nur einen bereits seit langem bestehenden Waal ausgebaut hätte.

Zwar kann es durchaus sein, daß man beim Bau des Marlinger Waales da und dort schon vorhandenen kleineren Waalen folgen konnte, aber mit jenem von 1385 hat er nichts zu tun. Denn der hier erwähnte Vorstbach ist nicht im Bereich von Schloß Vorst zu suchen, sondern es handelt sich bei ihm um den Bach, der von Pawigl zur „Äußeren Gegend" herabfließt, also sich nicht am Beginn, sondern am Ende des Marlinger Waales befindet.

So ist es mit der kleinen Sensation leider nichts, aber als längster Waal Südtirols und als einer der schönsten hat es der Marlinger Waal auch gar nicht nötig, mit neuen Lorbeeren bekränzt zu werden. Viel wichtiger ist, daß er noch immer in Betrieb ist und hoffentlich auch bleiben wird.

Wandervorschlag

Lexikon: S. 147, Nr. 148

Allgemeines: Wer den gesamten, 12 km langen Marlinger Waal begehen will, beginnt die Wanderung bei der Töll (Wegweiser „Waalweg") und beendet sie nach 4 bis 5 Std. in Oberlana, von wo mit Bus oder einer anderen Fahrgelegenheit wieder zur Töll zurückgekehrt wird. Diese Wanderung vermittelt den besten Eindruck von der Länge und Großartigkeit dieses Waales, sie ist dank des gut instand gehaltenen Waalweges leicht und problemlos, verlangt aber ein gewisses Maß an Gehtüchtigkeit. Für den weniger Ausdauernden und vor allem für den Liebhaber einer Rundwanderung wird hier hingegen nur die Begehung des mittleren Waalabschnittes mit Ausgangs- und Endpunkt Marling vorgeschlagen.

Die Route in Kurzform: Marling–Waldschenke–Waalweg–Schloß Lebenberg–Marling.

Wegverlauf: Von der Marlinger Ortsmitte (363 m) der Markierung 32 folgend zuerst auf einer Straße und dann auf einem Fußweg nordwestlich zwischen Häusern und durch Obstgüter in ca. 20 Min. hinauf zum Waal, der nahe der „Waldschenke" betreten wird (475 Meter). Dann auf seinem Begleitweg in ebener Wanderung mit schönen Ausblicken auf Marling, Meran und das Etschtal südwärts. Man kommt am Gasthaus „Waalheim" vorbei, wo eine Straße überquert wird (hier bereits Abstieg nach Marling möglich), wandert dann oberhalb von St. Anton durch (auch hier kann der Waal verlassen werden) und gelangt schließlich zu der nach Schloß Lebenberg führenden Straße, an der wir die Waalwanderung beenden; ab Beginn gut 1 Std. — Hier nun kurz hinab und dann links auf der nach Marling führenden Höhenstraße, an St. Anton vorbei, in knapp ¾ Std. zurück zum Ausgangspunkt.

Höhenunterschied: 112 m.

Gesamtgehzeit: ca. 2 bis 2½ Std.

Orientierung und Schwierigkeit: leicht und problemlos; Wege markiert und beschildert.

Wanderkarten 1:50.000: Freytag-Berndt, Blatt S 1 (Bozen – Meran und Umgebung); Kompaß, Blatt 53 (Meran).

Marling bei Meran, vom gleichnamigen Waal aus

Der Matatzwaal in Passeier 27

Er steht den Vinschgauer und Meraner Waalen in nichts nach

Der Weiler, dessen Höfe weit verstreut an der Westseite des Passeiertales hoch über St. Martin kleben, heißt Matatz. Die Wiesen hier sind steil, das Gelände von Gräben zerschnitten, und man kann sich nur verwundert fragen, was einst die Menschen bewogen hat, sich hier heroben in der Einöde anzusiedeln.

Bekanntlich führte im Mittelalter so etwas wie Überbevölkerung dazu, aber völlig menschenleer war die Gegend offenbar auch vorher nicht. Zumindest deutet dies einmal die Urzeitstätte Tratlegg an und zum andern der Weilername, der aus dem romanischen *montaciu* abzuleiten ist und soviel wie „rauher, schlechter Berg" bedeutet.

Der „Berg" von Matatz ist aber nicht nur hoch und rauh, in Trockenzeiten hatte er auch stets unter Wassernot zu leiden. Und weil das Passeier zwar nicht ganz so niederschlagsarm ist wie der Vinschgau, aber eine ähnlich ausgeprägte Bewässerungstradition besitzt, verwundert es nicht, daß sich die Matatzer Bauern eines Tages nicht mehr mit dem spärlichen Wasser der durch die wilden Gräben abfließenden Rinnsale begnügten, sondern — es soll vor rund 120 Jahren gewesen sein — jenen fünf Kilometer langen Waal bauten, der hinter dem Matatzkamm hoch über dem mittleren Passeiertal und über St. Leonhard bei der Ulfaser Alm beginnt und von dort, um den ganzen Berg herum, zu den Wiesen von insgesamt zwölf Matatzer Höfen führt.

Im Landschaftsbild fällt nun dieser Waal nicht so auf wie mancher Vinschgauer Waal, denn er zieht nicht durch baumlose Steppenhänge, sondern großteils durch schöne Lärchen- und Fichtenwälder. Doch abgesehen davon ist hier alles wie in der klassischen „Waalheimat". Der Matatzwaal ist genauso sorgfältig und fachkundig angelegt wie die Vinschgauer und Meraner Waale,

Der Matatzwaal im Passeiertal

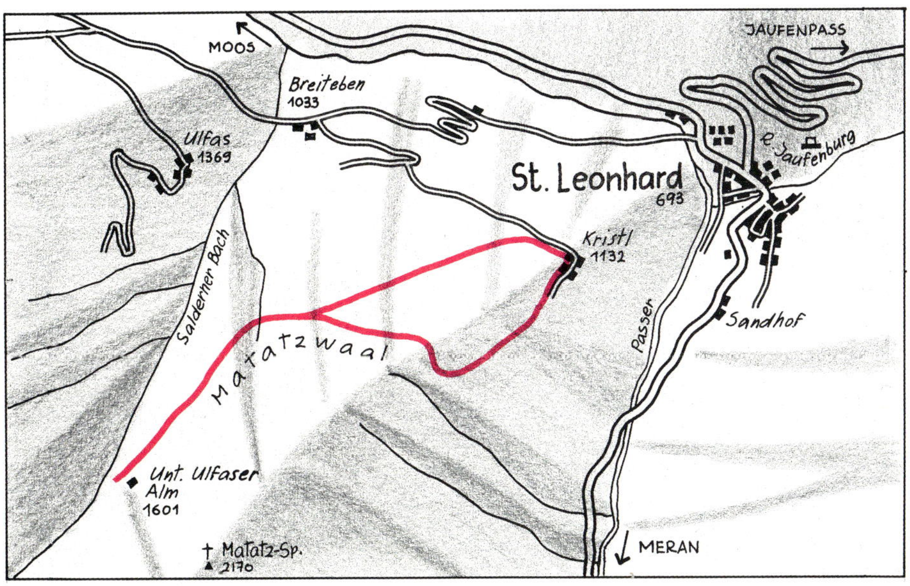

27

Auf der Ulfaser Alm im Passeiertal: der Matatzwaal

ein Stück verläuft er als Kandelwaal durch felsiges und sehr abschüssiges Gelände, und auch er besitzt einen guten, heute sogar markierten Waalweg. Und damit nicht genug. Dort nämlich, wo der Waal eine schöne Wiesenschulter erreicht, steht die Waalerhütte, in der der Waalaufseher zusammen mit seiner Frau den Sommer verbringt und nach dem Rechten sieht, und unweit der Hütte tut der in gleichmäßigem Rhythmus auf ein Schaufelblech schlagende Waalhammer weithin kund, daß mit dem Wasser alles in Ordnung ist. Wo der Waal kurz darauf dann steil bergab zu den Matatzer Wiesen führt, ist er sorgfältig gepflastert und plattengesäumt, damit das Wasser schön seinen Lauf gehen und den Boden nicht anfressen kann, und schließlich werden unten die Wiesen mit dem Waalwasser teilweise schon beregnet, teilweise aber auch noch nach der alten Methode berieselt, genau nach den alten Rechten und Pflichten, die in dem beim Lahnerhof verwahrten Waalbrief niedergeschrieben sind.
Wenn man nun hört, daß von allen Passeirer Waalen — um 1960 sollen es noch über 50 gewesen sein — in den letzten zwanzig Jahren die meisten aufgelassen oder durch Rohrleitungen ersetzt wurden und man heute nicht einmal mehr ein halbes Dutzend wasserführende zusammenbringt, dann könnte man auch um den Fortbestand des Matatzwaales bangen. Doch dazu gäbe es keinen Grund, sagte uns im Sommer 1985 die Frau des Waalers beim hellen Klang des Waalhammers, denn obwohl der Waal auf seinem langen Weg vom Salderenbach heraus viel Wasser verliere und daher besonders in Trockenzeiten eine Rohrleitung vorteilhaft wäre, werde er auch in Zukunft so bleiben wie er ist.

Möge es so sein! Möge der längste, schönste und einzige noch voll erhaltene Waal des mittleren Passeiertales, dieser Waal, der als einer der letzten noch Waalaufseher, Waalerhütte und Waalschelle besitzt, unangetastet bleiben!

Noch immer in Betrieb: der Waalhammer am Matatzwaal

Wandervorschlag

Lexikon: S. 149, Nr. 157

Allgemeines: Der Matatzwaal besitzt heute einen markierten und recht häufig begangenen Begleitsteig (die Karten verzeichnen die Markierung noch nicht). Sein östlicher Teil läßt sich zusammen mit Auf- und Abstieg zu einer landschaftlich sehr lohnenden Runde schließen, während man bei der Begehung des westlichen Abschnittes bis zur Ulfaser Alm wieder auf dem Waalweg zurückkehren muß. Wer will und vor allem der etwas gehfreudigere Wanderer kann allerdings auch von der Alm in knapp 1 Std. nach Ulfas absteigen und von dort, am Kegelhof vorbei und mit einigem Gegenanstieg zum Floner Waal, auf dem „Meraner Höhenweg" zum Ausgangspunkt zurückkehren (insgesamt ab Alm ca. 3 Std.). Hier wird jedoch die oben genannte, um einiges kürzere Route beschrieben.

Die Route in Kurzform: Weiler Kristl–Matatzwaal–Ulfaser Alm–Waalerhütte–Kristl.

Wegverlauf: Anfahrt von St. Leonhard in Passeier auf der Passeirer Straße kurz westwärts, bei der ersten scharfen Rechtskurve links ab, auf der nach Platt führenden, schmalen und kurvenreichen Straße bis Breiteben, hier wieder links ab und auf der Kristler Straße hinauf bis zum Glaubenhof (1193 m). Von da nun zu Fuß zuerst auf der Forststraße (Wegweiser „Meraner Höhenweg") und dann auf dem alten Fußweg (Mark. zuerst 4 und 24, dann 4 B) in westlicher Richtung durch Wiesen und Wald hinauf zum Waal (1565 m); ab Glaubenhof gut 1 Std. — Nun auf dem guten Waalsteig rechts (westwärts) durch den Wald (eine etwas heikle Waalstrecke umgeht der Weg etwas höher) in schöner Wanderung hinein zur Ulfaser Alm, in deren Nähe der Waal gefaßt wird (1601 m); ab Beginn der Waalwanderung ¾ Std. — Von der Alm dann wieder auf dem Waalweg zurück zur Einmündung des im Aufstieg benützten Weges und weiterhin auf dem Waalweg bleibend in schöner, ebener Wanderung durch Wald und zuletzt kurz durch Wiesen in ½ Std. zur Waalerhütte nahe einer aussichtsreichen Wiesenschulter (ca. 1550 m); ab Alm knapp 1½ Std. — Von der Hütte (hier Ausschank, nahe der Hütte ein Waalhammer) auf Fußweg Nr. 3 großteils durch Wald steil in ¾ Std. hinunter zum Gasthaus „Kristl" im gleichnamigen Weiler (1029 m) und auf dem nahezu ebenen Zufahrtsweg in rd. 20 Min. hinüber zum Ausgangspunkt; ab Waalerhütte ca. 1 Std.

Höhenunterschied: 500 m.

Gesamtgehzeit: ca. 3½ Std. (Teilzeiten siehe oben).

Orientierung und Schwierigkeit: für einigermaßen gehtüchtige Wanderer in jeder Hinsicht leicht und problemlos; die Wege sind gut und ausreichend markiert.

Wanderkarten 1:50.000: Freytag-Berndt, Blatt S 8 (Passeier – Timmelsjoch – Jaufen); Kompaß, Blatt 53 (Meran).

28 Der Herrenwaal bei St. Leonhard

Wasser für die Jaufenburg im Passeiertal

Dies ist nicht einer der großen und berühmten Waale, aber er verdient es, bekanntgemacht und besucht zu werden. Denn er ist landschaftlich schön, geschichtlich nicht uninteressant, einer der nördlichsten Waale des Burggrafenamtes und vor allem einer der allerletzten in dieser Gegend, die noch in ihrem ursprünglichen Zustand erhalten sind und noch immer Wasser führen. Nicht weniger als 16 Waale mit einer Gesamtlänge von 28 Kilometern soll es im Gemeindegebiet von St. Leonhard vor gut zwanzig Jahren noch gegeben haben — heute ist höchstens noch ein Viertel davon übrig.

Auch der Herrenwaal war einst bedeutend länger und führte bis ins Dorf, während heute das Wasser bereits hinter der Jaufenburg in unterirdischen Rohren verschwindet, an welche die Beregner angeschlossen sind. Aber von seiner Fassung drin in der Schlucht des wilden Waltenbaches bis in die Nähe der Burg ist er noch ein richtiger Waal mit einem großteils gut begehbaren Waalsteig.

Zugleich mit der kurzen Waalwanderung wird man natürlich auch dem mächtigen Bergfried der Jaufenburg einen Besuch abstatten, bildet diese Ruine doch nicht nur eine malerische Hintergrundkulisse für das glasklare, versteckt im Wiesenkanal dahinmurmelnde Wasser, sondern gehört auch gewissermaßen selbst zum Waal. Denn er war — und sein Name sagt es recht deutlich — so wie die umliegenden Wiesen und Höfe Teil des Schloßbezirks und damit Besitz der Burgherren. Ob ihn allerdings schon die Herren von Passeier, die mit der Burg seit 1300 belehnt waren, bauen ließen oder erst die Herren Fuchs von Fuchsberg, die ab 1418 hier saßen, ist wohl nicht mehr zu ermitteln. Aber alt ist der Waal auf jeden Fall.

Ja und wenn man von Beda Weber erfährt, daß „in einem Felde, das zum Schlosse Jaufenburg gehört, unweit des Waltenbaches", beim Pflügen römische Münzen gefunden wurden, dann wäre man sogar versucht, das Alter des Waales bis in die Römerzeit zurückzuverlegen. Aber das wird wohl eine allzu gewagte Spekulation sein, und ob es so war oder anders, sicher ist dies: Das Römerreich ist längst untergegangen, die Ministerialen der Tiroler Grafen gibt es nicht mehr, und selbst ihre stolze Feste ist zur brüchigen Ruine herabgesunken. Nur er, unser Waal, sprudelt noch in alter Frische und erzählt von Kommen und Gehen, Leben und Sterben und von den Herren, die ihm den Namen gegeben haben.

Wandervorschlag

Lexikon: S. 149, Nr. 159

Allgemeines: Hübscher Spaziergang von St. Leonhard in Passeier zum Kreuzkirchlein, zur Jaufenburg, auf dem Begleitsteig des kurzen Herrenwaales bis zu seinem begehbaren Ende und dann wieder zurück. Das genannte Kirchlein stammt aus der Zeit um 1500 und ist eine der ehemals zwei Burgkapellen; die Burg, von der nur noch der hohe Bergfried erhalten ist, wurde wahrscheinlich im 13. Jh. durch die Herren von Passeier erbaut, aber der Burghügel war bereits in vorgeschichtlicher Zeit besiedelt.

Die Route in Kurzform: St. Leonhard i. P. –Kreuzkirchlein–Jaufenburg–Herrenwaal –retour.

Wegverlauf: Von der Ortsmitte von St. Leonhard (688 m) der Mark. 1 folgend nordöstlich zwischen den Häusern auf schmaler Straße hinauf zum Kirchlein Heiligkreuz, weiter zum Sattel, der den Burghügel mit dem Berghang verbindet (hier ein Hof), und, nach einem Abstecher zum Bergfried der Jaufenburg, vom erwähnten Hof durch einen Wiesenhang kurz hinauf zum Waal (825 m). Auf dem unmarkierten und an zwei Stellen ganz leicht ausgesetzten, aber sonst guten Waalsteig teils am Wiesenrand, teils durch steile Waldhänge in ebener Wanderung bis zum Beginn von unbegehbaren Holzrinnen und Rohren; ab St. Leonhard knapp 1 Std. — Dann wieder auf dem Waalsteig zurück und auf dem im Aufstieg benützten Weg hinab nach St. Leonhard.

Höhenunterschied: ca. 140 m.

Gesamtgehzeit: ca. 1½ bis 2 Std.

Orientierung und Schwierigkeit: trotz teilweise fehlender Markierung leicht und problemlos; am Waal da und dort etwas Vorsicht geboten.

Wanderkarten 1:50.000: Freytag-Berndt, Blatt S 8 (Passeier – Timmelsjoch – Jaufen); Kompaß, Blatt 53 (Meran).

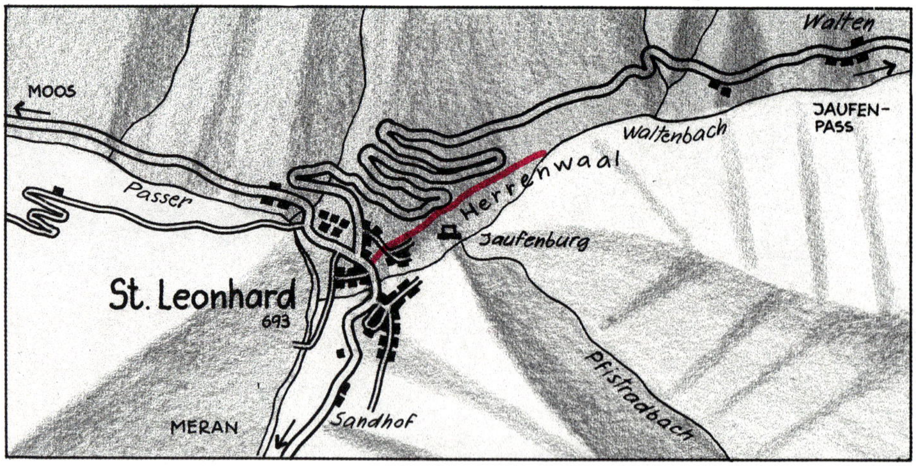

Klein, versteckt, aber sehr hübsch: der Herrenwaal bei St. Leonhard in Passeier gegen die Jaufenburg

29 Der Locherer Waal in Ulten

Wird er ein Opfer der Energiewirtschaft?

Da, wo seit 1951 der vergleichsweise kleine Pankrazer Stausee zwischen St. Pankraz und St. Walburg liegt, führte einst der Ultner Talweg durch einen ziemlich schaurigen Engpaß, den man das Maroun-Loch nannte. Heute ist dieser Name weitgehend in Vergessenheit geraten, aber der Waal, der hoch oben im Kirchbachtal knapp unterhalb der Waldgrenze gefaßt wird und vorbei an St. Helena zu den Wiesen mehrerer Höfe führt, erinnert noch daran.

Der fast durchwegs in schönem Nadelwald verlaufende Waal ist etwa drei Kilometer lang, an einigen Stellen verrohrt, aber großteils doch noch ein naturnah gebliebener Kanal mit einigen noch intakten Holzkandelführungen an Stellen, wo dies das Gelände oder der Boden erfordert. Neben dem Waal verläuft ein Steig, der zwar da und dort nicht der beste, aber dennoch ohne Schwierigkeiten zu begehen ist, und wer etwa von St. Helena auf diesem Steig ins Kirchbachtal und eventuell auch zu den dortigen Almen oder gar hinauf zu den einsamen Bergseen wandert, lernt ein schönes Stück Ultner Naturlandschaft und mit dem Locherer Waal den einzigen Wasserbringer kennen, der dem Kirchbach entlang noch erhalten ist. Denn der kurze Waal zur unteren Falkomai-Alm ist aufgelassen, und ein weiterer, ein Stück tiefer abgeleiteter wurde 1984 in Rohre gefaßt.

So wäre zumindest am Locherer Waal die Welt noch einigermaßen in Ordnung, doch hat es den Anschein, daß auch seine Tage gezählt sind. Nicht, daß ihn die dreizehn Bauern, denen er das Wasser liefert, auflassen möchten, ganz im Gegenteil. Wo es unbedingt notwendig war, haben sie Rohre verlegt, und der ganze übrige Waal erfüllt auch so noch gut seine Aufgabe. Nein, die Gefahr kommt diesmal von dort her, wo man die altväterischen Waale schon nie besonders gern gesehen hat — von der Energiewirtschaft.

Zwar brachte sie den Bauern wohl das elektrische Licht, aber sie hat ihnen gerade hier in Ulten seit dem Zweiten Weltkrieg auch sehr viel abverlangt. Wertvolle Kulturgründe und eine Reihe schöner Höfe versanken in den Stauseen, Bäche wurden zu Steinwüsten, abscheuliche Hochspannungsleitungen laufen über Berg und Tal, hier versiegten die Hofquellen, dort beschnitt man den Bauern ihre alten Wasserrechte — nicht weniger als fünf große Stauwerke hat das Tal erhalten.

Und all das scheint noch kein Ende zu nehmen. Damit weit entfernt von unseren Berghöfen weiterhin gepraßt und verschleudert werden kann, ist bald an jedem Wasserrunst ein E-Werk wenn nicht schon im Bau, so zumindest geplant.

So natürlich auch am Kirchbach in Ulten — ein Pankrazer Stausee genügt offenbar nicht. Und weil es anscheinend genau auf die paar Tropfen Wasser ankommt, die der einzige noch bestehende, ohnehin nicht große Waal des Kirchbaches verliert, wird den Bauern nahegelegt, doch endlich den ganzen Waal zu verrohren.

Nun, wie gesagt: Die Bauern wollen davon nichts wissen und schon gar nicht, wenn sie für die Kosten selbst aufkommen müssen. Und so ist der Locherer Waal — noch — so wie oben geschildert, schön und erhaltenswert. Aber wer ihn kennenlernen möchte, muß sich wohl beeilen. Denn früher oder später werden die Leute schon einsehen müssen, daß Bergwasser einzig und allein für die Stromgewinnung da zu sein hat und nicht zum Trinken, Tränken und Bewässern…

Im idyllischen Kirchbachtal

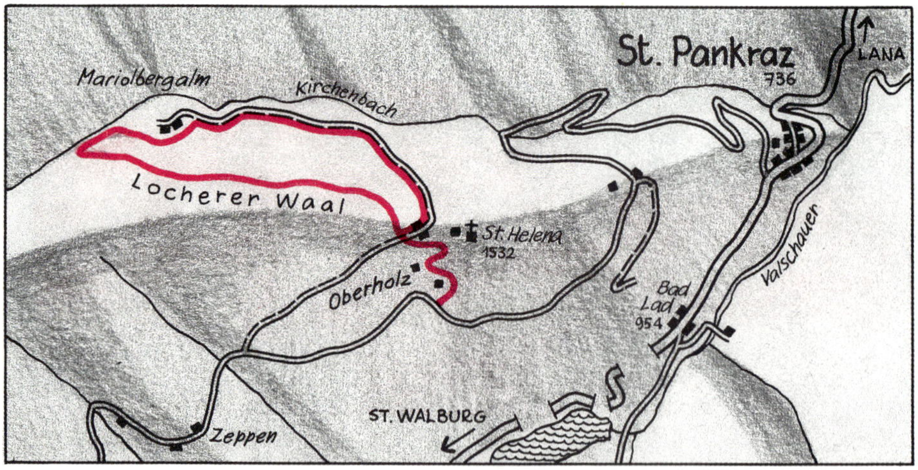

Wandervorschlag

Lexikon: S. 150, Nr. 167

Allgemeines: Lohnende Waalwanderung von St. Helena oberhalb St. Pankraz in Ulten hinein ins einsame Kirchbachtal und dann auf einem anderen Weg wieder heraus. Der Waalsteig ist zwar kein richtiger Touristenweg und stellenweise etwas beschwerlich und ganz leicht ausgesetzt, aber er ist doch recht gut begehbar. Wem die Begehung des Waales und der Besuch des auf einer nahen Kuppe stehenden Kirchleins St. Helena nicht genügen sollte, kann im Kirchbachtal weiter bergan wandern und dort verschiedene Ziele (Almen, Seen) anpeilen, die leicht den Wanderkarten zu entnehmen sind.

Die Route in Kurzform: Ultener Höhenstraße–St. Helena bzw. Halsmannhof–Waalweg –Kirchbachtal–Mariolbergalm–Halsmannhof –Ultener Höhenstraße.

Wegverlauf: Anfahrt vom westlichen Dorfende von St. Pankraz auf der Ultener Höhenstraße in Kehren hinauf und eben weiter bis zum Beginn des nach St. Helena führenden Fußweges (1308 m; hierher auf der Höhenstraße auch von St. Walburg her). Auf diesem Weg (Wegweiser „St. Helena") durch Wiesen hinauf zum Hof Oberholz und weiter zum Sattel zwischen dem Kirchhügel von St. Helena und dem Berghang (1488 m; hier der Halsmannhof; Abstecher zu Gasthaus und Kirche St. Helena lohnend); ab Straße ½ Std. — Vom Sattel nun neben dem von links oben herabkommenden Waal (unmarkierter Begleitsteig) durch Wald steil hinauf zu einem Forstweg und weiter empor bis in 1675 m Höhe (ab Halsmann gut ½ Std.). Von da auf dem nun ebenen Waalsteig durch die Wälder hinein ins schöne Kirchbachtal, wo der Waal gefaßt wird (1754 m); ab Ausgangspunkt 2 Std. — Nun auf dem Talweg kurz hinab zur Mariolbergalm (1661 m), auf dem Güterweg in ebener Querung der Waldhänge hinaus zur Stelle, an der der Waal den Weg quert, und wie im Aufstieg wieder hinab zum Halsmannhof und zum Ausgangspunkt. Ab Kirchbachtal ca. 1½ Std.

Höhenunterschied: 446 m.

Gesamtgehzeit: ca. 3½ Std. (Teilzeiten siehe oben).

Orientierung und Schwierigkeit: für etwas gehgewohnte Wanderer trotz teilweise fehlender Markierung leicht und problemlos.

Wanderkarten 1:50.000: Freytag-Berndt, Blatt S 13 (Ultental); Kompaß, Blatt 53 (Meran).

Der Locherer Waal bei St. Helena in Ulten

30 Der Waal von Sankt Moritz

Ein Ultner Waal, den eine Tschött speist

Daß ein Waal nicht von einem Bach mit starker Wasserführung abgezweigt wird, ist selten, aber es kommt da und dort vor, bei kleineren Waalen zum Beispiel, für welche die Wassermenge einer starken Quelle ausreicht, oder bei solchen, die an einem See beginnen.
Zu diesen selteneren Waalen gehört auch jener, der nordwestlich von St. Nikolaus in Ulten am legendenumsponnenen Hügelkirchlein St. Moritz vorbeifließt und den Wiesen der dortigen wenigen Höfe das Wasser bringt.
Zwar wäre es durchaus möglich gewesen, den Kanal bis hinein zum wasserreichen, vom Kuppelwiesferner gespeisten Schmiedhoferbach zu bauen, aber der Wasserbedarf war nicht so groß, als daß sich die Mühe gelohnt hätte. So begnügte man sich mit einem Seitenbächlein und ersparte sich viel Arbeit. Doch ganz reichte der kleine Wasserlauf nicht, oder zumindest wegen der ungleichmäßigen Wasserführung nicht immer. So wurde eine stattliche Mulde geschaffen, die das Wasser sammeln und speichern konnte, um es dann gleichmäßig an den Waal auch dann noch abzugeben, wenn der Bach zuwenig führt.
Dieser kleine Weiher ist ein Beispiel dafür, wie sich der Mensch seit eh und je mit einfachen Mitteln zu helfen gewußt hat. Und dies nicht nur hier bei Sankt Moritz. Solche Tschötten, wie die Wasserspeicher genannt werden, findet man nämlich im ganzen Land, hier am Ende eines Tragwaales, dort ohne Waalverbindung, und in unserem Fall eben am Beginn. Oft dienen sie hauptsächlich zur Erwärmung des Bewässerungswassers, oft eben nur als Speicher, manchmal sind sie auch nur da für den Fall eines Brandes.
Damit soll hier aber genug über die Tschött gesagt sein, auch wenn es noch viel zu sagen gäbe. Aber das Wichtigste findet sich bereits im einleitenden Teil des Buches. Hingegen ist noch nachzutragen, daß der Waal von St. Moritz wohl nicht besonders lang, aber sehr hübsch ist und natürlich auch durch die Nähe der dem heiligen Mauritius geweihten Kirche und der schindelgedeckten, charakteristischen Ultner Höfe erheblich an Reiz gewinnt. Die Volksmeinung sieht in St. Moritz nämlich die älteste Kirche des ganzen Ultentales, und sie weiß davon, daß hier ein Kämme und Täler überquerender Fernweg vorbeigeführt und einst ein Hospiz Rompilger und Kreuzritter beherbergt habe. Aber wie das alles ganz genau war, weiß niemand mehr. Nur der Waal wüßte es vielleicht, doch seine Stimme ist leise und seine Worte sind nur undeutlich zu verstehen. So trägt er die vielen Geheimnisse und Rätsel mit sich fort, und wir warten vergeblich auf eine Antwort.

Wandervorschlag

Lexikon: S. 151, Nr. 168

Allgemeines: Trotz ihrer Kürze sehr hübsche Waalwanderung im Bereich der kleinen Höfegruppe St. Moritz und ihrer schönen, sagenumwobenen Hügelkirche zum heiligen Mauritius, die dem Weiler den Namen gegeben hat. Obwohl St. Moritz seit Bestehen der guten Zufahrtsstraße im Sommer viel Besuch erhält, wird der Waalsteig nur selten begangen. Die auch weniger Gehtüchtigen zu empfehlende Wanderung, bei der man dem Waal bis zu seinem Beginn folgt und dann wieder nach St. Moritz zurückkehrt, läßt sich auch gut mit der Begehung des nicht allzu weit entfernten Schwienbachwaales (siehe dort) verbinden.

Die Route in Kurzform: St. Moritz in Ulten –Waalweg bis zu seinem Beginn–St. Moritz.

Wegverlauf: Anfahrt von St. Nikolaus in Ulten auf guter, rund 6 km langer Höfestraße bis St. Moritz (1635 m). Von da bergseitig wenige Schritte hinauf zum Waal und dann auf dem mäßig guten, aber gefahrlosen Waalsteig in nahezu ebener Waldwanderung (zuletzt teilweise Bergwiesen) bis zur Tschött am Beginn des Waales (1710 m); ab St. Moritz ½ Std. — Dann, sofern man nicht wieder dem Waal folgen will, über die Schneise der Skipiste, an deren Rand die Tschött liegt, kurz hinunter, dann rechts ab und auf einem Forstweg in ebener Wanderung wieder zurück nach St. Moritz.

Höhenunterschied: unbedeutend.

Gesamtgehzeit: 1 Std.

Orientierung und Schwierigkeit: leicht und problemlos.

Wanderkarten 1:50.000: Freytag-Berndt, Blatt S 13 (Ultental); Kompaß, Blatt 52 (Vinschgau).

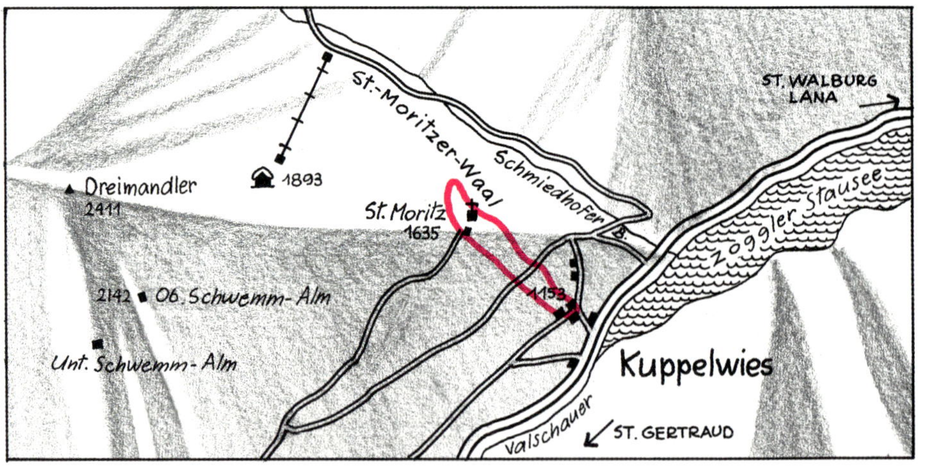

Der Waal von Sankt Moritz in Ulten

31 Der Schwienbachwaal in Ulten

Ersatz für unterirdische Bäche

Ein bereits nahe der Waldgrenze vom wilden Bergbach abgeleiteter, dann bald breit, bald schmal, aber durchwegs eben durch ernsten Nadelwald führender, später sich durch Wiesen schlängelnder und sich zuletzt in viele kleine Äste verzweigender Wasserlauf — das ist der Schwienbachwaal bei St. Nikolaus in Ulten. Auch wenn der ihn durch den Wald begleitende Waalweg in keiner Wanderkarte aufscheint, nicht markiert und kaum bekannt ist, so ist er dennoch ein sehr schöner Weg, ein Weg so recht für den, der überlaufene Touristenrouten nicht mag.

Wo der Waal dann durch die weiten Wiesen führt, fehlt zwar, wie bei allen Wiesenwaalen, ein eigener Waalsteig, aber das macht nichts. Die ganze Landschaft ist hier so schön, daß man nicht unbedingt genau neben dem Waal durch das Gras trampeln muß. Die alten Mühlen aus Urgroßväters Zeiten, die am Waal stehen, die alten Wege und Zäune, die urtümlichen Höfe, die dem Städter so unsagbar einsam erscheinen, und von denen doch jeder für sich jahrhundertelang eine in sich geschlossene, sehr lebendige kleine Welt war, die Berge ringsum — das alles ist ein Stück Südtirol, wie man es fast nur noch in Ulten findet.

Der Waal bringt einem halben Dutzend Höfen das Wasser für ihre Wiesen und ist nach diesen Höfen benannt.

Zwar gab es ursprünglich — zu Beginn des 14. Jahrhunderts — nur einen Schwienbachhof, doch dann wurden

Unweit des Schwienbachwaales: der schöne Unterschwaighof

An einer Mühle vorbei und durch flache Wiesen verläuft der zweite Teil des Schwienbachwaales

31

Hier verläßt der Schwienbachwaal den Wald

Wandervorschlag

Lexikon: S. 151, Nr. 169

Allgemeines: Als Zugang zum Waalbeginn wird hier ein landschaftlich schöner, Wiesen und Wald durchquerender Weg empfohlen. Von seinem Ende geht es dann wieder durch Wald und Wiesen auf dem nicht markierten, aber großteils guten und schönen Waalweg wieder zurück zum Ausgangspunkt. „Waalsammler" können mit dieser Rundwanderung die Begehung des St.-Moritz-Waales verbinden (siehe dort).

Die Route in Kurzform: Innergrubhof–Mesnertal–Waalweg–Innergrub.

Wegverlauf: Zufahrt von St. Nikolaus in Ulten auf der guten, nordostwärts nach St. Moritz führenden Höfestraße bis zum Innergrubhof (1559 m; erster Hof an der linken Straßenseite nach der 2. Kehre). Von da zuerst der Markierung 13 und später 12 folgend westwärts in großteils nur leicht ansteigender Wanderung durch die Wiesen- und Waldhänge, vorbei an mehreren Heuhütten, hinein bis zum Mesnerbach und diesem entlang, vorbei an einer westseitigen Waalfassung, hinauf bis zur ostseitigen Fassung des Schwienbachwaales (1850 m; in der Nähe großes Kreuz); ab Innergrub ca. 1½ Std. — Nun auf dem guten Waalweg in ebener Waldwanderung ostwärts zu einer Wiese, dann neben dem Waal ohne ausgeprägten Weg kurz abwärts und dann wieder nahezu eben zu einer Forststraße. Auf dieser nun kurz weiter, dann rechts ab, auf einem Weg neben Heuhütten hinunter zu einer Mühle, an der der Waal vorbeifließt, und dann auf dem Weg durch die Wiesen und durch einen Waldgürtel zuerst eben und zuletzt leicht absteigend hinunter zum Ausgangspunkt; ab Waalbeginn 1 bis 1½ Std.

Höhenunterschied: 291 m.

Gesamtgehzeit: ca. 2½ bis 3 Std. (Teilzeiten siehe oben).

Orientierung und Schwierigkeit: trotz teilweise fehlender Markierungen für einigermaßen gehgewohnte Wanderer leicht und problemlos.

Wanderkarten 1:50.000: Freytag-Berndt, Blatt S 13 (Ultental); Kompaß, Blatt 52 (Vinschgau).

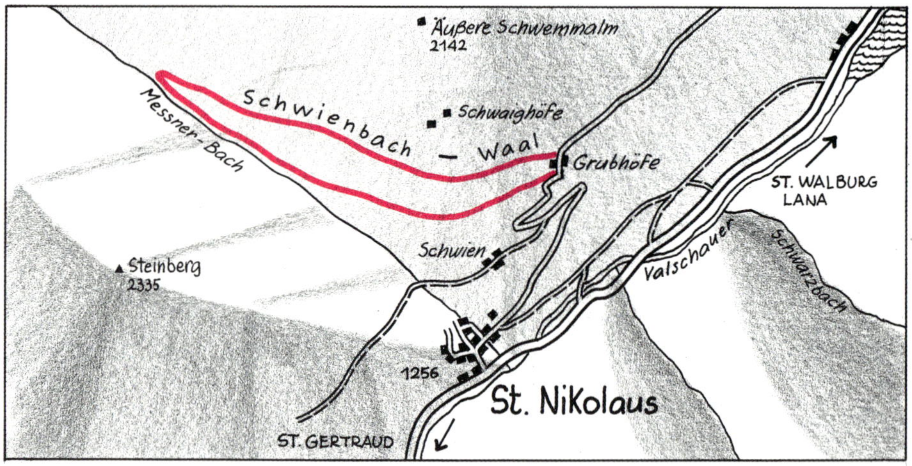

daraus deren drei, und schließlich wurden alle Höfe zwischen St. Nikolaus und St. Moritz nach der alten Ultener Einteilung zum Weiler „Schwienwerch" zusammengefaßt.
Der Name Schwien hat den Forschern so manches Kopfzerbrechen bereitet, und wenn es an Deutungsversuchen auch nicht gefehlt hat, so weiß doch niemand so recht, was er bedeutet. Und ob tatsächlich der Mesnerbach einst Schwienbach hieß oder vielleicht doch eher der kleine Bach in der Nähe des Unterschwaighofes, der von der Schwemmalm herabkommt und Schwemmbach heißt — auch das weiß man nicht so genau.
Die jüngste Deutung des Namens stammt vom Altmeister der Namenforschung Karl Finsterwalder, und er vermutet, daß wir es hier mit einem versikkernden, sein Wasser verlierenden Bach zu tun hätten. Welcher Bach dies sein könnte, ist unklar, aber es könnte doch der Schwemmbach sein, dessen Wasser — zumindest zum Teil — auf den Verflachungen ober den Schwienbachhöfen tatsächlich im Boden versikkert und erst tiefer wieder stärker zutage tritt.
Wie dem aber auch sei, Tatsache ist, daß die ganze Gegend recht trocken ist, weil das Wasser überall längere Zeit unterirdisch abfließt und erst dort wieder an die Oberfläche kommt, wo es für die Bewässerung kaum mehr genutzt werden kann.
Daher war man eben gezwungen, das Wasser von weither zu leiten und mit dem Schwienbachwaal — sowie mit anderen, kleineren Kanälen — einen Ersatz für die „verschwindenden Bäche" zu schaffen. Und so zieht er sich als glitzerndes Band durch Wälder und Wiesen und bringt das lebenspendende Naß dorthin, wo es die Natur dem Menschen versagt hat.

Der Innerlanerwaal bei St. Gertraud 32

Ein schöner Waal an der Ultener Schattenseite

Allzu viele Waale gibt es in Innerulten nicht mehr, aber doch den einen und den anderen, und wenn man das gesamte Ultental betrachtet, so gilt für die Waale das, was auch für die alten Wege, Höfe, Mühlen und Zäune gilt: Hier hat die bäuerliche Kulturlandschaft ihren althergebrachten Charakter besser bewahren können als in vielen anderen Bergtälern, und im Verhältnis gibt es hier noch fast mehr intakte Waale als im Vinschgau, auch wenn sie nicht ganz so berühmt sein mögen.

In der Regel befinden sich diese Ultener Waale entsprechend der stärkeren Besiedlung und der klimatischen Notwendigkeit an der Sonnenseite des Tales, aber auch hier bestätigen Ausnahmen die Regel. So eine Ausnahme, und dazu noch eine der schönsten, ist jener Waal, der südöstlich von St. Gertraud im Talschluß vom Kirchbergbach durch Lärchen- und Fichtenwälder zu den fünf Höfen von Innerlaner führt und nur da, wo vor einigen Jahren eine Forststraße gebaut wurde, auf kurzer Strecke verrohrt ist und unterirdisch verläuft. Der ganze Rest des fast zwei Kilometer langen Waales ist noch so,

Wandervorschlag

Lexikon: S. 151, Nr. 175

Allgemeines: Relativ kurze Rundwanderung an der Ultener Schattenseite bei St. Gertraud im Talschluß. Der Anstieg zum Waal und die Rückkehr zum Ausgangspunkt erfolgen auf kurzen Fahrwegen, der Waalweg hingegen ist ein einfacher, aber gut begehbarer Steig, der großteils durch schöne Lärchenwälder führt. Der Waal selbst ist noch sehr naturnahe. Von Innerlaner, dem Endpunkt des Waales, empfiehlt sich der kurze Abstecher zu den Höfen von Außerlaner, wo die bekannten drei riesigen Ultener Urlärchen zu bestaunen sind.

Die Route in Kurzform: Talstraße–Weg ins Kirchbergtal–Waalweg–Innerlaner–Talstraße.

Wegverlauf: Von der Straßengabel östlich unter St. Gertraud (1385 m) auf der linken Straße kurz südwärts, dann der Markierung 108 folgend erneut links ab und auf dem ins Kirchbergtal führenden Forstweg in 15 Min. leicht ansteigend hinauf zu der Stelle, an welcher der vom Bach her kommende Waal den Weg unterirdisch quert (1490 m). Hier links ab und dem bald wieder offenen Waal folgend in schöner ebener Waldwanderung ostwärts, bis oberhalb der Höfe von Innerlaner der Waal endet. Hier auf einem Weg kurz hinunter zu den Höfen und, evtl. nach einem Abstecher zu den Urlärchen, auf der Zufahrt in ebener Wanderung durch Wiesen westwärts zurück zum Ausgangspunkt.

Höhenunterschied: 115 m.

Gesamtgehzeit: ca. 1½ Std.

Orientierung und Schwierigkeit: trotz teilweise fehlender Markierung in jeder Hinsicht leicht und problemlos.

Wanderkarten 1:50.000: Freytag-Berndt, Blatt S 13 (Ultental); Kompaß, Blatt 52 (Vinschgau).

Der Ultener Talboden bei St. Gertraud mit den Eggenspitzen

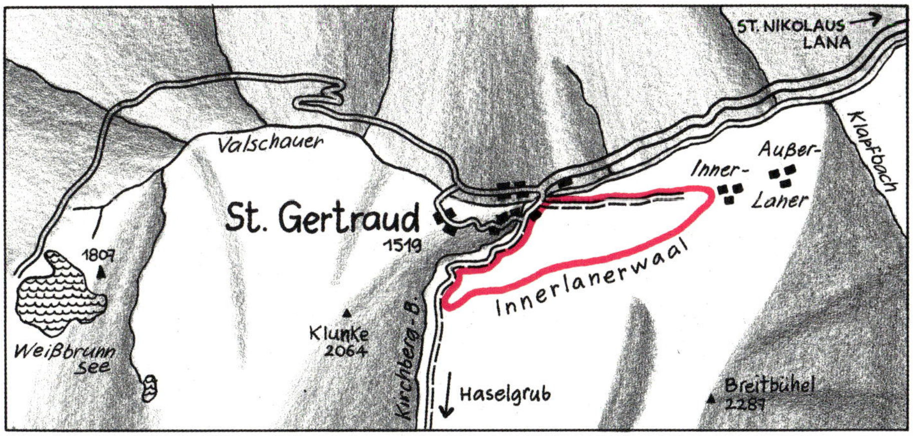

Der Innerlanerwaal bei St. Gertraud in Ulten

wie ihn die Bauern von Innerlaner vor langer Zeit zur Bewässerung ihrer Wiesen erbaut haben. Das klare Bergwasser fließt auch heute noch im offenen Erdkanal und, bei einem Bachgraben, durch Holzrinnen, die hier nicht, so wie etwa in Außerulten „Iesch“, sondern gleich wie im Vinschgau „Kandl“ genannt werden.
Besonderen Namen hat der Waal keinen, er ist einfach der Waal, aber seinen Besitzern bedeutet er viel; die Wassernutzung ist für die Landwirtschaft immer noch wichtig, sie erfolgt immer noch nach genau festgesetzter Stundenregelung, an eine Verrohrung denkt niemand — wozu auch? Der Waal tut seine Dienste auch so zur vollsten Zufriedenheit, und daß er auf seinem Weg einen Teil des eingekehrten Wassers den ihn säumenden Alpenrosen abgibt, tut nichts zur Sache, denn der Kirchbergbach liefert stets Wasser zur Genüge.
Sankt Gertraud, das letzte, hinterste Ultener Dorf, wird heute von Touristen viel besucht, und die nahen Lanerhöfe sind in Kreisen von Naturfreunden ein Begriff. Denn bei Außerlaner stehen die berühmten, vermutlich an die 2000 Jahren alten drei Ultener Urlärchen, ein Naturdenkmal ganz besonderer Art.
Soviel Aufmerksamkeit wird dem Waal allerdings nicht ganz zuteil. Dort, wo er die erwähnte Forststraße kreuzt, entzieht er sich den Blicken jener, die durch das Kirchbergtal zu den Haselgruber Seen wandern, und die anderen Besucher wissen von seiner Existenz meist nichts, da der Waalweg weder markiert und beschildert noch in den Karten verzeichnet ist.

So ist er noch eine Art Geheimtip, auch wenn es niemanden stören würde, wenn mehr Leute ihn begehen würden. Nur gegen eines haben die Bauern von Innerlaner etwas — gegen die Verlegung des Wasserlaufes mit Steinen. Aber daß man dies nicht tut oder die Kinder nicht tun läßt, hat sich unter den Waalwanderern hoffentlich wohl mittlerweile herumgesprochen.

Der Mühlwaal ober Villanders

33

Der letzte wasserführende Waal des Eisacktales

Wandervorschlag

Lexikon: S. 152, Nr. 180

Allgemeines: Allein schon die Tatsache, daß dies der einzige noch wasserführende längere Waal der östlichen Südtiroler Landeshälfte ist, macht seine Begehung interessant. Aber sie ist es auch in landschaftlicher Hinsicht und besticht mit schönen Nadelwäldern, den Weiten der Villanderer Almen und der Aussicht zu den Dolomiten. Die Begehung des Waales, dem ein schwacher Wald- und Wiesensteig folgt, ist mit dem Aufstieg bis zu seinem Beginn gut zu der nachfolgend beschriebenen Rundwanderung zu verbinden.

Die Route in Kurzform: Pfroderhof ober Villanders–Gasserhütte–Waalweg–Pfroderhof.

Wegverlauf: Anfahrt von Klausen nach Villanders und auf der zum Samberger Hof führenden Straße weiter bis zum Pfroderhof, der ober der Straße liegt und wo die Markierung 7 die Straße quert (1227 m). Von da der Nr. 7 folgend auf dem schön gepflasterten Weg durch Wiesen und vorbei an einigen Höfen und Mühlen hinauf in den Wald (stets Nr. 7), dann auf dem Forstweg in langer, nur noch leicht ansteigender Querung der Wälder bis zu Weggabel und rechts (Wegweiser „Gasserhütte") weiter zur Gasserhütte am Rand der Villanderer Almen (1744 m; Gastbetrieb); ab Pfroder 1½ Std. — Dann von der Hütte auf dem breiten Zufahrtsweg kurz ostwärts, nach dem Bachgraben wenige Schritte hinauf zum Waal und von da an stets dem kleinen Wasserlauf folgend zuerst über aussichtsreiche Almböden und dann durch die Wälder ostwärts weiter. Später fällt der Waal allmählich leicht ab, quert den Fahrweg, geht noch ein Stück leicht fallend weiter und führt schließlich durch Wald steil hinab zu dem im Aufstieg benützten Weg, auf dem zum Pfroderhof zurückgekehrt wird; ab Gasserhütte knapp 1½ Std.

Höhenunterschied: 517 m.

Gesamtgehzeit: ca. 3 Std. (Teilzeiten siehe oben).

Orientierung und Schwierigkeit: für einigermaßen gehgewohnte Wanderer in jeder Hinsicht leicht und problemlos.

Wanderkarten 1:50.000: Freytag-Berndt, Blatt S 1 (Bozen – Meran und Umgebung); Kompaß, Blatt 56 (Brixen).

Westlich von Villanders fließt ein stattlicher Bach zu Tal und mündet in den Eisack. Mindestens ein halbes Dutzend Mühlen stehen an diesem Bach, und wenn sie auch nicht mehr in Betrieb sind und allmählich verfallen, so wird der Bach selbst dann noch die Erinnerung an sie wachhalten, wenn sie eines Tages verschwunden sein sollten — er heißt nämlich Mühlbach.

Das Quellgebiet dieses Baches und seiner kleinen Zuflüsse liegt in den Falserwiesen und rund um den Pfroderhof, doch wenn jemand es genau wissen und dem Bach bis zu seiner Hauptquelle folgen möchte, müßte er viel weiter gehen als nur bis zum Pfroderhof. Er müßte noch fast eine Stunde bergansteigen bis in die Nähe des Radhofes und dann hineinwandern bis zur Gasserhütte am Rande der riesigen Villanderer Almen. Und spätestens hier würde er merken, daß er ab dem Pfroderhof keinem natürlichen, sondern einem von Menschenhand geschaffenen Wasserlauf gefolgt ist, eben einem Waal.

Dieser Wasserlauf, dessen oberen, nahezu ebenen oder höchstens leicht abfallenden Teil die Leute wohl ebenfalls Mühlbach, aber auch Mühlwaal nennen, wird nämlich nahe der Gasserhütte von einem Zufluß des Zargenbaches abgeleitet und führt dessen Wasser in rund drei Kilometer langem Lauf quer durch flache Almwiesen und leicht geneigte Waldhänge dem eigentlichen Mühlbach zu, der es meist auch recht notwendig hat.

Der Waal kann sich zwar nicht mit den großen Wasserträgern im Vinschgau und Burggrafenamt messen, und er

Villanderer Alm gegen Langkofelgruppe

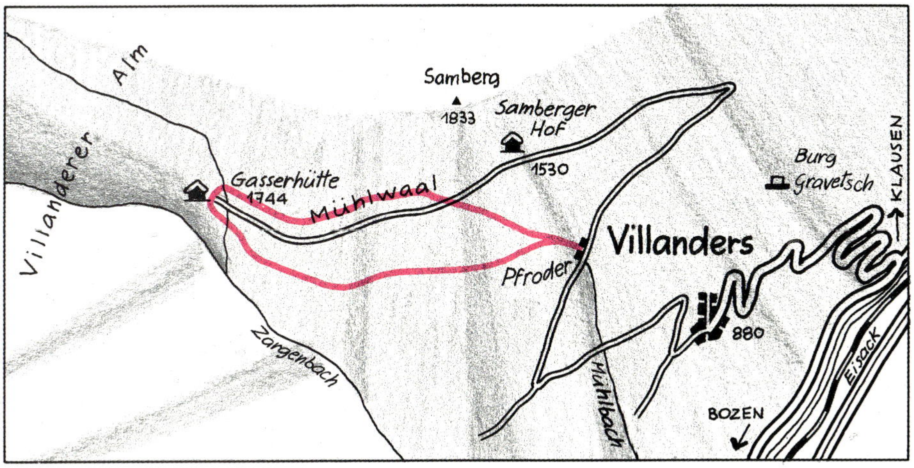

33

führt heute auch etwas weniger Wasser als früher, da die Mühlen noch in Betrieb waren, aber er ist besonders in seinem ersten Teil, wo er mit schönen Ausblicken auf die Langkofelgruppe jenseits des Eisacktales noch durch Almgelände führt, sehr hübsch. Und er ist der einzige Waal dieser Länge im Eisacktal, der noch nicht aufgelassen wurde.

Ohne die Strecke gerechnet, die das Wasser als Bach steil bergab fließt, beträgt seine Länge gut zwei Kilometer, und das ist für Eisacktaler Verhältnisse durchaus beachtlich. Aber der Waal war einst noch viel länger, und er diente nicht nur dem Betrieb der erwähnten Mühlen und einiger kleiner Sägewerke sowie der Bewässerung der Felder.

Unweit des Radhofes teilte er sich nämlich, und während ein Teil des Wassers als Mühlbach talab floß, rann der andere Teil quer durch Wiesen und Wälder in einem künstlich angelegten Kanal bis zum Pfunderer Bergwerk im Thinnetal; das bedeutet, daß er ursprünglich an die sechs Kilometer lang war und außer den landwirtschaftlichen auch bergmännische Aufgaben zu erfüllen hatte.

Doch dieser Bergwerkswaal ist schon längst aufgelassen, und man findet von ihm heute höchstens noch da und dort einige letzte Spuren. Um so erfreulicher daher, daß wenigstens das erste Drittel dieser einstigen Wasserführung noch erhalten ist, und hoffentlich bleibt sie das auch, wenn schon fast alle anderen, ohnehin nie besonders zahlreich gewesenen Eisacktaler Waale der Vergangenheit angehören.

Der Mühlwaal bei Villanders im Eisacktal

Der Verdingser Waal im Eisacktal

34

Obwohl aufgelassen, ist er immer noch schön

Wandervorschlag

Lexikon: S. 154, Nr. 185

Allgemeines: Obwohl der Waal aufgelassen ist und nur noch auf einigen Strecken etwas Wasser führt, ist seine Begehung immer noch lohnend. Sie führt teils durch Wald, teils durch schöne Almwiesen und kann mit einem Besuch der Klausener Hütte verbunden werden. Der Waalweg ist noch einigermaßen gut begehbar, auf den Bergwiesen allerdings fehlt er weitgehend, was die Wanderung aber nicht erschwert. Vom Ende des Waales bzw. von der Klausener Hütte wird auf dem Hüttenweg wieder zum Ausgangspunkt zurückgekehrt. Die Rundwanderung bietet eine prachtvolle Aussicht über das mittlere Eisacktal hinweg zu den Dolomiten, und kann evtl. auch gut mit anderen Zielen (Lorenzispitze, Latzfonser Kreuz usw.) verbunden werden.

Die Route in Kurzform: Kühhof ober Latzfons–Waalweg–Klausener Hütte–Kühhof.

Wegverlauf: Anfahrt von Klausen über Feldthurns nach Latzfons und bald darauf bei Straßengabel rechts weiter zum Zalterhof und hinauf zum Kühhof (1550 m). Hier von dem zur Klausener Hütte führenden Weg im Lärchenwald kurz hinauf zum Waal und diesem westwärts folgend in großteils nahezu ebener Wanderung durch die Wälder und durch die Almhänge, an einigen Almhütten vorbei, bis zum Beginn des Waales an einem kleinen Bergbach (ca. 1800 m); ab Kühhof gut 1 Std. — Nun wenige Schritte hinab zum erwähnten Hüttenweg und auf diesem in teilweise leicht ansteigender Wanderung zur Klausener Hütte (1919 m; bewirtschaftetes Schutzhaus in schöner Lage); ab Kühhof 1½ Std. — Von der Hütte dann auf dem zuletzt benützten Weg in durchwegs nahezu ebener oder höchstens nur leicht absteigender Querung der weiten Wald- und Wiesenhänge zurück zum Kühhof; knapp 1½ Std.

Höhenunterschied: 369 m.

Gesamtgehzeit: ca. 3 Std.

Orientierung und Schwierigkeit: für etwas gehgewohnte Bergwanderer in jeder Hinsicht leicht und problemlos.

Wanderkarten 1:50.000: Freytag-Berndt, Blatt S 1 (Bozen – Meran und Umgebung); Kompaß, Blatt 56 (Brixen).

Die Leute in der Gegend von Latzfons nennen den Waal meist Verdinger Bach, aber oft auch Verdinger Waal. Das Wort Waal ist im gesamten Eisacktal allgemein bekannt und war, solange die Wiesen und Felder noch in der alten Weise bewässert wurden, auch allgemein gebräuchlich. Heute dagegen ist es allmählich im Aussterben begriffen und vielfach nur noch von den berühmt gewordenen Vinschgauer Waalen her bekannt. Andere für den Vinschgau typische Fachbegriffe aus der Bewässerungswirtschaft sind wiederum völlig unbekannt, und so heißen die Holzrinnen hier nicht Kandeln, sondern Ieschn, die Tschötten sind Reasen, statt der — oft auch nächtlichen — Rod hatte ein Verdingser Bauer einfach das Wasser oder den „Wasserpöch".

Aber im übrigen verlief die Flurbewässerung hier im Eisacktal — ob etwa in Barbian, in der Rittner, Klausener, Brixner oder Sterzinger Gegend — im großen und ganzen gleich wie im Vinschgau und Burggrafenamt. Auch die Waale waren gleich gebaut, wenn ihre Zahl auch immer schon geringer war, sie durchwegs kürzer und kleiner waren und folglich nicht ganz so sorgfältig ausgeführt sein mußten.

Doch zurück zum Verdingser Waal. Er heißt so, weil er von den Bauern von Verdings, einem kleinen Dorf ober Klausen, erbaut worden war und zur Bewässerung ihrer landwirtschaftlichen Grundstücke diente.

Wer von Latzfons über den Kühhof zur Klausener Hütte wandert, der tut dies parallel zum knapp vier Kilometer langen Verdingser Waal und nicht allzuweit von ihm entfernt. Aber von seinem Vorhandensein wissen die wenigsten. Wer denkt auch schon, daß es hier mitten im Eisacktal noch Waale geben könnte.

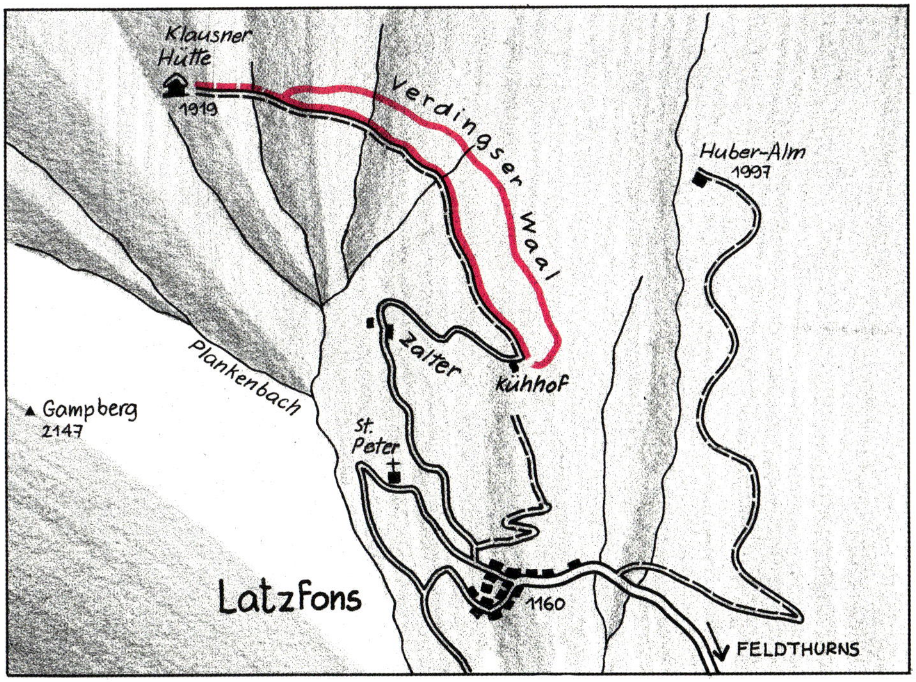

Wüßten es die Leute aber, würde wohl so mancher den Waalsteig dem breiten Güterweg vorziehen. Denn er ist auch heute noch gut begehbar und schön. Bald geht es da durch lichten, hochstämmigen Lärchenwald, bald durch Fichtendickicht, und zuletzt wandert man durch blühende Bergwiesen von Almhütte zu Almhütte.

Der Waal selbst führt freilich nur noch streckenweise Wasser, und auch dort nicht mehr allzu viel. Denn vor rund zehn Jahren wurden für den Wasserbedarf der Verdingser andere Möglichkeiten gefunden, und was vorher der Waal besorgte, besorgt heute eine unterirdische Rohrleitung. Und dennoch lohnt es sich immer noch, dem Waal zu folgen. Er ist noch ziemlich gut erhalten, führt, wie gesagt, da und dort noch etwas Wasser, das er von kleinen, ihn kreuzenden Bächlein erhält, verläuft im Almgebiet teilweise in langen, aus schlanken Baumstämmen hergestellten Holzrinnen, und nicht zuletzt ist die ihn umgebende Landschaft ebenso schön wie der weite Blick ins Eisacktal und zu den Dolomiten.

Aber freilich, wenn er weiterhin unbeachtet und sich selbst überlassen bleibt, wird sein Zustand und der seines Begleitsteiges natürlich nicht besser. Daher wäre zu wünschen, wenn sich jemand seiner annehmen würde, denn schließlich handelt es sich ja nicht um irgendeinen Waal; er und der Villanderer Mühlwaal sind die beiden letzten größeren Waale der östlichen Landeshälfte Südtirols, die noch in Betrieb oder zumindest noch in gutem Zustand sind.

Im Verdingser Waal wieder mehr Wasser fließen zu lassen und seinen Steig ein wenig zu erneuern, eines der letzten derartigen Kulturdenkmäler zu retten, das wäre demnach wohl eine lohnende Aufgabe für einen Verein, der die Erhaltung und Pflege unserer Heimat auf seine Fahne geschrieben hat.

Noch streckenweise wasserführend: der Verdingser Waal bei Latzfons

Schleuse am Verdingser Waal

Auf den Latzfonser Almen im Eisacktal: Kandelführung des Verdingser Waales

Die Ulfaser Alm im Passeiertal mit dem Matatzwaal

Dritter Teil

Lexikon der Südtiroler Waale

247 Waale – eine Bestandsaufnahme

Hier wird erstmals der Versuch einer möglichst vollständigen Bestandsaufnahme aller Südtiroler Waale unternommen, wenngleich es dafür angesichts der Tatsache, daß sich das Waalnetz bereit seit Jahrzehnten in Auflösung befindet, schon reichlich spät ist.

Es schien mir aber wichtig, gerade jetzt, da diese einzigartigen Bewässerungsanlagen und mit ihnen das Wissen um ihre Namen, ihre Lage, ihre Länge und ihre Geschichte vom endgültigen Untergang bedroht sind, noch festzuhalten, was mir festzuhalten möglich war. Denn abgesehen von großteils nur schwer zugänglichen, wenngleich äußerst wertvollen Teilarbeiten, gab es bisher keine Beschreibung aller einzelnen Waale Südtirols. Allerdings haftet sicherlich auch meiner Arbeit eine gewisse Lückenhaftigkeit an, und im Falle einer Neuauflage des Buches wird wohl noch das eine und andere nachzutragen sein.

Die Grundlagen für die vorliegende Topographie boten: die Meßtischblätter 1:25.000 des Militärgeographischen Institutes in Florenz; die im Anhang angeführte Literatur; die Befragung zahlreicher Gewährspersonen, von denen die mir namentlich bekannten ebenfalls im Anhang angeführt sind — und schließlich eine mehrmonatige Arbeit im Gelände mit zahllosen Begehungen und Erhebungen an Ort und Stelle.

In der folgenden Übersicht werden alle Waale, die ich in Erfahrung bringen konnte, so ausführlich beschrieben, wie dies aufgrund meiner gesammelten Unterlagen möglich war und wie es der zur Verfügung stehende Raum zuließ, unabhängig davon, ob diese Anlagen noch in Betrieb oder bereits aufgelassen oder gar schon gänzlich abgekommen sind. Während für die westliche Landeshälfte, das eigentliche „Waalgebiet", bis auf einige Ausnahmen nur die größeren und bedeutenderen Waale (ab einer Länge von etwa 500 bis 1000 m) aufgenommen wurden und somit die zahllosen kleinen und kleinsten, meist namenlosen und vielfach auch nur noch in Resten erhaltenen Kanäle ausgeklammert blieben, wurde dieses Kriterium für die östliche Landeshälfte, wo die Zahl und Länge der Waale ohnehin gering ist, nicht angewandt. Die Angabe von Zugängen und Wegen habe ich auf jene Fälle beschränkt, wo sie mir sinnvoll erschien; im übrigen wird jeweils auf die im vorhergehenden Teil des Buches beschriebenen Wandervorschläge verwiesen.

In den in den Text eingestreuten Übersichtskarten sind alle jene Waale verzeichnet, deren Verlauf und genaue Lage mir bekannt sind. Die verhältnismäßig wenigen anderen Waale (sie sind großteils im Abschnitt „Weitere Waale" ab S. 201 angeführt) wurden nicht verzeichnet. Die Nummern in den Karten entsprechen jenen im „Lexikon".

Oberer Vinschgau mit Seitentälern

1. Maßebenwaal

Etwa 1,5 km langer Almwaal im inneren Langtauferer Tal südlich von Melag, der vom Quellgebiet des Falbenairbaches mit ziemlich starkem Gefälle orographisch links durch die Berghänge zieht und dann steil bergab zur Maßebenalm (2014 m) führt. Ob er noch in Betrieb gehalten wird, ist ungewiß.

2. Falmiurwaale

Zwei kleine Wasserkanäle von jeweils etwa 1,3 km Länge, die nordwestlich oberhalb Rojen in 2425 m Höhe im Quellgebiet der gegen Rojen abfließenden Bäche beginnen, nahezu parallel durch die Almhänge mit mäßig starkem Gefälle nordostwärts verlaufen und in 2200 bzw. 2300 m Höhe am Faltelangebach enden. Ob die beiden Almwaale noch erhalten und in Betrieb sind, ist ungewiß.

3. Schönebenwaal

Der 2 km lange, im Querprofil nur kleine Almwaal beginnt westlich unter dem Zehnerkopf in 2350 m Höhe am Gamperbach und führt mit mäßig starkem Gefälle durch die Bergweiden nordostwärts zu den Almhängen von Schöneben, um sich dort in zwei kurze Äste zu verteilen. Auslauf in rund 2150 m knapp oberhalb der Waldgrenze. Unsicher, ob noch vorhanden und in Betrieb.

4. Unterer Zerzerwaal

Gut 2 km langer Almwaal, der im Zerzertal in 1960 m Höhe am Zerzerbach beginnt, durch die sonnenseitigen Wiesen nahezu eben talaus zur Bruggeralm (1921 m; sie soll früher ein ganzjährig bewohnter Hof gewesen sein) führt und dann noch ein Stück durch Wald nordostwärts weiterläuft, um in 1850 m Höhe zu enden. Unterhalb dieses zweiten Abschnittes früher größere, heute aber zuwachsende Wiesen. Unsicher, ob der Waal noch in Betrieb ist.

5. Oberer Zerzerwaal

Nur 1,2 km langer, kleiner Almwaal, der parallel zum Unteren Zerzerwaal und knapp 50 m höher als dieser verläuft. Er beginnt nahe der Kircheralm in 2040 m Höhe und verläuft am oberen Rand der Wiesen nahezu eben talaus. Erhaltungszustand des Waales ungewiß.

6. Schliniger Waal

Rund 3 km langer, noch in Betrieb befindlicher Waal, der südwestlich unter der Äußeren Schliniger Alm in 1844 m Höhe am Schliniger Bach orographisch links gefaßt wird und östlich oberhalb Schlinig in rund 1760 m Höhe in einen vom Watles-Südhang herabkommenden Bach mündet. Der Waal dient zur Bewässerung der ausgedehnten, sich rund um Schlinig und taleinwärts ausbreitenden Wiesen, in denen noch alte Zweigwaale der früheren Berieselung erhalten sind. Außerdem führte der Waal dem nahe dem Schliniger Dorfeingang gelegenen, heute stillgelegten zweigängigen Mühlenwerk Wasser zu. Der Waal führt durch einen kleinen Lärchenbestand, sonst ausschließlich durch Wiesen. Wo kürzlich die Wiesen planiert wurden, ist er in unterirdische Rohre gefaßt und damit verschwunden, wo dies noch nicht geschehen ist, zeigt er sich in seinem ursprünglichen Zustand als einfacher Kanal (Stand 1985). Einen zum Wandern geeigneten Begleitweg besitzt er nicht.

Der Schliniger Waal

Zugänge: Der Waal kann sowohl von Schlinig als auch von dem durch die Sonnenseite taleinwärts führenden Weg an beliebigen Stellen in kurzem Aufstieg leicht erreicht werden.

7. Prämajurwaal

Der rund 1 km lange, im Querprofil kleine Waal beginnt an einem westseitigen Zufluß des Marienberger Baches in 1775 m Höhe, verläuft mit mäßig starkem Gefälle zuerst durch Wald und dann durch Wiesen südostwärts nach Prämajur (1702 m) und endet mit kurzen Zweigwaalen südlich der Häusergruppe in rund 1650 m Höhe. Unsicher, ob er noch in seinem ursprünglichen Zustand erhalten und in Betrieb ist.

8. Schleiser-Alm-Waal

Kleiner, rund 1 km langer Waal, der in 2120 m Höhe im obersten Arundatal am Alpbach beginnt und durch die schattseitigen Hänge talaus zur Schleiser Alm (2076 m) führt. Unsicher, ob er noch in Betrieb oder bereits aufgelassen ist.

9. Töschgwaal

Knapp 4 km langer, großer Wiesenwaal (550 l/s) im oberen Teil der Malser Haide. Er wird knapp einen Kilometer südlich des Haider Sees in rund 1450 m Höhe beim „Abgebrannten Haus" an der Etsch ostseitig gefaßt, quert dann in nur sehr geringem Gefälle die gesamte Malser Haide von Nordwest nach Südost, biegt unterhalb des Weilers Ulten scharf nach rechts ab, verläuft dann durch die Wiesen (so wie überall im oberen Teil der Malser Haide „Multen" genannt) südwärts und mündet unweit der Brücke „Im Sack" in 1325 m Höhe in die Puni (Planeiler Bach). Der 1367 erstmals urkundlich erwähnte Waal besitzt keinen Begleitweg und ist noch voll in Betrieb (Stand 1985). In Literatur und Karten auch als Teschg- und Teschkwaal anzutreffen.

10. Neuwaal (Malser Haide)

Der knapp 3 km lange, im Querprofil mittelgroße Waal zweigt in 1450 m Höhe orographisch links (bergseitig) vom Töschgwaal rund 500 m ab dessen Fassung ab und führt parallel mit ihm nahezu eben südostwärts. Sein Ende liegt beim Weiler Ulten in rund 1435 m Höhe. Der Wiesenwaal, der keinen zum Wandern geeigneten Begleitweg besitzt, ist noch in seinem ursprünglichen Zustand erhalten und wasserführend (Stand 1984).

11. Larginwaal

Der rund 2,5 km lange, im Querschnitt große Wiesenwaal (in der Lit. auch Larginiwaal) wird in 1405 m Höhe etwas mehr als 1 km südlich des Haider Sees von der Etsch orographisch links abgeleitet, verläuft durch die Wiesen ein Stück südwärts, quert dann nahe der vorletzten Kehre die Vinschgauer Talstraße (unweit davon zweigt der Margrinwaal ab) und durchzieht von da an nahezu eben den mittleren Teil der Malser Haide bis zu deren ostseitigen Wiesen, wo er in rund 1350 m Höhe ausläuft. Was seine Baugeschichte betrifft, gibt Winkler an, daß der Waal bereits 1390 vom Marienberger Chronisten Goswin erwähnt werde, während Rosenberger seine Erbauung mit 1620 angibt. Diese Frage harrt noch eine Klärung. — Heute ist der Waal, der keinen Begleitweg besitzt, noch in seinem ursprünglichen Zustand erhalten und voll in Betrieb (Stand 1985).

12. Margrinwaal

Rund 4 km langer, im Querprofil großer Waal mit einer Wasserführung von 310 l/s, der in 1382 Meter Höhe unweit der — von unten gerechnet — vorletzten Kehre der Vinschgauer Straße vom Larginwaal südseitig abzweigt, dann bis in rund 1265 m die Malser Haide schräg abwärts in Richtung Südost durchquert, von da an im Ostteil der Wiesen weiterhin mit nur geringem Gefälle südwärts führt und nordwestlich von Mals in ca. 1100 m Höhe ausläuft. Der typische Wiesenwaal, der keinen Begleitweg besitzt, ist noch in seinem ursprünglichen Zustand erhalten und voll in Betrieb (Stand 1985).

13. Kriegwaal

Der rund 2 km lange Waal mit einer Wasserführung von 425 l/s wird am Südrand von Burgeis in ca. 1200 m Höhe an der Etsch orographisch links gefaßt, verläuft, an der St.-Michaels-Kirche vorbei, parallel mit der Burgeiser Zufahrt und dann mit der Vinschgauer bzw. Malser Straße mit nur leichtem Gefälle südostwärts quer über die Malser Haide und mündet am Nordrand von Mals bei der Vierzehn-Nothelfer-Kirche in die Puni (ca. 1100 m). Der einfache Wiesenkanal ist wasserführend und voll in Betrieb (Stand 1985). Um den bereits 1390 von Goswin genannten Waal gab es in der Zeit zwischen 1425 und 1727 zwischen Burgeis und Mals viel Streit, auf den der Name „Kriegwaal" zurückgeführt wird (Winkler); bei Fischer findet sich allerdings die Bezeichnung „Makrigwaal".

14. Fasseswaal

Rund 2,5 km langer, im Querprofil großer Waal mit einer Wasserführung von 600 l/s (in der Lit. auch Fassab-, Fasses-, Fassa- und Fosseswaal, gespr. Fòsses), der rund einen Kilometer südlich von Burgeis in 1140 m Höhe an der Etsch ostseitig gefaßt wird, durch die Wiesen und Felder der Malser Haide zuerst süd-, dann südost- und dann wieder südwärts bis in die Nähe von Laatsch verläuft und dort in 1002 m Höhe in den Latinigwaal mündet. Der typische Wiesenwaal, der keinen Begleitweg besitzt und teilweise den Charakter eines natürlichen Baches aufweist, deckt hauptsächlich den Wasserbedarf der Schleiser Kulturgründe und bildet die Grenze zwischen den landwirtschaftlichen Gütern von Schleis und Mals.

Zugang: Der Waal ist sowohl von Schleis als auch von Mals her auf der die beiden Dörfer verbindenden Straße, die er ungefähr auf halber Strecke quert, zugänglich.

15. Latinigwaal

Knapp 2 km langer Wiesenwaal (gesprochen Latini-, manchmal auch eher Lutiniwaal, in der Lit. auch als Ladiner- oder Latinerwaal anzutreffen), der ungefähr auf halber Strecke zwischen Schleis und Laatsch in rund 1025 m Höhe an der Etsch orographisch links gefaßt wird und in nur sehr leichtem Gefälle den unteren Teil der Malser Haide zuerst südwärts (in Richtung Laatsch) und dann ostwärts durchquert; in 983 m Höhe mündet er zwischen Mals und Glurns in die Puni. Der Waal, der die Grenze zwischen Laatsch, Mals und Glurns bildet, dient zur Bewässerung der Wiesen und Felder, lieferte aber auch, wie Rosenberger berichtet, der Ortschaft Laatsch das Trinkwasser. Hinsichtlich seiner Geschichte gibt Trenkwalder 1260 als Jahr der Erbauung an, während laut Winkler die erste urkundliche Erwähnung 1314 erfolgt; die Frage harrt noch einer Klärung. — Der Waal ist noch immer in seinem ursprünglichen Zustand erhalten und voll in Betrieb (Stand 1985). Er besitzt keinen Begleitweg, seine Wassermenge beträgt laut Trenkwalder 200 l/s, lt. Fischer 340 l/s.

16. Pötzlwaal

Der rund 1,5 km lange Waal wird oberhalb Laatsch an der Etsch orographisch rechts gefaßt, verläuft am Bergfuß durch den Westteil von Laatsch südwärts zu den Wiesen und mündet nach deren Durchquerung in den Rambach. Laut Trenkwalder im 13. Jh. erbaut. Der relativ kleine Wiesenwaal ohne Begleitweg ist noch erhalten und in Betrieb.

17. Laatscher Mühlbach

Der von Rosenberger als „Mühlwaal" bezeichnete Wasserkanal mit einer Wasserführung von 1000 l/s (Fischer) beginnt oberhalb Laatsch westseitig an der Etsch, führt durch den westlichen Dorfteil, wo er früher mehrere Mühlen betrieb, südwärts zu den Wiesen im Mündungswinkel zwischen Etsch und Rambach und mündet dann wieder in die Etsch. Der noch in Betrieb befindliche Waal dient heute nur noch zur Wiesenbewässerung, früher lieferte er auch, neben dem erwähnten Betrieb der Mühlen, für Laatsch das Trinkwasser (Rosenberger). Laut Trenkwalder geht seine Bauzeit ins 13. Jh. zurück.

18. Spinaiwaal

Rund 1 km langer Waal (auch Spinaidawaal) mit einer Wasserführung von 450 l/s (Fischer), der etwa 2 km nördlich von Mals in rund 1320 m Höhe von der Puni orogr. rechts abgeleitet wird, mit leichtem Gefälle südwestwärts verläuft und

Der Spinaiwaal

dann in den Margrinwaal mündet. Der Wiesenwaal ohne Begleitweg ist nach der Flur Spinai, zu deren Bewässerung er dient, benannt und noch in Betrieb.

19. Sagwaal

Nur kurzer, von der Puni orogr. rechts abgeleiteter und wieder in sie einmündender Waal im Dorfbereich von Mals. Er lieferte das Wasser (300 l/s) zum Bertrieb eines oder mehrerer Sägewerke (daher der Name), aber auch zur Bewässerung einiger Wiesen am Westrand von Mals; für diesen Zweck noch in Betrieb.

20. Schganaunwaal

In der Nähe von Mals von der Puni westseitig abgeleiteter, nur kurzer Wiesenwaal, der zur Bewässerung der Schganaunwiesen dient und noch in seinem ursprünglichen Zustand erhalten und in Betrieb ist.

21. Unterer Gaschitschaswaal

Etwa 2,5 km langer, im Querprofil eher kleiner Waal, der im Planeiltal unweit des verfallenen Petesetteshofes in rund 1950 m Höhe von der Puni (Planeiler Bach) orographisch rechts abzweigt und nahezu eben durch die sonnseitigen Steilhänge bis in die Nähe von Planeil talaus führt. Er wurde um 1970 aufgelassen; der einfache Wiesenkanal ist heute teils noch verfolgbar, teils bereits fast bis zur Unkenntlichkeit verwachsen; in der Flur Pranòn sind an einer Stelle noch ein paar verfallene Bretterrinnen erhalten (Stand 1985). Hinsichtlich seiner früheren Instandhaltung vgl. Oberer Gaschitschaswaal.

22. Oberer Gaschitschaswaal

Der rund 4,5 km lange, im Querschnitt mittelgroße Waal beginnt im hinteren Planeiltal rund 500 m innerhalb der Knottberghütte an der Puni

Oberer Gaschitschaswaal

in 2100 m Höhe. Von da verläuft er stets nahezu eben durch die teilweise schütter mit Lärchen bestandenen Steilhänge der Sonnenseite des Planeiltales hinaus bis zu den Wiesen nordöstlich oberhalb Planeil, wo er in etwa 1870 m Höhe ausläuft. Er diente der Bewässerung der darunterliegenden Wiesen, in denen noch da und dort Ilzen erhalben sind. Der Waal wurde um 1965 aufgelassen, und der einfache Kanal ist noch größtenteils erhalten, aber bereits stark verwachsen. Bis zu seiner Auflassung oblag die Beaufsichtigung und Instandhaltung dieses und des Unteren Gaschitschaswaales einem Waalaufseher. Waalschelle und Waalerhütte gab es an keinem der Planeiler Waale.

23. Planeiler Alpwaal

Der 2,5 km lange, im Querprofil mittelgroße Almwaal beginnt an einem kleinen Hochmoor nahe der verfallenen Außerberghütte auf der Sonnenseite des inneren Planeiltales in 2380 m Höhe. Von da führt er nahezu eben quer durch die steinigen Almhänge zur Planeiler Alm (2203 m; stattliche neue Hütte) und läuft mit mehreren Endkanälen in den darunterliegenden

Planeiler Alpwaal

Almwiesen aus. Der Waal, der von den Almleuten betreut und instand gehalten wurde, ist seit ungefähr 1965 aufgelassen, aber als allmählich verfallender Bodenkanal noch einigermaßen erhalten (Stand 1985).

24. Petesetteswaal

Rund 2 km langer Waal, der im innersten Planeiltal in etwa 2100 m Höhe an der Puni gefaßt wurde und an der Schattenseite durch die Hänge bis zu den heute teilweise planierten „Hofwiesen" des ehemaligen Petesetteshofes führte. Zusammen mit dem Hof wurde auch der Waal in der zweiten Hälfte des vorigen Jahrhunderts aufgelassen. Er verfiel, wuchs zu, aber blieb in Form eines Hangweges bis heute erhalten. Benützte jemand diesen Weg, so sagte er noch bis vor kurzem, er gehe „waaleinwärts". Die Fortsetzung des einstigen Waales von den Hofwiesen an bildet der Obere Gumpatschwaal.

25. Oberer Gumpatschwaal

Der rund 2 km lange Waal wird heute südlich des ehemaligen Petesetteshofes am dort von den schattseitigen Hängen herabkommenden Bach in rund 1950 m Höhe gefaßt, verläuft am oberen Wiesenrand unter dem Wald talaus und endet im Bereich der Gumpatschwiesen östlich von Planeil. Er ist zwar weitgehend aufgelassen, führt streckenweise aber noch das Wasser kleiner,

Oberer Gumpatschwaal

vom Hang herabkommender Bäche, mit dem die Wiesen da und dort noch in der alten Art und Weise berieselt werden. Ursprünglich erhielt der Waal das Wasser auch von der Puni, das ihm durch den Petesetteswaal zugeführt wurde (s. dort). Unter dem Waal teilweise noch Zweigwaalsysteme, die aber im Zuge laufender Planierungsarbeiten nach und nach verschwinden (Stand 1985). Am Waal streckenweise schwacher Begleitsteig.

26. Unterer Gumpatschwaal

Der rund 2,5 km lange Wiesenwaal beginnt ein Stück außerhalb des ehemaligen Petesetteshofes in etwa 1900 m Höhe an der Puni orographisch links und verläuft ungefähr in halber Höhe des südseitigen Wiesenstreifens mit nur mäßigem Gefälle talaus bis gegen Planeil. Der Kanal ist im ersten Teil breit, gepflastert und trockengemau-

Der untere Gumpatschwaal in Planeil

ert, seit etwa 1983 aber aufgelassen und durch Planierungen auf längere Strecken zerstört oder gedeckt. Sein Verlauf ist nur noch in Teilen verfolgbar, da und dort ist der Kanal samt den Holzschleusen aber noch erhalten (Stand 1985). Einen Begleitweg besitzt er nicht.

27. Malser Unterwaal

Rund 2 km langer, im Querprofil mittelgroßer Waal (manchmal auch Tartscher Unterwaal genannt), der im nördlichen Dorfbereich von Mals bei der Vierzehn-Nothelfer-Kirche in 1090 m Höhe an der Puni beginnt, zunächst großteils als gedeckter Kanal zwischen den Häusern des Oberdorfes südostwärts zu den Wiesen und dann durch diese weiter bis in die Nähe von Tartsch führt. Er besitzt einen hübschen Begleitweg, ist aber — abgesehen von seinem ersten Abschnitt, in dem noch etwas Wasser für die Bewässerung von Gärten und kleinen Wiesen fließt — seit 1980 aufgelassen. Der bereits 1346 urkundlich erwähnte Waal diente der Bewässerung der Malser und Tartscher Wiesen, in denen noch verschiedene Zweigwaale erhalten sind.

28. Malser Mitterwaal

Rund 3 km langer, mittelgroßer Tragwaal, der in ca. 1130 m Höhe nahe dem nördlichen Dorfrand von Mals an der Puni orographisch links beginnt, zunächst längere Zeit durch steilen, teilweise felsdurchsetzten Lärchenwald nahezu eben südostwärts verläuft und sich dann lange durch die von Tartsch ansteigenden Wiesen und Felder hinzieht, um nach Querung der Matscher Straße und eines Grabens östlich des Tartscher Bühels in ca. 1050 m Höhe oberhalb des Montecatini-Werkes zu enden. Auch er ist — so wie der Unterwaal — seit 1980 aufgelassen; der vor allem im westlichen Abschnitt trockengemauerte Kanal samt Begleitsteig ist aber noch ziemlich gut erhalten (Stand 1985). Der Waal wurde 1346 anstelle eines älteren Wasserkanals erbaut und deckte den Wasserbedarf der Malser und Tartscher Kulturflächen bis hinab zum Unterwaal. Heute erfüllt diese Aufgabe eine Rohrleitung.

Wandermöglichkeit: siehe S. 44

Der Malser Mitterwaal

29. Malser Oberwaal

Mit seinen rund 4 Kilometern längster der drei Malser Waale. Seine Fassung liegt in rund 1250 m Höhe an der Puni nahe der „Steinernen Brücke". Von dort zieht er nahezu eben durch die steilen und z. T. felsigen Waldhänge nahezu eben süd- und südostwärts, erreicht oberhalb Mals die Wiesen und verläuft an deren oberem Rand weiter bis zu den östlich des Tartscher Bühels hinabziehenden Gräben. Das Ende des Waales liegt in rund 1170 m Höhe. Im östlichen Abschnitt säumen teilweise schöne Kastanien den großteils trockengemauerten und tiefen, von einem guten Weg begleiteten Tragwaal, der bereits 1346 schriftlich erwähnt wird. 1980 wurde er, gleichzeitig mit den beiden unteren Waalen, aufgelassen und durch eine abseits derselben verlaufende Rohrleitung ersetzt. 1981 wurde in Mals aber ein Komitee zur Rettung der Waale gegründet, und 1984 konnte, nach Abschluß der erforderlichen Instandsetzungsarbeiten, der westliche, knapp 2 km lange Abschnitt des Waales — allerdings nur noch als Touristenwaal — wieder in Betrieb genommen werden.

Wandervorschlag: siehe S. 44

30. Tellawaal

Knapp 1,5 km langer Jochwaal, der in 2400 m Höhe am Laatscher-Alm-Bach (südl. Zufluß des Alpbaches) im Arundatal beginnt und dann nahezu eben durch die nordexponierten Berghänge südostwärts bis zum Tellajoch (2358 m) führt. Von da floß das Wasser südseitig hangabwärts und diente, zusammen mit dem Tellabach, zur Bewässerung der Wiesen und Felder der Höfe von Tella. Heute ist der Waal aufgelassen, der teilweise gepflasterte und mit Steinplatten eingefaßte Kanal ist aber noch erhalten.

31. Tauferer Dorfwaal

Rund 2 km langer, bachähnlicher Waal (auch Avigner Waal genannt), der in rund 1420 m Höhe von dem aus dem Avignatal kommenden Valarolabach orographisch links abgeleitet wird und teilweise mit relativ starkem Gefälle zunächst offen und naturbelassen ostwärts verläuft, dann betoniert und gedeckt das Dorf Taufers im Münstertal durchquert und schließlich in den Wiesen unterhalb des Dorfes in ca. 1200 m Höhe in den Rampitschenwaal mündet. Der Waal ist noch voll in Betrieb und dient heute der Bewässerung der zwischen ihm und dem Valarolabach liegenden Wiesen (hier noch intaktes Zweigwaalsystem) sowie der Grünflächen unterhalb von Taufers. Früher trieb er auch ein Sägewerk und mehrere Mühlen. Er besitzt zwar keinen Begleitsteig, doch verläuft der ins Avignatal führende Fahrweg parallel zum etwas tiefer liegenden Waal.

32. Tschenölwaal

Der rund 1 km lange, im Querprofil nur kleine Waal beginnt am Valarolabach im äußeren Avignatal und verläuft etwas höher als der Plurwaal (s. dort) um einen versteppten Geländerücken herum zu den Wiesen, die sich von Taufers im Münstertal in einem kleinen Tälchen nordwestwärts hinaufziehen. Der Waal ist schon lange aufgelassen, der kleine Kanal ist aber noch erhalten und am westlichen Trockenhang des erwähnten Rückens noch gut erkennbar.

33. Plurwaal

Rund 4 km langer, im Querprofil eher kleiner Waal (auch Oberwaal oder Turnaunawaal genannt), der in ca. 1400 m Höhe im äußeren Avignatal vom Tauferer Dorfwaal orographisch links abgeleitet wird, nahezu eben um einen Geländerücken herum und dann durch Wiesen in Richtung Tauferer Pfarrkirche verläuft, von dort durch die Trockenhänge unterhalb der Ruinen Rotund und Reichenberg nordostwärts wei-

Der Westteil des Plurwaales

terführt und am kleinen Murkegel Turnauna in ca. 1240 m Höhe endet. Von seiner Fassung bis zum kleinen Tellabach östlich der Pfarrkirche (rund 2,5 km) führt der Waal noch Wasser und dient der Bewässerung der darunterliegenden Wiesen, während der östliche, landschaftlich schönere Abschnitt bereits seit den zwanziger Jahren aufgelassen und weitgehend verschwunden ist. Heute verläuft hier der Wanderweg Nr. 8, der in den Karten als „Waalweg" verzeichnet ist. Ein kurzer, aber hübscher Steig folgt ein Stück auch der noch in Betrieb befindlichen westlichen Waalstrecke ab Dorfwaal.

Wandervorschlag: siehe S. 46

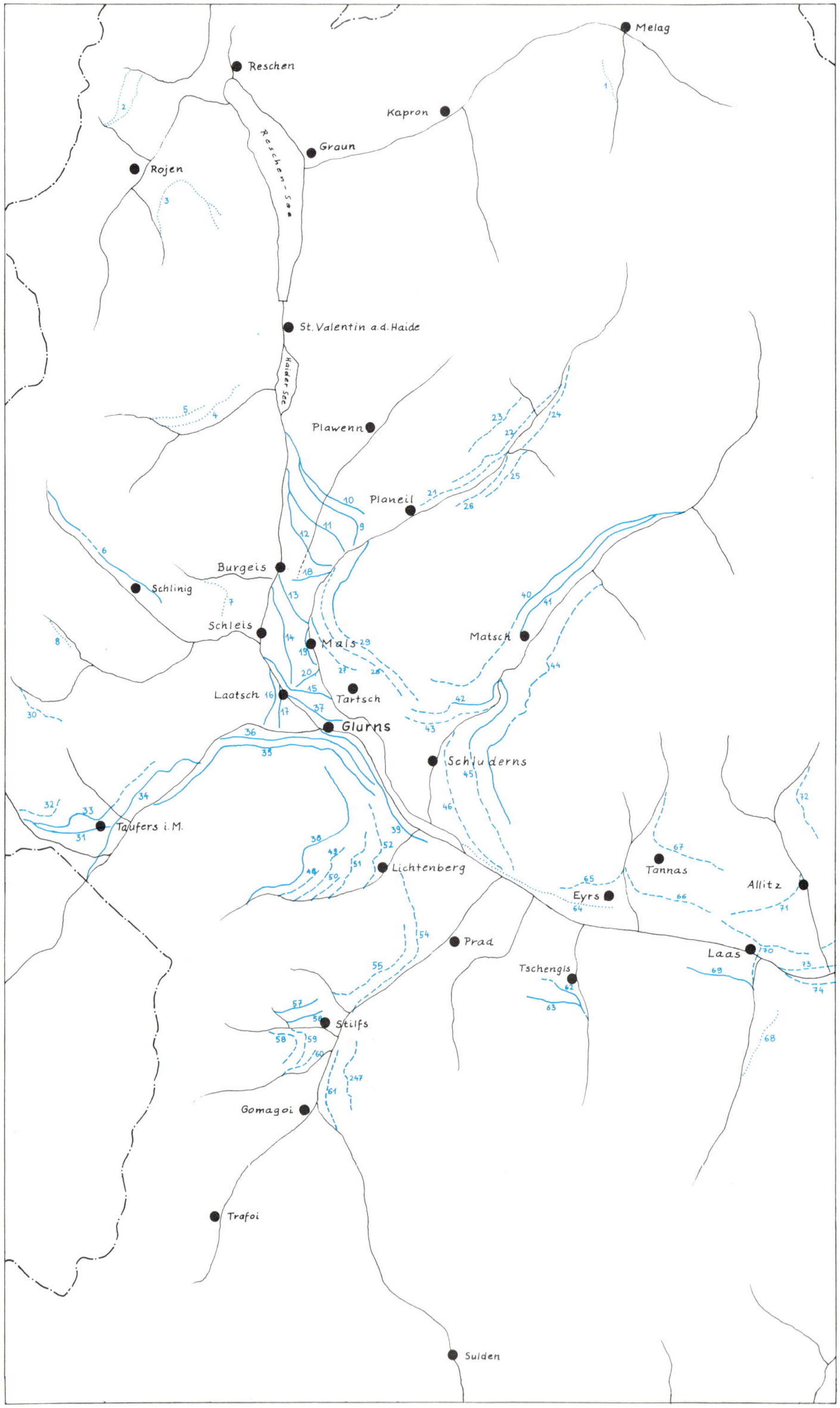

Waale im oberen Vinschgau ___ = in Betrieb; - - - = aufgelassen; ... = fraglich (Stand 1985)

34. Rampitschenwaal

Der rund 5 km lange Wiesenwaal wird an der Schweizer Grenze nahe dem Weiler Puntweil vom Rambach in 1220 m Höhe orographisch links abgeleitet, durchquert in vielen Windungen nahezu eben die von Taufers im Münstertal gegen den Rambach hinabziehenden Wiesen, folgt dann ostwärts ein Stück der Talstraße, verläuft nach deren Querung weiterhin nahezu eben durch die unteren Wiesen des Turnauna-Murkegels, passiert hier die Gemeindegrenze zwischen Taufers und Laatsch, folgt dann dem Wiesenrand und mündet schließlich, nach kurzer Querung des Calvenwaldes, in ca. 980 m Höhe wieder in den Rambach. Der Waal ist in seinem ursprünglichen Zustand erhalten und noch voll in Betrieb. Nahe der erwähnten Gemeindegrenze befindet sich eine quergestellte Steinplatte mit einem Loch im Waal, durch das die einst vertraglich festgelegte Wassermenge fließt. Nach einer Aufzeichnung aus dem Jahre 1912, der wahrscheinlich das Urbar der Tauferer Pfarre zugrundeliegt, wurde der Waal im Jahre 1550 erbaut, nachdem ein Jahr zuvor zwischen Taufers i. M. und Laatsch der entsprechende Vertrag geschlossen worden war. In der Folge kam es wiederholt zu Streitigkeiten, in deren Verlauf die erwähnte Steinplatte mit dem Meßloch eingesetzt, aber auch die Gemeinde Taufers vom Gericht zu einer Geldstrafe verurteilt wurde (1587).

Wandervorschlag: S. 46

35. Glurnser Mitterwaal

Rund 7 km langer, im Querprofil großer Tragwaal (im Münstertal wird er zuweilen nach einem südlichen Seitenbach Avazasswaal genannt), der rund 1 km östlich des Weilers Rifair in 1050 m Höhe vom Rambach orographisch rechts abgeleitet wird und von da an durchwegs nahezu eben durch die teils mäßig, teils sehr steilen und von senkrechten Felsabbrüchen durchzogenen Waldhänge der Schattseite nordostwärts hinaus zu den Wiesen und Feldern auf dem Glurnser Schwemmkegel verläuft und sich durch diese bis gegen den Söleshof (898 m) fortsetzt. Am Beginn und dann an mehreren exponierten Stellen im mittleren Teil etwa halbmeterdicke Beton- oder Eisenrohre, im übrigen Verlauf aber noch in seinem ursprünglichen Zustand erhaltener, rund 50 cm breiter und stellenweise über einen Meter tiefer, offener Kanal mit großteils trokkengemauertem Damm; stellenweise auch noch Holzkandeln und Wieren. Der wenig bekannte und wegen der zum Teil äußerst ausgesetzten Stellen nur selten begangene Waal, der zu den größten und eindrucksvollsten des Vinschgaus gehört, ist noch voll in Betrieb, was für eine Waalschelle auf den Glurnser Feldern und für einen kurzen gepflasterten Zuleitungswaal vom erwähnten Avazassbach herab allerdings nicht mehr gilt. Das Wasser dieses Baches wurde früher für die Bewässerung der Kornfelder herangezogen, da es besser und reiner war als jenes des Rambaches. Der laut Trenkwalder bereits 1260 erbaute Waal verläuft um einiges höher, aber parallel zum Glurnser Unterwaal, während der Glurnser Bergwaal — sozusagen der Oberwaal — von der Südostseite her die Wiesen erreicht.

Verfallende Waalschelle bei Glurns

Wandervorschlag: siehe S. 48

36. Glurnser Unterwaal

Rund 4,5 km langer Wiesenwaal ohne Begleitweg, der nahe der Calvenbrücke, mit der die ins Münstertal führende Straße den Rambach überquert, in 965 m Höhe vom Rambach orographisch rechts abgeleitet wird, zuerst quer durch die flachen Wiesen und dann ein gutes Stück parallel mit der Münstertaler Straße ostwärts verläuft, nach Querung der Straße den Glurnser Schwemmkegel umrundet und beim Söleshof (898 m) in den Loasenwaal mündet. Der Waal befindet sich noch in seinem ursprünglichen Zustand und ist noch voll in Betrieb (Stand 1985). Seine Wasserführung beträgt 120 l/s (Trenkwalder). Die Instandhaltung und Beaufsichtigung obliegt einem eigenen Waaler.

37. Glurnser Wiesenwaal

Etwa 2,5 km langer Waal, der nahe dem südlichen Dorfrand von Laatsch in rund 975 m Höhe an der Etsch orographisch links gefaßt wird, dann südostwärts mit nur sehr leichtem Gefälle durch die Wiesen und Felder verläuft und in „Obermühl" rund 500 m nördlich von Glurns in die Puni mündet. Er ist noch in seinem ursprünglichen Zustand erhalten und voll in Betrieb (Stand 1985).

38. Glurnser Bergwaal

Rund 6 km langer Waal („Perkwaal" gespr.), der vom Chavalatsch- oder Gutfallbach in etwa 2000 m Höhe unterhalb der Dorferalm orographisch links abgeleitet wird, zunächst ein Stück in Kandeln und dann größtenteils als Bodenkanal mit nur geringem Gefälle durch die Waldhänge oberhalb der Lichtenberger Höfe nordostwärts verläuft, später längere Zeit ziemlich steil hangabwärts führt und schließlich wieder mit nur geringem Gefälle die Wälder nordwärts quert, um in ca. 1050 m Höhe nahe dem Kirchlein St. Martin den Glurnser Murkegel zu erreichen, wo das Wasser zur Verteilung gelangt. Er ist noch in seinem ursprünglichen Zustand erhalten und voll in Betrieb, führt normalerweise aber nur im Frühsommer Wasser, da ab dem Johannestag nur noch die Lichtenberger Höfe das Recht haben, den Chavalatschbach anzuzapfen. Die Beaufsichtigung und Instandhaltung des Waales obliegt einem eigenen Waaler, eine Waalschelle gab es hier nie.

39. Loasenwaal

Etwa 3 km langer Waal, der beim Tauferer Tor von Glurns an der Etsch orographisch rechts gefaßt wird und dann durch die Kulturgründe in Richtung Söleshof und Lichtenberg führt. Er ist noch in Betrieb und dient der Bewässerung der dortigen zum Teil ausgedehnten Wiesen.

40. Matscher Ackerwaal

Mit seinen 9 km Länge (Rosenberger gibt nicht ganz zutreffend sogar 9,8 km an) einer der längsten Waale des Vinschgaus und Südtirols. Er wird im inneren Matscher Tal in 1725 m Höhe rund 1 km außerhalb des Äußeren Gließhofes vom Saldurbach (Matscher Talbach) orographisch rechts abgeleitet, durchzieht von da an

Matscher Ackerwaal (erster Abschnitt)

nahezu eben die gesamten westseitigen Grashänge des Matscher Tales bis oberhalb Matsch, quert dann zunächst lichte Lärchenbestände und später stärker fallend die steppenartigen Trokkenhänge der oberen Schludernser Leiten, erreicht schließlich die Wiesen des Weilers Muntatschinig und läuft hier in rund 1420 m Höhe aus. Im ersten Abschnitt, der auch als Längeswaal bezeichnet wird, beträgt die Wasserführung lt. Fischer 300 l/s. Bis oberhalb Matsch (rund 5,5 km) ist der Waal noch in seinem ursprünglichen Zustand erhalten und voll in Betrieb, von da bis zu den Muntaschiniger Wiesen ist er hingegen aufgelassen und durch eine unterirdische Rohrleitung ersetzt; hier ist der Kanal noch teilweise erhalten, im westlichen Teil aber auch schon zugebaggert worden (Stand 1985). Entlang des mittelgroßen Kanals großteils ein schwacher Begleitsteig. Der Name des Waales bezieht sich darauf, daß das Wasser früher im mittleren und westlichen Teil vorwiegend zur Bewässerung von Äckern diente; während Fischer den Namen richtig angibt, herrscht bei Rosenberger einige Unklarheit: Hier findet sich einmal Feldwaal, dann Wiesenwaal, einmal auch Bergwaal. Waalschellen gab es nie, die Instandhaltung und Beaufsichtigung obliegt, zusammen mit dem Wiesenwaal, einem eigenen Waaler.

Matscher Ackerwaal (aufgelassener Teil)

Zugänge: siehe Matscher Wiesenwaal.

41. Matscher Wiesenwaal

Der rund 5 km lange Waal wird in den Dialwiesen im inneren Matscher Tal in rund 1720 m Höhe vom Ackerwaal (s. dort) rund 400 m nach dessen Fassung talseitig abgezweigt und führt von da nahezu eben durch die Wiesenhänge der westlichen Talseite hinaus bis oberhalb Matsch, wo er in rund 1600 m Höhe ausläuft. Er verläuft durchschnittlich rund 20 m tiefer als der Ackerwaal, ist etwas kleiner als dieser (lt. Fischer 160 l/s) und besitzt nur streckenweise einen schwachen Begleitsteig. Entlang des Kanals keine typische Waalvegetation. Der Name weist darauf hin, daß dieser Waal — im Gegensatz zum Ackerwaal — von jeher vorwiegend nur zur Bewässerung von Wiesen diente. Er ist in seinem ursprünglichen Zustand erhalten und voll in Betrieb, in den ausgedehnten Wiesenhängen unter dem Waalverlauf noch ausgedehnte Zweigwaalsysteme mit Ilzen und Bichl, wenngleich auch hier heute schon zu einem guten Teil beregnet wird (Stand 1985). Wiesen- und Ackerwaal werden zusammen von einem Waalaufseher betreut.

Zugang: Sowohl von der Ortschaft Matsch als auch von der taleinwärts führenden Straße aus kann über die Wiesenhänge an verschiedensten Stellen mühelos in etlichen Minuten zum Wiesenwaal und zum Ackerwaal aufgestiegen werden. Der Beginn der beiden Waale ist von der Dialbrücke, mit der die Talstraße den Saldurbach überquert, leicht und mühelos zu erreichen.

42. Schludernser Leitenwaal

Rund 3,5 km langer Tragwaal, der in ca. 1200 m Höhe nordöstlich von Schluderns in der Schlucht des Saldurbaches vom Schludernser Bergwaal etwa 100 m nach dessen Fassung abgezweigt wird, zuerst mit einer Rohrleitung die Schlucht überquert und dann durch die mehr oder minder stark bewaldeten, teilweise felsigen und äußerst steilen Hänge nahezu eben westwärts führt. Nach knapp 2 km erreicht der großteils trockengemauerte, stellenweise auch in die Felsen gemeißelte Waal die unbewaldeten Schludernser Leiten, durchquert diese, von Buschwerk gesäumt, bis zur Schludernser Gemeindegrenze oberhalb des Montecatiniwerks und endet hier in rund 1080 m Höhe nordwestlich ober Schluderns. In den Leiten fällt der Waalverlauf als Trennlinie zwischen grünen Wiesen und dürrer Steppe weithin auf, im östlichen Abschnitt dagegen als üppiger Vegetationsstreifen. Von der Fassung bis zum Beginn der Wiesen (ungefähr 2,5 km) ist der Waal noch großteils in seinem ursprünglichen Zustand erhalten, offen und wasserführend, während der westliche Teil aufgelassen und durch eine Rohrleitung ersetzt ist. Der allmählich zuwachsende Kanal ist hier aber noch einigermaßen erhalten (Stand 1985).

Wandervorschlag: siehe S. 50.

43. Griggwaal (Schluderns)

Der knapp 3 km lange Waal verlief rund 100 bis 200 m unter dem Schludernser Leitenwaal. Er wurde nordöstlich von Schluderns in ca. 1000 m Höhe vom Saldurbach orographisch rechts abgeleitet, durchquerte nahezu eben die äußerst steilen, teilweise schwach bewaldeten und von Gräben und Felspartien durchsetzten westseitigen Talhänge bis oberhalb Schluderns und setzte sich von da westwärts durch die unteren Leiten fort bis zur Schludernser Gemeindegrenze beim Montecatiniwerk; Ende des Waales in ca. 970 m Höhe. Entlang des Waales üppige Vegetation in Form von Gebüsch und Bäumen, die aber im östlichen Teil schon weitgehend verdorrt ist, seitdem der Waal 1982 aufgelassen und in den Kanal eine Rohrleitung verlegt wurde. Im Bereich der Saldurschlucht bis hinaus oberhalb Schluderns wurde der stets sehr schwierig instand zu haltende Waal zum Wanderweg umfunktioniert.

44. Gschneirer Waal

Ursprünglich knapp 10 km langer und damit einer der längsten Vinschgauer Waale, der in ca. 1750 m Höhe am Remsbach, einem ostseitigen Zufluß des Saldurbaches im mittleren Matscher Tal, beginnt, durch die Waldhänge südwärts zur Rodung mit den Runhöfen (1683 m) verläuft, nach Querung des Aviunsbaches oberhalb der Wiesen des Ellhofes (1562 m) weiter zum Flitterbach führt und in Richtung Greinhof erneut Waldhänge quert. Bis hierher (ca. 7 km) ist der Waal bereits seit den 60er Jahren aufgelassen und durch eine teils offenliegende, teils in den Kanal versenkte und abgedeckte Rohrleitung ersetzt, die ungefähr in halber Höhe zwischen Greinhof und Marseilhof endet. Ab da ist der wasserführende Waal in seinem ursprünglichen Zustand erhalten und zieht fast ausschließlich durch mäßig steilen Nadelwald mit nur sehr leichtem Gefälle noch rund 3 km südwärts weiter bis zu den Wiesen der Höfegruppe Gschneir (1344 m; südöstlich von Schluderns gelegen), in denen er hangabwärts ausläuft bzw. in die Beregnungsanlagen übergeht. In den Wiesen aller erwähnten Höfe noch Zweigwaale und Bichl der teils noch heute durchgeführten, teils durch Beregnung ersetzten Berieselung. Im offenen, südlichen Teil des Waales eine funktionierende Waalschelle (Stand 1985). Der Waal ist nach der Höfegruppe Gschneir benannt, für den ersten Abschnitt bis zum Aviunsbach gibt Fischer die Bezeichnung Remswaal und eine Wasserführung von 450 l/s an; ab Aviunsbach 300 l/s.

Wandervorschlag: siehe S. 55.

45. Schludernser Bergwaal

Ursprünglich 6,5 km langer, im Querprofil mittelgroßer Tragwaal mit einer Wasserführung von 270 l/s (Fischer), der nordöstlich von Schluderns in der Schlucht des Saldurbaches in rund 1200 m Höhe am erwähnten Bach orographisch links gefaßt wird. Der Waal, von dem bald nach der Fassung der Leitenwaal abzweigt, quert zunächst — teilweise in Kandeln — den Aviuns- und den Flitterbach und zieht dann mit nur geringem Gefälle durch die sehr steilen, teilweise felsigen, teilweise auch von Schuttströmen und Gräben durchzogenen ostseitigen Talflanken bis hinaus zum Vernalhof (1152 m); bis hierher (rund 2,5 km) ist der teils trockengemauerte, teilweise auch in den Fels gemeißelte Waal noch in seinem ursprünglichen Zustand erhalten, offen und wasserführend. Ab Vernalhof wurde er hingegen 1984 im Zuge der Errichtung von Beregnungsanlagen aufgelassen und auf einer Strecke von einem Kilometer sogar zugebaggert und damit zerstört. Dieser verschwundene bzw. aufgelassene Abschnitt verläuft, großteils von Gebüsch gesäumt, südwärts durch die Wiesen der Höfe Rafill, Schluret, Kofl und Pohl und senkt sich dann, eine scharfe Linie zwischen grünen Wiesen und dürren Steppen bildend, nach Alt-Spondinig ab (895 m). Am Vernalhof Kläranlage und Einmündung des Waalwassers in die Rohrleitung, im zerstörten Abschnitt früher eine Waalschelle. Die da und dort anzutreffende Schreibung Perkwaal entspricht, wie bei den anderen Bergwaalen, der im Vinschgau üblichen Aussprache; Fischer schreibt Bergerwaal.

Wandervorschlag: siehe S. 54

46. Quaierwaal

Der rund 5,5 km lange Tragwaal (Gwoarwaal gespr.) hat seine Fassung hinter Schluderns am Saldurbach in ca. 950 m Höhe, führt zunächst am östlichen Dorfrand vorbei und dann, nur etliche Meter oberhalb der Vinschgauer Talstra-

Der aufgelassene Quaierwaal

ße, stets nahezu eben durch die Hänge bis nach Neu-Spondinig (895 m; 1 km östlich von Alt-Spondinig). Der im Querschnitt ziemlich große Waal ist großteils trockengemauert; stellenweise auch Betonrinnen. Entlang fast des ganzen Verlaufs charakteristische Waalvegetation mit üppigem Strauchwerk, Pappeln und anderen Laubbäumen, wodurch der Waal weithin auffällt. Durch die Errichtung der Beregnungsanlage am Schludernser Bergwaal wurde der Quaierwaal für die Bewässerung aber überflüssig und 1984 aufgelassen. Er führt nur noch im ersten Stück auf einer Länge von rund 100 m etwas Wasser für die Bewässerung des Schludernser Parks (Stand 1985). Da Begleitweg und Vegetation noch intakt sind, wäre die Wiederbelebung des Waales nicht nur wünschenswert, sondern auch noch ohne allzu großen Aufwand möglich.

47. Tirolerwaal

„Der Tirolerwaal im Bereich Schluderns ist nicht mehr in Betrieb"; dies schreibt Trenkwalder (1977), bringt aber leider keine näheren Angaben. Eine eingehendere Erkundung steht noch aus.

48. Pazzinwaal

Abgesehen vom Glurnser Bergwaal ist dies der höchstgelegene Waal im Bereich der Lichtenberger Höfe. Er ist rund 1,5 km lang, beginnt in ca. 1700 m Höhe am Chavalatsch- oder Gutfallbach orographisch links, zieht zuerst durch steilen Lärchenwald ostwärts und verläuft dann am oberen Rand der Wiesen bis zu deren Ende nordwestlich der beiden Pazzinhöfe (Innerpazzin 1550 m, Außerpazzin 1535 m), wo er in rund 1580 m Höhe ausläuft. Der den Wasserbedarf der beiden Höfe deckende Waal wurde 1983 aufgelassen und durch eine Rohrleitung ersetzt.

49. Perdallwaal

Rund 2 km langer und zweithöchster Waal im Bereich der Lichtenberger Höfe. Seine Fassung liegt in ca. 1570 m Höhe am Chavalatschbach, von wo er ostwärts teils fast eben, teils mit stärkerem Gefälle ein Stück unterhalb der Pazzinhöfe durch die steilen Wiesenhänge bis zu deren nordöstlichem Rand führt und in rund 1350 m Höhe endet. Nur an zwei Stellen verläuft er auch kurz durch Lärchenwald. Ursprünglich großteils Bodenkanal, auf kurze Strecken auch Kandelführungen. 1984 wurde er aufgelassen, durch eine Rohrleitung ersetzt und zugeschüttet. Die Kandeln sind da und dort aber noch erhalten (1985). Der Waal deckte den Wasserbedarf von

Kandeln am Perdallwaal

insgesamt zehn Höfen. Auf den gesamten Wiesen der Lichtenberger Höfe noch Reste der früheren Berieselung in Form von Zweigkanälen und Bichl, heute werden die Wiesen aber fast ausschließlich beregnet.

50. Glatschwaal

Bereits 1973 aufgelassener und durch eine Rohrleitung ersetzter, 1 km langer Waal, der in ca. 1470 m Höhe am Chavalatschbach orographisch links gefaßt wurde und fast ausschließlich durch steile Wiesenhänge bis zum Egghof (1435 m; einer der Lichtenberger Höfe) führte. Der Waal ist heute verschwunden.

51. Unterwaal (Lichtenberger Höfe)

Tiefstgelegener Waal der Lichtenberger Höfe. Er führte vom Chavalatschbach (Fassung in ca. 1450 m Höhe) nordostwärts zuerst kurz durch Wald und dann ein Stück unterhalb des Egghofes durch die steilen Wiesen gegen den Wallnöferhof, hierauf noch ein Stück mit nur geringem Gefälle durch die Wiesen weiter, dann durch Wald steiler bergab in Richtung Plasegg- und Grosshof und zwischen diesen beiden Höfen durch bis zum Nordrand der Wiesen, wo er in ca. 1220 m Höhe endete. Seine Länge betrug rund 2,5 km. 1982 wurde im Waal eine Rohrleitung verlegt und der Kanal zugeschüttet. Seinen ehemaligen Verlauf kennzeichnen nur noch wenige Reste und kurze Kandelführungen (z. B. unterhalb des Plasegghofes). Bei diesem Waal scheint es sich um jenen „neuen Waal" zu handeln, nach dem der urkundlich 1363 genannte Wallnöferhof den Namen erhalten hat (vgl. hiezu die Chronik auf S. 36).

52. Lichtenberger Waal

Ehemaliger, schätzungsweise 3 km langer Waal, der in rund 1100 m Höhe am Chavalatschbach orographisch links gefaßt wurde und teils durch steile Waldhänge, teils durch die von der Talsohle westseitig ansteigenden Wiesen nordwärts führte. Der Waal ist schon lange aufgelassen und teilweise verschwunden, da und dort ist der stark verwachsene und weitgehend verfallene Kanal aber noch verfolgbar (Stand 1985). Ein Stück verläuft der mit Nr. 9 markierte Steig parallel mit dem Waal.

53. Lirilariwaal

Diesen nach seinem gewundenen Verlauf benannten Waal im Gebiet von Prad erwähnt Rosenberger um 1935. Heute ist aber sowohl der Waal als auch der Name in Prad nicht mehr bekannt (freundl. Mitteilung von Dr. Zischg).

54. Frauwaal

Rund 4,5 km langer Waal mit mittelgroßem Querschnitt, der hauptsächlich der Bewässerung der Hangwiesen zwischen Prad und Lichtenberg diente. Er führt von der Fassung am Suldenbach in ca. 1025 m Höhe (etwa 2,5 km südwestlich von Prad) nahezu eben durch die sehr steilen, mit Gebüsch und Lärchen bestandenen sonnenseitigen (orographisch linken) Hänge talaus, quert südlich oberhalb Agums in rund 980 m Höhe die neue, nach Patzleid führende Straße und setzt sich, weiterhin mit nur geringem Gefälle verlaufend, teils durch Waldbestände, da und dort auch durch Wiesen führend, nordwestwärts bis gegen den NO-Fuß des Kirchhügels von St. Christina östlich von Lichtenberg fort (ca. 900 m). Beim Waal handelt es sich großteils um einen Hangkanal mit teilweise trockengemauertem Damm; da und dort auch kurze Kandelführungen, im ersten Abschnitt auch kurze betonierte Strecken sowie ein kleiner Felsstollen. Er wurde um 1975 aufgelassen und durch eine abseits von ihm verlaufende Rohrleitung mit Pumpwerk ersetzt, ist im großen und ganzen aber noch weitgehend erhalten; im sonnenexponierten Abschnitt ist die Vegetation teilweise bereits abgedorrt (Stand 1985). Der Begleitweg wurde 1985 an schadhaften Stellen vom Alpenverein instand gesetzt und ist markiert und beschildert; ob auch der Waal selbst wiederbelebt wird, ist fraglich.

Wasserführendes Stück des Frauwaales

Zugang: Der Waal ist von Prad bzw. von der dortigen Brücke über den Suldenbach auf dem nach Patzleid führenden Fahrweg (Wegweiser „Waalweg") in ca. zehn Minuten mühelos erreichbar. An der ehemaligen Waalfassung ist der Bau einer Brücke über den Suldenbach geplant.

55. Bergerwaal (Prad)

Der rund 3 km lange Waal begann nordöstlich von Stilfs am Wassertalbach in rund 1200 m Höhe und querte dann sehr steile Erosionshänge ostwärts; Fassung und dieses erste Stück des Waales heute verschwunden. Nach den Murhängen quert der mittelgroße Waal, durchwegs nahezu eben, steile, im westlichen Teil von kleineren Erosionsgräben durchzogene Waldhänge bis hinaus zu den Wiesen oberhalb Patzleid, in denen er unweit des Mitterhofes in rund 1070 m Höhe endet. Er wurde bereits um 1970 aufgelassen und durch eine großteils im Waal verlaufende Rohrleitung ersetzt. Der Begleitsteig ist bis zu den erwähnten Murgräben noch gut begehbar und der Kanal erhalten; ebenso sind alte Kandelführungen sowie ein längerer gemauerter Stollen jüngeren Datums noch vorhanden. An einem Felsen neben dem Waal zwei Eisenringe mit unklarer Zweckbestimmung. So wie die heutige Rohrleitung diente der Waal zur Bewässerung der Wiesen des Patzleid-, des Mitter- und des Gargitzhofes, in deren Bereich aufgelassene Tschötten und Zweigwaale erhalten sind (Stand 1985).

Der Bergerwaal bei Prad

Gemauerter Stollen am Bergerwaal

56. Unterer Fattirawaal

Nur etwa 800 m langer Waal, der in den Erosionsgräben (Muren genannt) oberhalb Stilfs an einem nördlichen Seitenbächlein des Schmied- oder Tramentanbaches beginnt und zu den sogenannten Mittelwiesen zwischen Stilfs und Faslar führt. Er ist noch in seinem ursprünglichen Zustand erhalten und in Betrieb (Stand 1985).

57. Oberer Fattirawaal

Rund 1,5 km langer Waal (teils Kandeln, teils Bodenkanal), der in ca. 1600 m Höhe unter den Alpwiesen am Schmied- oder Tramentanbach orographisch links gefaßt wird, durch die steilen, von Erosionsgräben durchzogenen Wiesen ostwärts verläuft und ober den Höfen von Faslar in etwa 1550 m Höhe ausläuft. Er wird auch Faslar- oder Alpwiesenwaal genannt und ist noch in seinem ursprünglichen Zustand erhalten und voll in Betrieb (Stand 1985). Den Namen hat er von den Fattirawiesen erhalten.

58. Platzwaal (Stilfs)

Rund 1,5 km langer Waal, der nahe dem Valatschhof in ca. 1700 m Höhe am Schmied- oder Tramentanbach orographisch rechts beginnt und durch die Waldhänge südost- bzw. südwärts bis zu den Wiesen oberhalb des Weilers Platz führt. Der Waal wurde um 1980 aufgelassen und verrohrt, der Kanal ist aber noch stellenweise erhalten.

59. Paschtwaal

Rund 1 km langer Waal, der ein Stück tiefer als der Platzwaal am Schmied- oder Tramentanbach orographisch rechts beginnt und durch die Waldhänge zu den Wiesen der beiden Paschthöfe (1454 m) führt. Um 1980 aufgelassen und durch Rohrleitung ersetzt, der Kanal aber noch erhalten. Der Waal wurde auch Unterer Platzwaal genannt.

60. Tschaschaidawaal

Rund 1 km langer Waal, der vom Maretsch- oder Platzbach die Hänge unterhalb des Platzer Kirchleins (St. Martin) durchquert. Da er gepflastert ist, wird er auch Pflasterwaal genannt. Er ist schon seit längerer Zeit aufgelassen.

61. Lent-Masuttwaal

Knapp 2 km langer Waal, der nahe der „Feichtabrücke" in ca. 1280 m am Suldenbach orographisch rechts beginnt, über die Scheibleckwiesen und am Lenthof (Ruine) vorbei bis zu den Masuttgütern südlich der Stilfser Brücke führt (ca. 1130 m). Um 1965 aufgelassen, der Kanal aber noch erhalten; der Waalsteig noch ziemlich gut begehbar.

62. Tschenglser Bergwaal

Rund 1,5 km langer Waal mit mittelgroßem Querprofil, der in ca. 1400 m Höhe vom Tschenglsbach orographisch rechts abgeleitet wird, zunächst mit nur geringem, später etwas stärkerem Gefälle die Waldhänge nordwestwärts durchquert und südöstlich oberhalb des Türkhofes die Wiesen und Felder erreicht (ca. 1200 m). Hier teilt er sich in mehrere, zum Teil noch stattliche Zweigwaale, die heute aber großteils aufgelassen und durch Rohrleitungen ersetzt sind. Im Zuge eines Forstwegebaues wurde der erste Teil des Waales (etwa 200 m) um 1983 in unterirdische Rohre gefaßt, der Rest bis zu den Wiesen ist im ursprünglichen Zustand (teilweise trockengemauerter und gepflasterter Kanal) erhalten. Ein Stück unterhalb der Abzweigung des Fischerwaales eine interessante Waalschelle. Der Waal ist noch voll in Betrieb, der ihn begleitende Steig gut begehbar (Stand 1985). Heute kein Waaler mehr, früher einer, der beide Waale beaufsichtigte.

Wandervorschlag: siehe S. 57.

63. Fischerwaal

Der knapp 2 km lange Waal wird in ca. 1280 m Höhe südlich ober Tschengls vom Bergwaal orographisch links (bergseitig) abgezweigt, führt nahezu eben bis leicht fallend durch die Waldhänge westwärts und endet unweit des Vorburghofes gegenüber der Ruine Tschenglsberg in den dortigen Wiesen wenige Schritte oberhalb der neuen Straße (ca. 1250 m). Er nimmt durch einen über dem Bergwaal liegenden Kandl dessen Überwasser auf und ist im Querschnitt etwas kleiner als dieser. Großteils streckenweise gemauerter Erdkanal, da und dort auch kürzere oder längere Kandlführungen; keine Waalschelle. Der Waal ist in seinem ursprünglichen Zustand erhalten und wasserführend, der Begleitsteig markiert und gut begehbar (Stand 1985).

Wandervorschlag: siehe S. 57.

64. Oberer Auwaal

Nach den knappen Angaben Fischers (1974) zu schließen, wonach der Waal von der Puni bis nach Eyrs verläuft und eine Wasserführung von 260 l/s aufweist, handelt es sich um einen mindestens 4 km langen Waal, der an der Puni kurz vor ihrer Mündung in die Etsch westlich von Alt-Spondinig gefaßt wird, ostwärts verläuft und nach Neu-Spondinig die weiten Wiesen und Felder im Talboden bis zu den südöstlich von Eyrs befindlichen Auen durchquert. Eine genauere Erkundung steht noch aus.

65. Westlicher Eyrser Waal

Dieser Name ist willkürlich gewählt, um den Waal einerseits von dem ostwärts verlaufenden

Ausgedienter Kandl am Westl. Eyrser Waal

und andererseits vom Waal oberhalb Tannas zu unterscheiden. Die Einheimischen dagegen sprechen vom „Tannaser Wasserwaal — Spondiniger Seite“. Der rund 1,5 km lange Waal beginnt in rund 920 m Höhe nördlich von Eyrs am Tannaser Bach und führt anfangs teilweise durch Kulturgründe und später durch den unteren Teil der Sonnenleiten nahezu eben westwärts; sein Ende liegt im Bereich der Mündung der Eyrser Dorfstraße in die Vinschgauer Hauptstraße (882 Meter). Er wurde um 1977 im Zuge der Errichtung von Beregnungsanlagen aufgelassen, und der große und tiefe Kanal ist, wo er nicht schon verschwunden ist, stark von Gebüsch überwuchert; an einem seichten Graben noch ein großer Kandl. Der Waalweg ist heute ein breiter, markierter Wanderweg (Stand 1985). Eine Waalschelle gab es hier nie, ebensowenig einen eigenen Waalaufseher; die Bauern hatten auch hinsichtlich der Waalinstandhaltung ihre Rode. Ein Waalbrief, der die Wasserrechte zwischen Tannas und Eyrs regelt und sich möglicherweise auf einen der hier beschriebenen Waale bezieht, trägt das Datum 1396.

Zugänge: Der hübsche „Waalweg“ ist entweder auf der nordwärts führenden Straße in wenigen Minuten oder von der westwärts zur Vinschgauer Talstraße führenden Dorfstraße aus mit wenigen Schritten zu erreichen.

66. Östlicher Eyrser Waal

Auch dieser Name ist aus Gründen der Klarheit willkürlich geprägt anstelle der von den Einheimischen verwendeten Bezeichnung „Tannaser Wasserwaal — Laaser Seite“. Der rund 2,5 km lange Waal beginnt nördlich von Eyrs am Tannaser Bach orographisch links, zieht am Fuß der Steilhänge neben Wiesen ein Stück südostwärts, quert dann nur etliche Meter oberhalb der Vinschgauer Talstraße die Hänge ostwärts und senkt sich schließlich rund 1 km westlich von St. Sisinius zum Talboden ab, um hier auszulaufen. Im Querprofil großer und tiefer Kanal mit großteils starkem, trockengemauertem Damm; bei

Weg am Westlichen Eyrser Waal

der Querung von Gräben starke Eisenrohre. Der Waal, dessen Alter, wie ein Waalbrief aus dem Jahr 1396 vermuten läßt, mindestens ins 14. Jh. zurückreicht, wurde um 1977 aufgelassen. Der Kanal ist zwar noch erhalten, aber stark mit Gebüsch überwuchert; dasselbe gilt für den Begleitweg, der deshalb so gut wie nicht mehr begehbar ist. Hohe Pappeln und die übrige Vegetation lassen den Waalverlauf weithin auffallen, doch sind schon viele Bäume abgedorrt (Stand 1985).

67. Tannaser Waal

Schon lange aufgelassener und durch eine Rohrleitung ersetzter, früher wichtiger Waal, der den Wasserbedarf der Tannaser Kulturflächen deckte. Seine Fassung lag in etwa 1650 m Höhe am östlichen Hauptast des Tannaser Baches. Von dort führte der Waal durch die steilen, westexponierten, von Gräben durchzogenen Waldhänge und dann am Oberrand von Wiesen südwärts in Richtung Paflurhof, dann ober dem Dorf Tannas durch und ostwärts weiter bis zu den östlichsten Tannaser Wiesen und Feldern. Der heute noch in Resten erhaltene, aber sonst weitgehend verfallene Kanal war rund drei Kilometer lang.

68. Tarneller Waal

Rund 2 km langer Waal, der am Laaser Bach in etwa 1500 m Höhe orographisch rechts beginnt, am Marmorbruch vorbei durch die Wälder nordostwärts führt und in den Wiesen des Weilers Tarnell in ca. 1250 m Höhe endet. Unsicher, ob der Waal noch in Betrieb oder bereits aufgelassen ist.

69. Zinswaal

Rund 2 km langer, nahezu eben verlaufender Waal südwestlich von Laas. Er wird am Nordostfuß des Kirchhügels St. Martin in ca. 960 m Höhe vom Laaser Bach (Valdaunbach) orographisch links abgeleitet, führt dann stets am unteren Rand steiler Lärchenbestände nur wenig oberhalb der Talsohle westwärts und endet schließlich am Bergfuß nördlich unter dem Grafairhof. Er ist noch im ursprünglichen Zustand erhalten und voll in Betrieb (Stand 1985). Unter dem Waal zur Talsohle abfallende Wiesenhänge, zu deren Bewässerung der mittelgroße Kanal, auf dessen Damm ein schwacher Steig verläuft, angelegt wurde. Oberhalb des Waales und von ihm durch einen Wildzaun getrennt, ein markierter Wanderpfad, der aber nicht als eigentlicher Waalweg anzusehen ist. Unter „Zinswasser" versteht man in der Bewässerungsfachsprache jenes Wassers, das nicht nach der üblichen Rodordnung genutzt, sondern versteigert wird; daher wohl der Name des Waales; Rosenberger allerdings nennt ihn Versinswaal.

Zugang: Von Laas auf der südwärts ins Laaser Tal führenden Straße in rund 15 Min. zum Waal, dem man auf dem erwähnten Wandersteig westwärts folgen kann.

70. Laaser Kandlwaal

Großartige, aus einem Aquädukt und zwei Waalen bestehende, aber nur noch in Resten erhaltene Anlage. Der 600 m lange Aquädukt bestand ursprünglich aus 32 bis zu 15 m hohen Steinpfeilern mit darüberliegender Kandlführung, die das Wasser des Laaser oder Valdaunbaches von der Südseite (ca. 920 m) auf die Nordseite der Etschsenke brachte. Vom nördlichen Ende des Aquädukts am Ostrand von Laas (880 m) führte ein etwa zwei Kilometer langer Waal nordwestwärts in Richtung St. Sisinius und ein zweiter, etwa 2,5 km langer Waal ostwärts bis zum Allitzer Bach; die bewässerte Fläche betrug 80 Hektar. Die Anlage war 1790 erbaut worden, die über die Pfeiler führenden Kandeln wurden aber 1907 bei einem Dorfbrand zerstört und daraufhin durch eine unterirdische Rohrleitung ersetzt. Die beiden Waale hingegen blieben noch weiterhin in ihrem ursprünglichen Zustand erhalten und in Betrieb. Erst 1983 wurden auch sie durch Rohrleitungen ersetzt und damit aufgelassen. Sie sind heute nur noch in letzten Resten erkennbar, während von den ursprünglich 32 Pfeilern noch genau 30 stehen (20 südlich und 10 nördlich der Etsch), nachdem zwei vor Jahren abgetragen wurden. Sie stehen heute unter Landschaftsschutz. Die Wiesen unterhalb des östlichen ehemaligen Waalarmes heißen heute noch „Unterwaal", eine Gasse in Laas am nördlichen Aquäduktende heißt „Unterwaalweg". Hier ist auch noch der gedeckte Kanal erhalten, und an einem Haus befand sich 1985 noch die schwarze Tafel, auf der der Waaler mit Kreide die Wasserzuteilung bekanntgab.

Wandervorschlag: siehe S. 60.

71. Laaser Leitenwaal

Knapp 2 km langer, seit den siebziger Jahren aufgelassener Waal, der bei Allitz in rund 1100 m Höhe beginnt und am Fuß der versteppten Laaser Leiten bzw. am Nordwestrand des Gadria-Schuttkegels südwestwärts in Richtung Loretzboden bzw. St. Sisinius zieht. Der ziemlich große, teilweise trockengemauerte Kanal, der von Buschwerk und Pappeln gesäumt wird, ist noch einigermaßen gut erhalten, die Pappeln aber bereits im Absterben begriffen. Etwas höher ein zweiter, aber nur wenige hundert Meter langer, ebenfalls aufgelassener Waal. Zusammen mit den kurzen, trockengemauerten und gepflasterten Waalresten und den beiden aufgegebenen, aber noch vorhandenen Waalerhütten im „Allitzer Waldele" gehörte der Leitenwaal zu einem ausgedehnten, im Zuge der Errichtung der Großberegnungsanlage und der Flurbereinigung größtenteils zerstörten Waalnetz, dessen Hauptwaal laut Trenkwalder 5 km lang war und eine Wasserführung von 800 l/s aufwies. Der Leitenwaal war einer der sechs Seitenwaale, die von diesem Hauptwaal, der seinerseits am Allitzer Bach gefaßt wurde, abzweigten.

Wandervorschlag: siehe S. 63.

72. Feilegger Waal

Ehemaliger, rund 2,5 km langer, fast zur Gänze aus Holzrinnen (Kandeln) bestehender Waal, der an der Gadria in etwa 1950 m Höhe gefaßt wurde und dann durch die durchwegs sehr steilen und steinigen Waldhänge (Lärchen) südwärts bis zum Feilegghof nördlich ober Allitz (1561 m) führte. Er wurde bereits vor vielen Jahrzehnten aufgelassen, die Holzkandeln sind längst verschwunden, und nur noch eine verwachsene Tschött unweit des Feilegghofes erinnert noch an die einstige Zuleitung. Der Hof ist zwar noch bewohnt, aber die Wiesen werden nicht mehr bewässert und sind stark versteppt; Trinkwasser liefert eine nahe Quelle (Stand 1985).

73. Kortscher Etschwaal

Dieser wichtige Waal wurde rund 500 m östlich von Laas an der sogenannten „Laaser Schleis" in 830 m Höhe von der Etsch orographisch links abgeleitet, führte ostwärts in Richtung Brugg und dann mit dem Hauptast nordostwärts über den Gadria-Murkegel in Richtung Kortsch. Ein Seitenast hingegen verlief gegen Göflan und mündete dort wieder in die Etsch. Im westlichen Teil führte der Waal durch einen unterirdischen, in den Murschutt gegrabenen und ausgemauerten Stollen, dessen Länge rund ein Kilometer betragen haben soll (nach manchen Angaben aber nur etwa 400 bis 500 m). Die Länge des gesamten Waales betrug laut Trenkwalder sieben Kilometer, seine Wasserführung 270 l/s (6 Landfurchen zu je 45 l/s). Der 1436 erbaute Waal tat fünfeinhalb Jahrhunderte seinen Dienst. Ab 1975 wurde er dann im Zuge der Errichtung der Großberegnungsanlage nach und nach in Rohre gefaßt, und heute ist er verschwunden.

74. Suppenwaal

Der rund 5 km lange Waal beginnt ca. ein Kilometer östlich von Laas in 825 m Höhe orographisch rechts, verläuft durch die untersten Hänge der Nörderseite nahezu eben ostwärts zu den Göflaner Wiesen und endet nach deren Durchquerung gut 500 m östlich von Göflan wieder an der Etsch. Er wurde ab 1966 nach und nach aufgelassen, der Kanal ist heute zwar noch erhalten, aber verwildert und verwachsen (Stand 1985).

Unterer Vinschgau mit Martell und Schnals

75. Außernördersberger Waal

Rund 6,5 km langer Tragwaal mit mittelgroßem Querprofil, der auf der Göflaner Alm in ca. 1800 m Höhe am Remsbach orographisch rechts beginnt, am Kohlplatz vorbei mit nur geringem Gefälle den bewaldeten Bergrücken ostwärts umrundet, dann fast 500 Höhenmeter steil durch den Wald zum Göflaner Bach abfällt, ihn in 1195 m Höhe quert, durch die steilen Waldhänge nordostwärts zum Wiebenhof (1111 m) führt, dann großteils nahezu eben zuerst durch Lärchenwald und dann, zwischen den Höfen Pardell und Aigen, durch die Wiesenhänge von Außernördersberg verläuft und bald darauf südöstlich oberhalb Holzbrugg in einen kleinen Wasserlauf mündet (ca. 900 m). Im Zuge der Errichtung der Beregnungsanlage mit Rohrzuleitung wurde der Waal um 1980 aufgelassen. Der Kanal ist aber

Der Außernördersberger Waal bei Göflan

noch gut erhalten, im östlichen Abschnitt ebenso der sehr schöne Begleitweg, dem ein Stück eine weiße Rundwanderungsmarkierung folgt (Stand 1985). Darüber, daß die Göflaner 1509 den Remsbach anzapften, entbrannte zwischen ihnen und den Außernördersbergern einerseits und den Bauern von Innernördersberg andererseits ein Streit, der sich drei Jahrhunderte lang hinzog und auch noch bis in jüngste Zeit herauf weiterschwelte.

76. Forrawaal

Rund 7 km langer, im Querprofil mittelgroßer Waal, der in 1852 m Höhe nahe der Schlanderser Alm im Schlandrauntal am Meineidbach gefaßt wird, durch die orographisch rechten, durchwegs steilen Waldhänge nahezu eben südwärts bis zum Rücken oberhalb der Höfe von Außereggen verläuft (1790 m), von da an westwärts die von Gräben durchzogenen Lärchenhänge zum Forrahof (1752 m) quert und dann westwärts weiter bis zum Gmarhof (1682 m) führt, wo er endet. Er deckt den Wasserbedarf von fünf Sonnenberger Höfen (Außereggen, Innereggen, Forra, Gmar und Pernui). Der westliche, knapp 3 km lange Abschnitt des Waales von Außereggen bis Gmar wurde um 1983 durch eine im Kanal verlegte und gedeckte Rohrleitung ersetzt, der restliche Teil (ca. 4 km) ist hingegen noch in seinem ursprünglichen Zustand erhalten. An einer Felswand, die der Waal hoch über dem Schlandrauntal quert, verschiedene Inschriften aus dem 19. Jahrhundert, welche die Waalaufseher eingraviert haben. Einen eigenen Waaler gab es aber nie, ebensowenig eine Waalschelle. Entlang des Waales einigermaßen guter, teilweise aber ausgesetzter Begleitsteig. Da die Zuteilung des Schlandraunwassers durch die Gemeinde Schlanders erfolgte, hatten die Sonnenberger Bauern trotz ihrer Waale in der Vergangenheit oft unter Wassermangel zu leiden. Wie Holzmann mitteilt, heißt es in einer Güterbeschreibung aus dem Jahre 1779: „Gmar und Vorra sind zwei hoche, truckne und felsige Höf, allwo das Wasser im Winter gefährlich zu tränken ist . . .“; und im Zusammenhang mit den etwas tiefer liegenden Talatschhöfen liest man: „. . . trockene Äcker und Wiesen, ohne einiges Wasser darzu, als was sie von der Gemeinde Schlanders bittweise erhalten“. Heute ist dies wohl etwas besser.

Wandervorschlag: siehe S. 66.

77. Neuwaal (Schlanderser Sonnenberg)

Knapp 4 km langer, den Wasserbedarf der Sonnenberger Höfe Waldental (urkundl. Walchental), Gsal und teilweise auch Pernui deckender Waal, der im Schlandrauntal rund 500 m südlich des ehemaligen Schupferhofes (heute Alm) in 1700 m Höhe vom Schlandraunbach orographisch rechts abgeleitet wird, durch die steilen Waldhänge der westlichen Talflanke mit nur sehr geringem Gefälle südwärts zu den Wiesen oberhalb Talatsch verläuft, diese unterhalb Außereggen westwärts quert, nach einem Graben den Waldentalhof (1552 m) erreicht und etwas tiefer in den Wiesen des Gsalhofes (1411 m) ausläuft. Großteils Bodenkanal mit stellenweise trockengemauertem Damm, da und dort auch kurze Kandlführungen, in einem Graben neue Rohre. Um 1983 wurde der westliche Teil zwischen Außereggen und Waldental bzw. Gsal (ca. 1 km) durch eine im Kanal verlegte Rohrleitung ersetzt, während der Rest (ca. 3 km) noch in seinem ursprünglichen Zustand erhalten und wasserführend ist (Stand 1985). Waalschelle und eigenen Waaler gab es nie. Hinsichtlich der Wasserzuteilung gilt das für den Forrawaal Gesagte. Der Waal soll in das 15. Jahrhundert zurückgehen, der Name besagt, daß er nach dem Forrawaal erbaut wurde und somit für die Leute ein neuer Waal war.

Wandervorschlag: siehe S. 66.

78. Talatschwaal

Der knapp 2 km lange, im Querprofil eher kleine Waal wird im Schlandrauntal in ca. 1530 m Höhe am Schlandraunbach orographisch rechts gefaßt und führt mit nur sehr leichtem Gefälle quer durch die sehr steilen, teilweise felsigen und nur schütter bewaldeten Talflanken südwärts zu den Wiesen des Weilers Talatsch ober Schlanders, wo er in ca. 1500 m etwa 50 m oberhalb der Höfe endet.

Großteils Kanal, da und dort kurze Kandlführungen, der schwache Begleitsteig teilweise sehr ausgesetzt und ohne touristische Bedeutung. Der Waal ist noch in seinem ursprünglichen Zustand erhalten und wasserführend (Stand 1985), er deckt den Wasserbedarf von acht Höfen. Der Weiler Talatsch ist aus einem 1328 erstmals urkundlich erwähnten Meierhof hervorgegangen, doch war die Stelle schon in prähistorischer Zeit besiedelt, wie bedeutende Funde belegen. Der Waal ist im 14. Jahrhundert dadurch beurkundet, daß die Gemeinde Schlanders die Wasserrechte aus dem Schlandraunbach für sich und für Talatsch festlegt. In dem auch anderwärts (Forrawaal) erwähnten Güterverzeichnis von 1779 heißt es unter anderem: „Wenn der Schlandraunbach wenig Wasser führt, dann wird es diesen Höfen (Talatsch) sehr spät erlaubt, selbst zu wässern.“

Der Talatschwaal

79. Zaalwaal

Dieser Waal besteht aus zwei Teilen und beginnt im Schlandrauntal unweit des ehemaligen Schupferhofes am Schlandraunbach in rund 1750 m Höhe. Von da zieht er nahezu eben und mit dem etwas tiefer verlaufenden Neuwaal parallel durch die westseitigen, bewaldeten Talflanken südwärts bis zur kleinen Höfegruppe Außereggen (1632 m). Dieser obere Teil des Waales ist rund 3,5 km lang und heute aufgelassen. Von Außereggen floß das Wasser im Kortscher Graben als Bach steil bergab und wurde in das westlich benachbarte kleine Brunnental übergeleitet. Von da (ca. 950 m) verläuft der zweite, untere Teil des Zaalwaales zunächst mit leichtem Gefälle und dann als großer Tragwaal nahezu eben durch die teilweise felsigen Kortscher Leiten gut 1,5 km westwärts (hier zwei aufgelassene, früher vom Waal betriebene Mühlen) zu den ausgedehnten Obstgütern auf dem Gadria-Murkegel und dann durch diese noch ca. 2,5 km südwestwärts in Richtung Brugg, wo der Waal in 900 m Höhe in den neuen Kanal der Gadria mündet. Insgesamt beträgt die Länge des Waales

Der obere Teil des Zaalwaales

ohne die dazwischenliegende und nicht als Waal anzusehende Steilstrecke 7,5 km. Angaben von 8,9 oder gar 12 km sind demnach zu hoch gegriffen. Die Wassermenge beträgt lt. Trenkwalder 160 l/s, das waren früher vier „Ackerfurchen" (Holzmann). Geschichte: Der Waal wird bereits 1332 urkundlich erwähnt (vgl. auch die Chronik in diesem Buch). 1518 kauft die Gemeinde Kortsch den kleinen Eckhof oben in Außereggen als Wohnstätte für den einen der beiden Waaler (Holzmann). 1974 wird der obere Teil des Waales aufgelassen und durch eine entlang dem ins Schlandrauntal führenden „Alpweg" verlaufende, 6,5 km lange Rohrleitung ersetzt, die Waalerhütte wird verlassen, die nahe Waalschelle entfernt. Der Kanal ist zwar noch erhalten, verfällt aber zusehends (Stand 1985). Der untere Teil des Waales vom Brunnental an aber ist in seinem ursprünglichen Zustand erhalten und erhält das meist reichliche Überwasser aus der Rohrleitung sowie das Quellwasser aus dem Brunnental. — Die Entstehung des Namens führen Trenkwalder (er schreibt „Zahlwaal") auf die hohen Bau- und Instandhaltungskosten und andere auf das Abzählen der Bewässerungszeiten zurück; zutreffender aber ist wohl die Ableitung von rom. sala = Rinne (Rosenberger, Finsterwalder), zumal der Waal von den Einheimischen auch fast ausschließlich „die Zaal" und nicht „Zaalwaal" genannt wird.

Wandervorschlag: siehe S. 67.

80. Gungwaal

Unter diesem Namen scheint in einer Urkunde aus dem Jahr 1334 ein Waal im Gebiet von Schlanders auf. Möglicherweise handelt es sich um den rund 4 km langen Waal, der von Allitz ostwärts in Richtung Gunghof in Kortsch und nach Durchquerung des Dorfes in Richtung Göflan verläuft. Diese Frage bedürfte allerdings noch einer eingehenderen Untersuchung. Der genannte Waal war 1980 jedenfalls noch wasserführend.

81. Ilzwaal

Knapp 2 km langer Tragwaal, der nördlich von Schlanders in ca. 950 m Höhe vom Schlandraunbach in der gleichnamigen Schlucht orographisch rechts abgeleitet wird, nahezu eben zuerst durch steile Felswände und dann durch Wald, kleine Obstgüter und Kastanienhaine bis unterhalb des Ägidiuskirchleins verläuft. Im mittleren Teil kurze Steilstrecke, danach Ableitung eines Zweigwaales. Das Ende des großteils in seinem ursprünglichen, im ersten Abschnitt aus dem Fels gehauenen, später trockengemauerten Zustand erhaltenen Waales liegt in 830 m Höhe im Kortscher Graben. Der Waal ist noch wasserführend und voll in Betrieb (Stand 1985). Er wurde 1411 auf Veranlassung der Herren von Schlandersberg erbaut (freundl. Mitteilung von Herrn Reinstadler). Die Bezeichnung Ilz oder Ilze wird von der Forschung übereinstimmend auf rom. elice = Rinne, Kanal zurückgeführt, eine in Schlanders erfragte, eher volksetymologische Deutung bringt den Namen damit in Zusammenhang, daß das Durchflußprofil des Waales gerade so groß sei, daß ein Iltis bequem darin Platz habe.

Wandervorschlag: siehe S. 69.

82. Köstenwaal

Der rund 1 km lange Waal beginnt nördlich von Schlanders im untersten Schlandrauntal bei der Sperrmauer der Wildbachverbauung in rund 820 m Höhe und führt von da durch die steilen, von Kastanienbäumen bestandenen und mit kleinen Wein- und Obstanlagen bepflanzten, terrassierten Steilhänge nahezu eben westwärts bis gegen Kortsch. Der letzte Teil des Waales ist verrohrt und verläuft unterirdisch, der Rest ist im ursprünglichen Zustand erhalten und wasserführend (Stand 1985). Der Waalweg ist heute eine beliebte Spazierpromenade.

Wandervorschlag: siehe S. 69.

83. Tappeiner Waal

Ursprünglich rund 6 km langer Waal mit Fassung im Schlandrauntal am Melchbrunnbach südöstlich über dem ehemaligen Schupferhof in ca. 2300 m Höhe. Von da verläuft er im Bereich bzw. oberhalb der Waldgrenze südwärts bis zu einer begrasten Schulter in ca. 2250 m Höhe, bis wo auch heute noch etwas Wasser zum Tränken des Weideviehs geführt wird. Von da floß das Waalwasser als Bach ohne künstlich geschaffenes Gerinne durch die Waldhänge rund 500 m steil bergab zu den Wiesen der ehemaligen Höfe Zerminig und Gamp (ca. 1680 m), querte den Gamper Bach (Wiesental), führte durch Wald zum ehemaligen Greithof und weiter, die steilen und felsigen Waldhänge querend, südostwärts hinaus zu den Höfen von Tappein (1397 m). Abgesehen vom erwähnten ersten Abschnitt ist der Waal schon lange aufgelassen, er wurde um 1960 durch eine Rohrleitung ersetzt. Der mittelgroße Kanal ist teilweise zwar noch erhalten, aber bereits stark verfallen und verwachsen, teilweise auch schon gänzlich verschwunden. Der Begleitsteig ist südlich des Greithofes nicht mehr begehbar, oberhalb Zerminig folgt teilweise der Steig Nr. 7 dem Waalverlauf. Von den genannten drei Höfen im mittleren Waalbereich stehen heute nur noch Mauerreste, als letzter ist der Zerminighof nach einem Brand um 1948 aufgegeben worden. In den Zwischenkriegsjahren hatte man den Waal ab Tappein um rund 1,5 km verlängert, um die Aufforstungen zwischen Schlanders und Vezzan zu bewässern. Reste dieses Kanals findet man noch in den dortigen Waldbeständen. Touristisch besitzt der Tappeiner Waal keine Bedeutung mehr.

84. Schlandersberger Waal

Knapp 2 km langer, im Querschnitt nur mittelgroßer Waal, der nördlich von Schlanders in 1140 m Höhe vom Schlandrauner Bach orographisch links abgeleitet wird und in den Wiesen südöstlich von Schloß Schlandersberg in rund 1050 m Höhe endet. Im ersten Teil quert er unterirdisch mehrere Geröllströme, dann führt er als offener, in seinem ursprünglichen Zustand erhaltener Kanal durch schütter bewaldete Steilhänge. Er deckt den Wasserbedarf des bäuerlichen Anwesens auf Schloß Schlandersberg und des nahen Fisolhofes. Der Waal ist noch wasserführend und voll in Betrieb, an einzelnen Stellen kurze Wieren und Kandeln (Stand 1985). In den Wiesen Beregnungsanlagen.

Wandervorschlag: siehe S. 73.

Wasserführendes Endstück des aufgelassenen Tappeiner Waales

85. Schlanderser Kandlwaal

Einem ehemaligen Kandlwaal, der allem Anschein nach jenem von Laas nicht unähnlich gewesen sein dürfte, kam Hermann Holzmann auf die Spur; er schreibt: „In einer alten Reisebeschreibung ‚Schweiz und Tirol' vom Jahre 1830 werden die Vinschgauer Waalanlagen besonders bewundert. Hervorgehoben wird der ‚Zuleitungskanal' in Schlanders, ‚der auf 60 Fuß hohen Pfeilern über das Tal führte'. Diese Anlage ist verschwunden!" Demnach wären die gut 18 m hohen Pfeiler noch um einiges höher als jene des Laaser Kandlwaales gewesen. Leider wissen wir nichts Näheres über diesen einst sicher beeindruckenden Aquädukt.

86. Harnischwaal

Diesen anscheinend irgendwo zwischen Laas und Göflan an der Etsch orographisch links gefaßten und dann die weiten, nahezu ebenen Fluren östlich von Schlanders bzw. Göflan durchquerenden und sich dort verteilenden Waal nennt Rosenberger (1936) ohne nähere Einzelheiten. In seiner Publikation auch eine Abbildung einer Verteilerschleuse. Ob der große, schätzungsweise 5 km lange Waal, den auch Köll (sich offenbar auf Rosenberger stützend) erwähnt, noch erhalten und in Betrieb ist, wäre noch zu klären.

87. Krummwaal

Auch diesen Waal, der in der Talsohle bei Schlanders „in vielgewundenen Schlingen durch die Wiesen führt", erwähnt Rosenberger ohne weitere Angaben über den genauen Verlauf. Eine nähere Erkundung steht noch aus.

88. Rappenwaal

Rund 3 km langer Waal, der nördlich von Schlanders in etwa 850 m Höhe am Schlandraunbach orographisch links beginnt, durch die ostseitigen Steilflanken aus der Schluchtenge herausführt und dann stets nahezu eben rund 100 m über der Talsohle durch die vegetationsarmen Leiten in Richtung Vezzan bis etwa 200 m östlich des Mareinhofes zieht. Hier sowie im westlichen Abschnitt an den Steilfelsen Wieren- bzw. Rohrführungen, sonst vorwiegend großer und tiefer Kanal mit trockengemauertem Damm. Reiche Vegetation, die den Waalverlauf weithin auffallen läßt. Im östlichen Teil unmittelbar unter dem Hauptwaal ein parallel verlaufender Zweigwaal. Um 1975 wurde er im Zuge der Errichtung einer Beregnungsanlage aufgelassen und ist heute von Buschwerk fast völlig überwuchert. Der Waalweg ist nicht mehr begehbar, ein Teil der Vegetation, vor allem die Pappeln, im Absterben begriffen (Stand 1985). Hinsichtlich des Namens und der Baugeschichte gibt es einige Fragen, die erst noch zu klären wären. Ist der von Rosenberger und Fischer als „Mareinwaal bei Schlanders" erwähnte Waal mit dem Rappenwaal identisch? Als Erbauungsjahr wiederum gibt Rosenberger für den Mareinwaal 1811 an, während Trenkwalder für den Rappenwaal das Jahr 1843 nennt. — Touristisch besitzt der Waal keine Bedeutung mehr.

Die obere Baumreihe markiert den Verlauf des aufgelassenen Rappenwaales

89. Vezzaner Waal

Ehemaliger, rund 3,5 km langer Waal, der nördlich von Schlanders am Schlandraunbach in rund 840 m Höhe orographisch links gefaßt wurde, parallel mit dem Rappenwaal, aber rund 50 m tiefer, am Vogelsanghof und am Mareinhof vorbei durch die Wiesen (heute Obstgüter) ostwärts zog und im Bereich von Vezzan auslief. Der bedeutende Interessentschaftswaal, der den Wasserbedarf von zwölf Höfen deckte, wurde um 1975 (gleichzeitig mit dem Rappenwaal) im Zuge der Errichtung der Beregnungsanlage aufgelassen, durch eine Rohrleitung ersetzt und zugeschüttet. In den heutigen Obstgütern ist vom Waal, der 1492 erbaut worden war, nichts mehr zu sehen.

90. Hittwaal

Bei diesem von Rosenberger erwähnten Waal dürfte es sich um jenen handeln, der vom Fallerbach her oberhalb Vezzan die Hänge am Fuß der Leiten westwärts quert oder querte. Die geschätzte Länge des Waales dürfte rund 1 km betragen. Näheres wäre noch zu erkunden.

91. Rautwaal

Der rund 3 km lange Tragwaal beginnt im äußeren Martelltal ca. 2 km südlich von Morter orographisch links an der Plima (Marteller Bach) in 875 m Höhe. Von dort führt er durch die durchwegs steilen, mehr oder minder bewaldeten Hänge der westlichen Talseite nordwärts bis oberhalb Morter und dann teils durch Wald, teils am Oberrand der Wiesen durch die der Vinschgauer Talsohle zugewandten Hänge nordwestwärts weiter bis zum Ende der Hangwiesen, wo

Der aufgelassene Rautwaal bei Morter

Dem Verfall nahe: Waalschelle am Rautwaal

er in rund 750 m Höhe ausläuft. Der Waal ist bereits seit etwa 1970 aufgelassen, der durchwegs offene Kanal aber noch großteils einigermaßen gut erhalten. Auch Schaufelrad und Hammer einer ehemaligen Waalschelle befinden sich oberhalb Morter noch an Ort und Stelle; der gute Begleitweg ist südlich von Morter markiert und als „Waalweg" beschildert (Stand 1985). Was den Namen des Waales betrifft, so erwähnt Rosenberger einen „Greutrunst" in Morter, während Trenkwalder einen „Reitenwaal" nennt. Bei beiden handelt es sich wohl um den Rautwaal.

Zugänge: Der Waal ist sowohl von Morter als auch weiter südlich von der Marteller Straße aus auf markierten und beschilderten Steigen in rund 10 Min. erreichbar.

92. Marteller Sonnenbergwaal

Rund 1,5 km langer Waal, der nordwestlich ober Martell-Dorf in etwa 1700 m Höhe am Eberhöferbach orographisch links beginnt, dann ostwärts mit nur sehr geringem Gefälle zuerst durch Wiesen, dann kurz durch Lärchenwald und danach am Oberrand der Wiesen gegen den Hof Breita führt und in rund 1600 m Höhe endet. Unsicher, ob er noch in Betrieb oder bereits aufgelassen ist. Ob es sich hier um den von Istel erwähnten, „bedeutenden Waal vom Saugenbach zu den Gütern des Sonnenberges" handelt, wäre noch zu klären.

93. Ennawaal

Unter dieser Bezeichnung nennt Trenkwalder einen Waal in Martell, der „den Wasserbedarf der Hangwiesenäcker deckt". Eine nähere Untersuchung steht zwar noch aus, doch dürfte es sich dabei wohl um jenen rund 2,5 km langen Waal handeln, der östlich ober Gand am Flimbach orographisch rechts beginnt und am Oberrand der schattseitigen Wiesen teils nahezu eben, teils mit leichtem Gefälle oberhalb Ennewasser durch bis gegen Bad Salt verläuft. Neben dem Waal ein guter, mit Nr. 22 markierter Begleitsteig, ob der Waal selbst aber noch in Betrieb ist oder bereits aufgelassen wurde, ist unsicher.

94. Soywaal

Knapp 1 km langer Waal, der südwestlich ober Gand in Martell am Flimbach in rund 1400 m Höhe orographisch links beginnt und südwestwärts durch die schattseitigen, steilen Waldhänge bis zum inneren Ende der Wiesen des Soyhofes führt. Der im Querprofil mittelgroße Waal war 1977 zwar noch als Kanal erkennbar, aber bereits weitgehend verfallen und demnach wohl schon seit langem aufgelassen.

95. Morteralmwaal

Nur rund 500 m langer, aber bemerkenswerter Waal, der teilweise als Kanal, teilweise in Form von Kandlführungen, die über hohe Holzstützen laufen, von einem Zufluß des Brandnerbaches zu den Hütten der Morteralm (1908 m) und durch die darunterliegenden Wiesen führt. Er ist schon seit längerem aufgelassen, die Kandelführungen waren 1981 aber noch gut erhalten. Der Waal diente hauptsächlich zur Bewässerung der Almwiesen und ist ein Beispiel dafür, daß auch auf Hochalmen relativ aufwendige Wasserzuleitungen errichtet wurden.

96. Neuwaal bei Montani

Rund 5 km langer, im Querprofil großer Tragwaal, der im äußeren Martelltal ca. 2 km südlich von Morter in rund 870 m Höhe an der Plima (Marteller Bach) orographisch rechts beginnt, durch die ostseitigen Steilhänge zum Ansatz des Rückens führt, auf dem die Burgen Unter- und Obermontani stehen, sich von da zu einem weiteren Rücken und dann durch die Waldhänge ostwärts zum Valtneidgraben, zum Latscherhof und dann am Bergfuß noch etwa 500 m weit bis zu den Wiesen südlich von Latsch fortsetzt. Oberhalb der Ruinen Montani am Waal Mauerreste wohl einer ehemaligen Waalerhütte. Weiter östlich sind in einer Felswand Namen und Jahreszahlen sowie zwei „Selbstbildnisse" zu sehen, die von den früheren Waalaufsehern eingraviert worden sind. 1975 wurde der Waal aufgelassen und in ihm eine Rohrleitung verlegt; streckenweise ist der große, trockengemauerte Kanal noch erhalten, vor allem in seinem östlichen Abschnitt aber ist er großteils zu einem breiten Weg ausgebaut worden und somit verschwunden. Die erwähnten Felszeichnungen aber sind noch erhalten (Stand 1985).

Wandervorschlag: siehe S. 77.

97. Mareinwaal

Ehemaliger, 8 km langer Waal, der an der Plima unter dem Burghügel von Montani gefaßt wurde, zuerst den Valtneider Schwemmkegel und dann den Tarscher Schwemmfächer in ca. 700 m Höhe ostwärts querte und beim Weiler Marein (Nähe Kastelbell) in den Großen Etschwaal mündete. Der 1372 erbaute Waal wurde um 1975 in Rohre gefaßt, sein Verlauf ist in den ausgedehnten Obstgütern heute so gut wie restlos verschwunden.

98. Kandlwaal bei Tarsch

Ehemaliger Waal von rund 4 km Länge, der am Raminibach westlich von Tarsch in ca. 750 m Höhe orographisch rechts gefaßt wurde und dann den Tarscher Schwemmkegel zuerst mit mäßigem Gefälle und dann nahezu eben in Richtung Latschinig (667 m) umrundete. Bei Rosenberger und in den meisten Karten ist er irrtümlich als Tarscher Waal verzeichnet, während ihn Trenkwalder richtig Kandlwaal nennt. Mit der Flurbereinigung und der Umstellung auf Beregnungsanlage wurde der Waal 1976 aufgelassen, durch eine Rohrleitung ersetzt und eingeebnet. Heute ist er verschwunden. Da es sich bei diesem Waal nicht um eine Rinnenführung, sondern um einen Bodenkanal handelte und die Einheimischen nicht von einem „Kahnlwohl", sondern von einem „Kòndlwohl" sprechen, ist die Herkunft des Namens unklar. Vielleicht hängt er mit der 1318 urkundlich erwähnten Flur „Chanal" bei Latsch zusammen, doch Sicherheit darüber gibt es nicht, auch wenn diese frühe Nennung mit der Bemerkung Trenkwalders, daß der Waal sehr alt sei, gut zusammenpassen würde. — Die Fluren zwischen dem ehemaligen Kandlwaal und dem Mareinwaal nennt man heute noch „Unterkòndlwohl".

99. Raminiwaal

Rund 2 km langer, im Querprofil großer Waal (bis zu 2 m tief und 1 m breit), der am Ramini- oder Latscher Bach südlich von Tarsch in rund 950 m Höhe orographisch rechts beginnt (hier das neue Elektrizitätswerk von Latsch) und dann nahezu eben durch die Waldhänge und am Fuß des auffallenden „Fohnknotts" ostwärts zum Tiefentaler- oder Tarscher Graben bzw. zu den oberen Wiesen des großen Latscher Schwemmkegels führt. Um 1975 wurde er im Zuge der Errichtung der Beregnungsanlagen aufgelassen und durch eine wesentlich tiefer verlaufende Rohrleitung ersetzt. Der großteils trockengemauerte Kanal ist noch gut erhalten, und der ihn begleitende Weg ist ein beliebter, markierter Wanderweg (Stand 1985). Die Wiederbelebung des Waales wäre noch ohne allzu großen Aufwand möglich und vor allem aus touristischen Gründen wünschenswert. Etwa vom Tarscher oder Latscher Gebiet aus gesehen fällt der Waalverlauf dadurch auf, daß er eine scharfe Trennlinie zwischen dem darunterliegenden Lärchenwald und dem bergaufwärts ziehenden Fichtenwald bildet.

Zugang: Von Tarsch auf der zur Tarscher Alm führenden „Skicenterstraße" in etwa 20 Min. hinauf zur ersten großen Kehre, wo der Wegweiser „Raminiwaal" auf den Waalweg hinweist.

100. Kübelwaal (Tarscher Alm)

Nur rund 700 m langer, kleiner Waal, der am Falzeibach (östl. Zufluß des Tiefentalerbaches) in 2025 m Höhe gefaßt wurde und mit leichtem Gefälle am Oberrand der Almwiesen nordostwärts zur Tarscher Alm (1939 m) führte. Er diente hauptsächlich zum Betrieb der Buttermaschine („Butterkübel", daher der Name des Waales). Im Zuge der Errichtung des Skigebietes (Abholzung, Planierung) um 1975 wurde der Waal zerstört und durch eine Rohrleitung ersetzt.

101. Tarscher Jochwaal

Einer der eindrucksvollsten und höchstgelegenen Jochwaale nicht nur Südtirols, sondern der Ostalpen. Er beginnt in 2650 m Höhe an der Nordostseite des Hasenöhrls unter dem Kuppelwiesferner am gleichnamigen, nach Ulten abfließenden Bach (auch Schmiedhoferbach), quert dann nahezu eben die steilen und felsigen Südhänge des Ostgrates der Blauen Schneid, überquert ein 2620 m hohes Jöchl am Grat der Arzker Wände, fällt hierauf gut 100 m zum Latscher Joch ab (2507 m), überquert dieses von der Ultener auf die Vinschgauer Seite, quert die steilen und teilweise senkrechten Nordwesthänge des Hohen Marchegg hin zu dessen Nordgrat und endet bald darauf im Bereich eines großen Wetterkreuzes bzw. oberhalb der „Sieben Brunnen" in ca. 1450 m Höhe. Die Länge des Waales beträgt rund 2,5 km.
Wann er erbaut wurde, konnte ich nicht genau in Erfahrung bringen. Manche der befragten Leute meinten, es sei schon bald nach dem Kauf der Kuppelwiesalm durch die Tarscher (1782) gewesen, andere wußten aus der Überlieferung ihrer Vorfahren, daß der Waal rund 150 Jahre alt sei. Ähnliches gilt auch für die Frage, wann er endgültig aufgelassen wurde; aufgrund meiner Erkundigungen ist jedoch sicher, daß er bereits um die Jahrhundertwende nicht mehr in Betrieb war. Jedenfalls soll seine Instandhaltung und die Wasserzuleitung wegen des extremen Geländes stets große Schwierigkeiten bereitet haben. Teilweise verlief der Waal in Kandeln, die großteils Trockenmauern auflagen oder auf Trägern Felswände durchquerten, am Latscher Joch führten sie auf einer Länge von schätzungsweise 30 m über ein halbes Dutzend 1×2 m dicke und bis zu 4 m hohe Steinpfeiler; stellenweise lief das Wasser auch in Bodenkanälen, die von aufrecht eingesetzten Steinplatten gesäumt waren.
Beim erwähnten Wetterkreuz floß das Gletscherwasser frei talab und mit dem Wasser der „Sieben Brunnen" dem Falzei- bzw. Tiefentalbach zu und damit hinab zu den Wiesen und Feldern von Tarsch. Abgesehen von den längst abgekommenen und laut Wielander teilweise auch einem Brand zum Opfer gefallenen Kandeln ist die gesamte Anlage einschließlich der Steinpfeiler heute noch erhalten, wenn auch nicht mehr im besten Zustand. Der östliche Teil des Waalverlaufes dient den Bergsteigern als Zugang zum Hasenöhrl-Nordostgrat, während der westliche nur noch sehr bedingt als begehbar anzusehen ist.

Wandervorschlag: siehe S. 82.

Der aufgelassene Tarscher Schlumswaal

102. Tarscher Schlumswaal

Der rund 4,5 km lange Waal beginnt östlich von Tarsch am Schlumsbach orographisch links in 1540 m Höhe, führt mit großteils eher starkem Gefälle durch die steilen Waldhänge zum Oberrand der Freiberger Wiesen und dann westwärts weiter durch Wald hinab nach St. Medardus, wo er in rund 800 m Höhe am Tarscher Schwemmkegel endet. Der den Wasserbedarf der Freiberger und hauptsächlich der Tarscher Wiesen und Felder deckende Waal wurde bereits um 1960 aufgelassen und durch eine großteils mit anderer Trasse verlaufende Rohrleitung ersetzt. Der teilweise trockengemauerte Kanal ist zwar noch mehr oder minder verfolgbar, aber bereits stark verwachsen und verfällt zusehends (Stand 1985). Touristische Bedeutung besitzt der Waal demnach nicht. Das Alter des Waales ist zwar nicht bekannt, aber daraus, daß König Heinrich der Bauernschaft von Tarsch im Jahre 1333 das „Anrecht auf den Slumsbach" bestätigte, ist zu schließen, daß der Waal damals bereits bestand.

103. Oberer Latschinigwaal

Knapp 3 km langer Waal, der in 920 m Höhe am Schlumsbach orographisch links beginnt, westwärts aus dem bewaldeten Graben herausführt, unterhalb des Platzgumhofes Wiesen durchquert, dann wieder durch Wald verläuft und schließlich oberhalb Latschinig in 736 m Höhe die Kulturflächen auf dem Tarscher Schwemmkegel erreicht. Ob er noch in Betrieb ist oder bereits aufgelassen wurde, ist ungewiß.

104. Unterer Latschinigwaal

Der rund 2,5 km lange Waal beginnt am Schlumsbach in 850 m Höhe, führt zunächst durch sehr steiles Gelände aus dem schluchtartigen Graben heraus und quert dann die Waldhänge westwärts bis nach Latschinig am Ostrand des Tarscher Schwemmkegels (667 m). Der mit dem oberen Latschinigwaal parallel, aber rund 50 m tiefer verlaufende Waal scheint heute aufgelassen zu sein; außer zur Flurbewässerung diente er auch zum Betrieb einiger Mühlen in Latschinig, die heute zwar außer Betrieb, aber noch erhalten sind.

105. Großer Etschwaal

Mit seinen 10,5 km und einer ursprünglichen Wasserführung von 300 l/s war der Große Etschwaal einer der längsten und bedeutendsten Waale Südtirols. Er wird rund 1,5 km westlich von Kastelbell von der Etsch orographisch rechts abgeleitet (ca. 615 m), umrundet den Fuß des Tarscher Schwemmkegels und führt dabei durch Merein, erreicht bei Spineid den südseitigen Bergfuß (ca. 850 m), führt von da an stets durch die untersten Waldhänge des Nörderberges ostwärts bis in die Nähe des Langstreinhofes, quert in rund 575 m Höhe den unteren Teil des Tschirlander Schwemmkegels und endet schließlich beim Weiler Zollwies gegenüber von Naturns rund 1 km östlich von Tschirland. Dieser Verlauf ist heute allerdings nur noch teilweise zu verfolgen, da der Waal auf den beiden genannten Schwemmkegeln entweder durch unterirdische Rohre ersetzt und eingeebnet oder gänzlich aufgelassen wurde und hier somit verschwunden ist. Außerdem wurde er auch in den übrigen Teilen von Osten her nach und nach aufgegeben und durch Zuleitungen von den Bergbächen herab ersetzt. Zwischen Spineid und Langstrein (ca. 5 km) ist der große und tiefe, großteils trockengemauerte Kanal zwar noch weitgehend erhalten, aber die volle Wassermenge führte er 1985 nur noch im westlichsten Teil, wo er stellenweise in große Betonrohre gefaßt ist. Weiter östlich ist der Kanal dann wasserlos und schon völlig verwildert oder, in Obstanlagen und kleinen Murkegeln, stellenweise gänzlich verschwunden. Die Begehung des Waalweges ist recht und schlecht möglich. Der Waal wurde 1553 erbaut, seine schrittweise Auflassung begann um 1975 gleichzeitig mit der Errichtung der Beregnungsanlagen.

Zugang: Von den beiden Spineidhöfen ist der nur wenig höher den Hang querende Waal problemlos mit wenigen Schritten zu erreichen, und dann kann ihm ostwärts beliebig weit gefolgt werden. Der Waalweg ist aber verwildert und nicht markiert, auch nicht mehr lohnend.

106. Goldrainer Jochwaal

Abgesehen vom kurzlebigen Breitenspitzwaal und von einem kurzen ehemaligen Waal weiter westlich, ist dies der höchste Waal Südtirols und wohl der gesamten Ostalpen, wenn nicht gar der ganzen Alpen. Er ist 2 km lang und beginnt im obersten Penaudtal (Schnalser Seitental) in 2700 m Höhe am Austritt des unterirdischen Abflusses eines der sogenannten Augengläserseen. Von dort verläuft er als gepflasterter, teilweise offener, teilweise gedeckter Bodenkanal, den jungen Penaudbach querend, zu einer 2670 m hohen Senke in einem das Penauder Quellgebiet teilenden kurzen Kamm, von da fast eben durch die nahezu senkrechten Felsen der Hühnerwand und dann durch die etwas weniger steilen, aber immer noch steinigen und felsigen Hänge zum 2662 m hohen Niederjöchl im Kamm zwischen Zerminiger im Westen und Vermoispitze im Osten. Ab der erwähnten Senke und vor allem durch die Hühnerwand verlief der Waal ursprünglich als lange Kandlführung, die großteils etwa ein bis zwei Meter hohen Trockenmauern auflag. Der Waal diente dazu, das Wasser von der Schnalser auf die Vinschgauer Seite überzuleiten. Er wird 1740 (und dann 1743 wieder) als bereits bestehender, alter Waal urkundlich erwähnt; das vom Niederjöchl südseitig rund 2000 Höhenmeter im Graben des Tissbaches (auch Grubbach genannt) steil bergab fließende Wasser diente von jeher zur Bewässerung der Kulturflächen um Schloß Annenberg, Goldrain und Tiss sowie, zu einem Drittel und um den Preis der Waalinstandhaltung, der Wiesen und Felder von St. Martin im Kofl. In den 30er Jahren unseres Jahrhunderts erwogen die Bauern von St. Martin den Bau eines 300 m langen Wasserstollens unter dem Niederjöchl durch, doch es kam nicht zur Ausführung des bis in jüngste Zeit nie ganz fallengelassenen Planes. 1951 wurden stattdessen die alten Kandlführungen durch Eternitrohre ausgetauscht, und als diese später dann schadhaft wurden, war der Waal für einige Zeit aufgelassen. Aufgrund des so entstandenen Wassermangels, aber auch um die alten Wasserrechte nicht zu verlieren, wurde 1983 eine teils im Waal, teils abseits davon verlaufende, 2200 m lange, unterirdische Druckleitung aus Rohren verlegt, die nun wieder das Wasser über das Niederjöchl führt. An den Kosten (210 Millionen Lire) des vom Land subventionierten Vorhabens beteiligten sich zu einem Drittel auch die acht Bauern von St. Martin im Kofel (Raffeiner, s. Lit.-Verz.). Damit ist nun der alte Waal endgültig aufgelassen und dem Verfall preisgegeben. Wo die Rohre im Kanal verlegt wurden, ist er bereits verschwunden, im Bereich der Hühnerwand und südlich davon sind die langen Stützmauern und in Teilen auch die Eternitrohre noch erhalten (Stand 1985). Abgesehen von der Einzigartigkeit dieser Anlage und der schönen Gebirgsszenerie, besitzt der Waal als solcher keine touristische Bedeutung. Die in der Literatur öfters auftauchende Länge von 11 km ist nicht zutreffend, da man den Verlauf des Wassers ab Niederjöchl nicht als Waal bezeichnen kann. Außerdem würden die 11 km nur stimmen, wenn man auch die vom Tissbach abzweigenden ehemaligen Waale miteinbeziehen würde.

Wandervorschlag: siehe S. 74.

107. Oberer Goldrainer Jochwaal

Hier ist kurz auch ein zweiter Goldrainer Jochwaal zu erwähnen, der, soviel ich in Erfahrung bringen konnte, schon lange aufgelassen ist. Er war rund 500 m lang, wurde an einem kleinen See (2772 m) nordöstlich unter dem Roßkopf gefaßt, führte durch flache Böden südwärts zu einer 2765 m hohen Senke nordwestlich des Niederjöchls und führte von dort durch den steilen Forragraben das Wasser ebenfalls dem Tissbach zu.

108. Waal von St. Martin im Kofel

Der rund 2,5 km lange Waal beginnt südwestlich unter der Vermoispitze an einer Quelle in rund 2500 m Höhe (und gehört damit zu den höchsten Waalen Südtirols), quert zunächst ein steiniges Kar hin zu einer Schulter, führt von da ein Stück steil bergab, quert dann südostwärts parallel mit dem Weg Nr. 6 die Waldhänge bis zum Roßboden (heute auch „Alm" genannt) und verläuft von da südwestwärts durch Wald hinab zu den Wiesen von St. Martin im Kofel (1776 m). Aufgrund des steinigen Geländes großteils Kandelwaal, streckenweise aber auch steingefaßter Bodenkanal. Auf dem Roßboden eine große, einem See ähnelnde Tschött. Heute ist der Waal aufgelassen und durch eine Rohrleitung ersetzt; sowohl oberhalb der Baumgrenze und im Bereich der Fassung als auch tiefer im Wald sind die (allerdings verfallenden) Kandeln sowie der steingefaßte Kanal noch erhalten (Stand 1985). Die Tschött am Roßboden dient auch der Rohrleitung als Wasserspeicher. In den Wiesen von St. Martin, die auch vom Tissbach her Wasser erhalten (vgl. Goldrainer Jochwaal), noch Reste der früheren Waalbewässerung, sonst aber heute auch hier Beregnung. Der Weg von St. Martin zum Niederjöchl verläuft auf längere Strecken neben dem Waal.

Wandervorschlag: siehe S. 74.

Der Waal von St. Martin im Kofel

109. Platzer Waal (Kastelbell)

Knapp 1,5 km langer Waal, der am Vermoibach in 1280 m Höhe beginnt und südwestwärts mit nur geringem Gefälle durch Wald zu den Platzhöfen (1228 m) führt und sich früher bis zu den Wiesen am Platzer Boden, einer breiten flachen Kuppe, fortsetzte. Der relativ kleine, großteils aus Kandeln bestehende Waal bis zu den Höfen war im Frühjahr 1985 noch wasserführend und intakt, in den Wiesen am Platzer Boden war noch das ziemlich ausgedehnte und rund um die Kuppe herumführende Zweigwaalsystem erhalten. Die frühere, rund 50 m lange, den Sattel zwischen den Höfen und der Kuppe überquerende und über rund fünf Meter hohe Holzstützen führende Kandelleitung bestand hingegen schon seit längerem nicht mehr. Ob im Zuge der im Sommer 1985 erfolgten Planierungen am Platzer Boden, denen zumindest ein Teil des Zweigwaalsystems zum Opfer gefallen ist, auch der bis zu den Höfen führende Kandelwaal aufgelassen wurde, wäre noch zu klären.

110. Trumsberger Waal

Der rund 1,5 km lange Waal beginnt in 1500 m Höhe am Galsauner Bach orographisch rechts und führt mit teils geringem, teils etwas stärkerem Gefälle durch die zunächst sehr, später etwas weniger steilen Wiesenhänge zum Bergweiler Trumsberg und läuft auf dessen Wiesen in rund 1350 m aus. Laut Holzmann sind es 15 Höfe, die an der Wassernutzung beteiligt sind. Ob der Waal noch in Betrieb ist oder bereits aufgelassen wurde, wäre noch zu erkunden. Touristische Bedeutung besitzt er nur insofern, als ein markierter Weg mit ihm parallelläuft.

111. Latschanderwaal

Der 8 km lange, weitum bekannte Waal wird bei Goldrain in rund 660 m Höhe an der Etsch orographisch links gefaßt, verläuft zunächst in unterirdische Rohre gefaßt rund 1,5 km durch Obstanlagen ostwärts und führt dann ab dem östlichen Rand des kleinen Tisser Schwemmkegels nur wenige Meter oberhalb der Vinschgauer Talstraße als offener, im Querprofil relativ großer Waal in Richtung Kastelbell. Westlich davon quert er in einer Betonrinne die senkrecht zur Straße abfallenden Felsen, führt oberhalb Kastelbell durch Weingüter und setzt sich dann ostwärts bis fast nach Galsaun fort, wo er unweit des Ansitzes Kasten in den Galsauner Runst mündet (hier endet auch der von Osten kommende Tscharser Schnalswaal). Den Waal säumt großteils reiche Vegetation mit hohen Laubbäumen (im Westteil vorwiegend Pappeln, im Ostteil Kastanien). Rund drei Viertel des offenen Waalverlaufs sind in ihrem naturnahen ursprünglichen Zustand erhalten, der Rest ist in Betonrinnen gefaßt; der Waal ist noch voll in Betrieb und deckt den Wasserbedarf von Kastelbell und (teilweise) Galsaun; die bewässerte Fläche beträgt lt. Fischer 37 Hektar. Am Beginn des Waales Filtrieranlage, um der Versandung des Waales vorzubeugen, was Vor- und Nachtei-

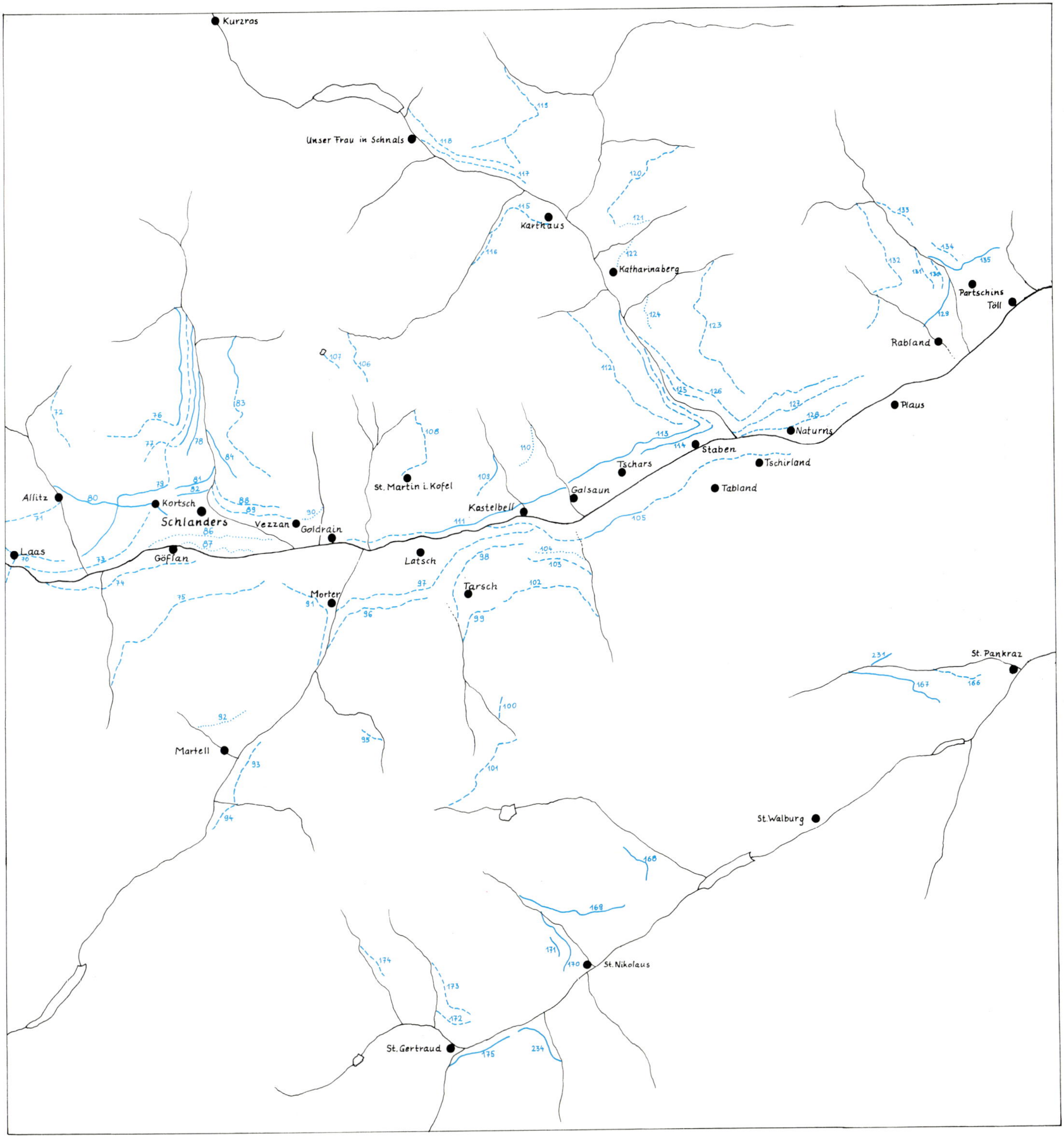

Waale in Untervinschgau und Ulten ___ = in Betrieb: - - - = aufgelassen; . . . = fraglich (Stand 1985)

le hat (vgl. den Wanderteil des Buches). Der Waal, der im westlichen und östlichen Teil jeweils von einem schönen Wanderweg begleitet wird, wurde 1872/73 erbaut.

Wandervorschlag: siehe S. 83

112. Juvaler Schloßwaal

Rund 6 km langer Waal, der südwestlich von Neuratteis oberhalb der Saxalber-Alm am Maritzbach in 1970 m Höhe orographisch rechts beginnt, mit teils mäßigem, teils stärkerem Gefälle südostwärts die steilen Wälder hin zur verfallenen Schloßalm quert, steil bergab zuerst zum Hof Oberjuval (1316 m), dann, über den Wiesenrücken, hinab zum Hof Mitterjuval (1057 m) und schließlich zu den Wiesen von Unterjuval und des Schloßhofes (ca. 930 m; unweit davon das mächtige Schloß Juval) führt. Er ist aber bereits seit 1974 aufgelassen und durch eine Rohrleitung ersetzt. Damit ist der zum überwiegenden Teil aus Kandelführungen bestehende Waal über kurz oder lang zum völligen Verschwinden verurteilt.

113. Tscharser Schnalswaal

Mit seinen 10,8 Kilometern der zweitlängste Waal Südtirols und auch einer der größten. Seine Fassung liegt im Schnalstal unweit des Walchhofes nördlich von Altratteis in ca. 860 m Höhe am Schnalser Bach. Von dort verläuft er auf kurze Strecken offen, größtenteils aber in großen Rohren und teilweise auch in Felsstollen durch die steilen und felsigen, mehr oder minder mit Lärchen bestandenen, orographisch rechten Talhänge hinaus zum Oberen Ortlhof am Osthang des Burgfelsens von Schloß Juval, passiert dann, bereits auf Vinschgauer Talseite, den Sonnenhof (830 m), verläuft hierauf teils durch die vegetationsarmen Steppenhänge, teils durch Mischwaldbestände zum Mairhof (728 m), dann oberhalb Tschars durch und endet ober dem Ansitz Kasten in Galsaun (643 m). Ab Schloß Juval bzw. Ortlhof fast ausschließlich offener, in ursprünglichem Zustand erhaltener Waal mit großteils trockengemauertem Damm, über den der gute und vielbegangene Begleitweg führt. Der Waal gehört einer aus Tscharsern, Stabenern und Galsaunern zusammengesetzten Interessentschaft, die ihren Sitz in Tschars hat. Nahe dem Oberen Ortlhof steht am Waal das stattliche Häuschen des Waalers, der hier auch heute noch seinen Dienst tut. Unweit davon sowie östlich von Tschars je eine noch funktionierende Waalschelle. Der Waal verläuft durchwegs nahezu eben und fällt auf Vinschgauer Seite aufgrund seiner Geradlinigkeit und des ihn säumenden Vegetationsstreifens weithin auf. Baugeschichte: Bereits 1492 wendet sich die „Nachbarschaft zu Tschars" erstmals an Kaiser Maximilian I. um Unterstützung für den beabsichtigten Waalbau, der sich schließlich 1504 der Sache annimmt und die zuständigen Grundherren anweist, die Bauerlaubnis zu erteilen. Noch im gleichen Jahr kann dann mit den Arbeiten, die sich über Jahre hinziehen, begonnen werden. 1517 ist der Waal dann endlich bis Tschars fertiggestellt und liefert den Tscharsern und Stabenern das Wasser. 1553 wollen auch die Galsauner einen Waal aus dem Schnalstal heraus errichten, doch wird nach einer Einigung mit den Tscharsern deren Waal bis nach Galsaun verlängert. Der Waal ist auch heute noch voll in Betrieb.

Wandervorschlag: siehe S. 86

114. Stabener Schnalswaal

Knapp 5 km langer Waal, der in der Mündungsschlucht des Schnalstales nahe der sogenannten Schloßbrücke in ca. 800 m Höhe vom Schnalsbach orographisch rechts abgeleitet wird, durch die sehr steilen bis senkrechten Westhänge der Schlucht, am aufgelassenen Kugelhof vorbei, talaus führt, dann in Höhe des Unteren Ortlhofes um den mächtigen Sporn von Juval herum und auf der Südseite durch die vegetationsarmen Steppenhänge bis in die Nähe des Falzrohrhofes (645 m) verläuft. Auf der Schnalser Seite größtenteils früher Kandl- bzw. Wierenführung und heute teils unterirdische, teils die senkrechten Felsen querende Rohrleitung; auf der Südseite hingegen durchwegs offener, in seinem ursprünglichen Zustand erhaltener Kanal. Er ist im Querprofil kleiner als der höher oben verlaufende Tscharser Schnalswaal, der auch hinsichtlich der Wasserentnahme aus dem Schnalsbach das Vorrecht hat, weshalb der Stabener Schnalswaal manchmal nur wenig oder kein Wasser führt. Abgesehen davon aber ist er noch voll in Betrieb (Stand 1985). Die erste Hälfte des Waales wurde 1812 von den Brüdern Gamper vom Unteren Ortlhof zur Bewässerung ihrer Felder erbaut, 1819 erfolgte dann die Verlängerung des Waales bis gegen Falzrohr durch die Stabener Bauern.

Wandervorschlag: siehe S. 86

115. Penauder Waal

Knapp 2,5 m langer Waal, der ein Stück unterhalb der Pitairer Säge in ca. 1630 m Höhe am Penaudbach orographisch rechts gefaßt wurde, mit mäßig starkem Gefälle durch die Waldhänge zum Oberrand der Wiesen und Felder von Karthaus führte und in diesen in rund 1400 m Höhe auslief. Wegen des steinigen Waldbodens lief das Wasser fast auf der ganzen Länge in starken Kandeln (angeblich an die 500), deren eine noch die eingehackte Jahrzahl 1786 trägt. Der Waal wurde im 14. Jh. von den Kartäusermönchen des Klosters Allerengelberg in Karthaus zur Bewässerung der Kulturflächen erbaut. 1981 wurde er aufgelassen und durch eine unterirdische Rohrleitung ersetzt. 1985 noch viele abgetragene Kandeln an Ort und Stelle, auch in den heute beregneten Wiesen von Karthaus da und dort noch die kleinen Berieselungswaale erhalten.

116. Penauder Schwenzwaal

Bei diesem längst aufgelassenen, knapp 1 km langen und so gut wie gänzlich verschwundenen Waal handelte es sich um eine großteils aus Kandeln gefertigte Zuleitung von der alten Penauder Alm zum Penauder Waal (s. dort), um Almmist und Jauche mit dem Wasser des Penauder Baches zu den Karthauser Wiesen zu befördern.

117. Unterer Guflwaal

3,5 km langer, im Querprofil eher kleiner Waal, der bei Unser Frau in Schnals in ca. 1470 m Höhe am Schnalser Bach beginnt und am orogr. linken Talhang durch Wiesen und Lärchenbestände und vorbei am Schmiedhof und am Weghof bis gegen den im Talboden an der Abzweigung der

Die abgetragenen Kandeln des Penauder Waales

Wasserrest im Unteren Guflwaal

Karthauser Straße liegenden Weiler Pifrail verläuft; großteils Erdkanal, im mittleren Teil auch Wierenführung in steiler Felswand. Der Waal wurde gleichzeitig mit dem Oberen Guflwaal um 1960 aufgelassen und durch eine Rohrleitung ersetzt. Der Kanal ist streckenweise noch erhalten, ebenso die verfallenden Wieren. Touristische Bedeutung besitzt er nicht.

118. Oberer Guflwaal

Rund 5 km langer, mittelgroßer Waal (auch als Großer Guflwaal oder Außerguflwaal in der Literatur), der unweit des Vernagter Staudammes in Schnals beim Kaserhof in 1650 m Höhe am Vernagtbach beginnt und nahezu eben durch die orographisch linken Talhänge bis zu den beiden Forchhöfen (1426 m) führt. Er wurde bereits um 1960 (Bau des Vernagter Stauwerks) aufgelassen und durch eine Rohrleitung ersetzt, die teils offen, teils gedeckt im Waal verläuft; der Kanal ist streckenweise bereits verschwunden, teilweise aber noch erhalten und hier auch einigermaßen begehbar (Stand 1985). Der in den Jahren zwischen 1724 und 1737 in mehreren Abschnitten erbaute Waal deckte den Wasserbedarf von zwölf Höfen; Waalschelle und eigenen Waaler gab es nie; die beiden Forchbauern übten aber abwechselnd die Beaufsichtigung des Waales aus. Der Waal bestand im felsigen Steilgelände der Kofelgand aus einer kurzen Wierenführung, im übrigen Verlauf aus einem Erdkanal mit teilweise trockengemauertem Damm. Die Wieren mußten im Winter stets entfernt werden. Der Waal betrieb früher auch einige Mühlen und diente der Bewässerung von Kornfeldern. Da er nach dem Kornschnitt nicht mehr in Betrieb war, mußten die Bauern mit dem Mahlen des Korns stets bis zum nächsten Jahr warten. — Touristische Bedeutung besitzt der Waal nicht.

119. Klammwaal

Einschließlich der beiden zum Gfall- und Gurschlhof führenden Äste rund 6 km langer Waal (Angaben von 10 oder mehr km sind nicht zutreffend), der in der Literatur auch als Grafwaal oder Forcherwaal auftaucht. Er beginnt unter dem Similaun in 2520 m Höhe (andere Angaben, z. B. 2620 oder 2850 m, sind falsch) an dem nach Außerkaser im Pfossental abfließenden Grafbach, quert mit nur sehr geringem Gefälle die steilen, orographisch rechten Hänge des Graftales und überquert bei der Klamm, einer Senke zwischen der Schröfwand und dem Atzboden, in 2425 m Höhe den Kamm. Hier in der Nähe die noch erhaltene, steingemauerte Waalerhütte (2307 m) und früher eine Waalschelle. Von da führt der Waal auf der Südwestseite des Kammes durch die teils freien, teils mit Lärchen bestandenen Hänge südwestwärts relativ steil bergab bis zu seiner Teilung, von wo ein Waalarm (rund 1 km) südwestwärts weiter zum Gfallhof (1930 m) und der andere südwärts zum Gurschlhof (1659 m) führt. Bis zur Klamm teilweise mehr als mannshohe Trockenmauerführungen, stellenweise auch Kandeln und Bodenkanal. Ab Waalerhütte bergab ebenfalls teils Kandelleitung, teils steingefaßter Kanal. Der mit den anderen Jochwaalen des Vinschgaus vergleichbare und sehr eindrucksvolle Waal wurde 1982 durch eine teils im Waal, teils abseits verlegte Rohrleitung ersetzt. Der Waalaufseher versah in der erwähnten Hütte bis zu seinem Tode im Jahr 1978 den Dienst. Die Kandeln sind bereits großteils verschwunden, der Kanal ist teilweise noch erhalten, teilweise, wo die Rohre verlegt wurden, mit Steinplatten zugedeckt (Stand 1985). Das Wasser tritt nur noch an wenigen Stellen (nahe der Gurschlalm, an der erwähnten Waalteilung und bei der Waalerhütte) kurz zutage. Der Waalbrief über die Nutzungsrechte des aus dem Graftal kommenden Wassers stammt aus dem Jahr 1647. Obwohl aufgelassen, ist der Waal immer noch sehens- und besuchenswert.

Wandervorschlag: siehe S. 88

120. Breitenspitzwaal

Er wurde auch Wierenwaal genannt und war, wenn die überlieferten Angaben zutreffen, zu seiner Zeit der höchste aller Südtiroler Waale, wenn nicht gar der höchste der Alpen. Er wurde 1865 erbaut, war aber nur kurz in Betrieb, da er im ersten Abschnitt schon wenige Wochen nach seiner Fertigstellung vermurt und dann nicht wieder hergestellt wurde. Laut Trenkwalder lag die Fassung beim sogenannten Texelwandl unterhalb des Texelferners (gemeint ist hier wohl das heute nur noch bescheidene Firnfeld südwestlich unter der Texelspitze) in fast 3000 m Höhe (bei Berücksichtigung des damaligen Gletscherstandes möchte ich dies anzweifeln und eine Höhe von maximal 2700 m annehmen). Der fast ausschließlich aus Kandeln erbaute Waal führte durch die äußerst steilen und wilden Berghänge mit durchwegs starkem Gefälle bis zum Weithalhof (1595 m; gespr. „Betöll"), der nördlich von Katharinaberg hoch über dem Schnalstal liegt. Die heute längst verschwundene Kandelleitung soll (immer lt. Trenkwalder) 8 km lang gewesen sein.

121. Betaller Waal

1,5 km langer, im Querprofil nur kleiner Waal, der in rund 1730 m Höhe die Hänge oberhalb der Höfe Montfert (1471 m) und Weithal (1595 m; gespr. „Betöll", daher der Name des Waales) nördlich von Katharinaberg durchquert und zur Bewässerung der dortigen Wiesen dient. Ob er allerdings noch erhalten ist oder bereits aufgelassen wurde, ist unsicher.

122. Katharinaberger Waal

Rund 1,2 km langer Waal, der in 1420 m Höhe am Montferter Bach orographisch links beginnt, teils durch steilen Wald, teils durch Wiesen südwärts bis ober Katharinaberg führt und in ca. 1250 m Höhe ausläuft. Ob der zur Bewässerung der Wiesen und Felder von Katharinaberg und zum Betrieb zweier Mühlen dienende Waal noch in Betrieb ist, wäre noch zu klären.

123. Gingglwaal

Einschließlich eines langen Seitenarmes rund 5,5 km langer Waal (Keim nennt ihn Dickerwaal), der im Quellgebiet des Perflbaches unterhalb des Gingglijoches in 2150 m Höhe (Angaben von 2500 m treffen nicht zu) gefaßt wurde, durch die steilen Alm- und später Waldhänge des Fuchsberges mit teils leichtem, teils stärkerem Gefälle bis zu den Höfen Lint (1464 m), Patleid (1386 m), Unterstell (1282 m) und Höfl (1221 m) nordwestlich oberhalb Naturns führte. Der rund zur Hälfte aus Kandeln bestehende und teilweise auch sehr steiles Felsgelände durchquerende Waal führte an der Oberen Mairalm, an der Dickeralm und am Dickhof vorbei. Unweit der Oberen Mairalm teilte er sich, und ein 1,5 km langer Seitenast führte großteils durch Wald hinab zum Hühnerspielhof (1906 m) und zum Wandhof (1459 m). Es wird vermutet, daß der Waal in das 13. Jh. zurückreicht (Trenkwalder). Seine Instandhaltung war schwierig, außerdem verlor er auf seinem Weg rund die Hälfte des Wassers (Fischer). 1974 wurde er aufgelassen und durch eine Druckrohrleitung ersetzt.

124. Unterwasanter Waal

Knapp 1 km langer, vom Perflbach durch steile bis senkrechte Hänge zum Hof Unterwasant (1091; er liegt östlich oberhalb Altratteis in Schnals) führender Kandlwaal. Wie Maike Keim berichtet, mußte sich der Bauer über eine Felswand abseilen, wenn etwa ein Kandl auszuwechseln oder der Waal sonstwie instand zu setzen war. Ob die Leitung heute noch besteht, wäre noch zu klären.

125. Ladurnerwaal

Ehemaliger, rund 2 km langer Waal, der beim Platthaus (Nähe Altratteis im äußeren Schnalstal) in ca. 825 m Höhe am Schnalser Bach gefaßt wurde, durch die ostseitigen Steilhänge talaus und bis zum Ende der Felder des Ladurnerhofes (816 m) führte. Er ist seit dem Stollenbau der Etschwerke aufgelassen und heute restlos verschwunden.

126. Naturnser Schnalswaal

Ursprünglich rund 9 km langer Waal (auch Neuwaal genannt), der bei Altratteis in ca. 850 m Höhe am Schnalser Bach orographisch links gefaßt wurde. Von da verlief er anfangs großteils als Kanal und dann in Form einer 1,5 km langen, heute abgekommenen Kandelleitung durch die ostseitigen Steilhänge und Felswände der Schnalser Mündungsschlucht bis hinaus zu jener Hangschulter, die neuerdings „Wallburg" ge-

Ostteil des Naturnser Schnalswaales

nannt wird (675 m; Holzmann nennt die Stelle „Steger- oder Frauenknott"; hier sollen um 1912 noch die Mauerreste einer vermuteten Burganlage erhalten gewesen sein). Die weitere Fortsetzung des Waales verläuft von der Wallburg durch die mehr oder minder bewaldeten Hänge des unteren Naturnser Sonnenberges großteils mit nur sehr geringem Gefälle ostwärts bis in die Nähe des Fallrohrhofes (526 m). Der einzigartige Waal wurde 1833 nach dreijähriger Bauzeit fertiggestellt (lt. Trenkwalder diese Jahrzahl in einer Felswand eingraviert); er besaß nach Rosenberger eine Wasserleistung von 160 l/s für eine bewässerte Fläche von 106 ha. Im Zuge des Etschwerkbaues wurde dann die Fassungsstelle des Waales beschädigt und in den Jahren 1909 bis 1912 seitens der Elektrizitätsgesellschaft ein 4,8 km langer Stollen vom Walchhof innerhalb Altratteis bis oberhalb der Wallburg durch die Felsen getrieben. Dadurch konnte die schwierig instand zu haltende Waalstrecke bis zur Wallburg aufgelassen und das Wasser aus dem Stollen durch eine Rohrleitung dem östlichen Waalteil zugeführt werden. Bis dahin taten zwei Waaler ihren Dienst, einer auf der Schnalser und einer auf der Naturnser Seite; die Grenze bildete die sogenannte Elferplatte, eine Felswand gegenüber Schloß Juval. In den Jahren 1965 bis 1967 wurde dann auch der Waal von der Wallburg bis oberhalb Hochnaturns aufgelassen und durch eine im großen, teilweise trockengemauerten Kanal verlegte Rohrleitung ersetzt. Hier verläuft heute der sogenannte „Wallburgweg", der markiert ist und viel begangen wird. Die üppige Waalvegetation ist teilweise aber bereits abgedorrt, auch die ein Stück östlich der Wallburg stehende Waalerhütte, deren Fassade verschiedene Jahrzahlen zieren, ist nicht mehr im besten Zustand. Vom östlichen Ende der genannten Rohrleitung ist der Waal noch etwa 1 km offen und mehr oder minder im ursprünglichen Zustand erhalten, dann folgt wieder Rohrleitung ostwärts weiter (Stand 1985).

Zugänge Obwohl im Sommer sehr heiß, ermöglicht der „Wallburgweg" eine hübsche Wanderung, welche die frühere Schönheit des Waales zumindest erahnen läßt. Dieser Weg ist sowohl auf der von Naturns zu den Höfen am Sonnenberg führenden Asphaltstraße als auch vom westlich von Naturns liegenden Weiler Kompatsch auf markiertem und beschildertem Weg (ca. 1 Std.) zu erreichen. Abgesehen vom erwähnten kurzen Stück, in dem der Waal noch offen und wasserführend ist, kann der „Wallburgweg" nicht mehr als eigentlicher Waalweg bezeichnet werden.

127. Oberer Schinawaal

Ehemaliger, rund 7 km langer Waal, der am Schnalser Bach kurz vor seiner Einmündung in die Etsch gefaßt wurde und am Fuß des Naturnser Sonnenberges um einiges höher als der Untere Schinawaal ostwärts nach Kompatsch, dann oberhalb Naturns durch zum kleinen Murkegel des Lahnbaches und weiter bis zur Höfegruppe Fallrohr (523 m, gegenüber Plaus) verlief. In den 50er Jahren wurde die alte Fassung durch ein Pumpwerk beim Kraftwerk an der Schnalstalmündung ersetzt und später auch der Waal selbst aufgelassen und in Rohre gefaßt (nach Trenkwalder).

128. Unterer Schinawaal

Schon seit längerer Zeit aufgelassener, durch Rohrleitung und Pumpwerk ersetzter und heute bereits verschwundener Waal, der von der Schnalstalmündung entlang der alten Vinschgauer Talstraße ostwärts nach Kompatsch, weiter nach Naturns und von dort bis nach Lahnbach verlief. Anscheinend sehr alter, wohl auf Veranlassung der Kartäusermönche in Schnals erbauter Waal, der zur Bewässerung der zur Etsch hinabziehenden Wiesen und Felder rund um Naturns diente und eine Wasserführung von 120 l/s aufwies (Trenkwalder). Die Länge des Waales betrug rund 4 km.

129. Happichlerwaal

Rund 1,5 km langer Waal mit mittelgroßem Querprofil, der westlich von Partschins in rund 710 m Höhe vom Zielbach orographisch rechts abgeleitet wird, zunächst als erlengesäumter Bach mit mäßig starkem Gefälle bis zur Talstation der Gigglberg-Seilbahn (ca. 850 m) hangabwärts fließt und sich dann am Bergfuß nördlich von Rabland als ebener Waal mit schönem Begleitweg bis zum Graben des Schindelbaches bzw. zum Happichlerhof (580 m) fortsetzt. Der Waal hat seinen ursprünglichen Zustand bewahrt und ist noch voll in Betrieb (Stand 1985).

Wandervorschlag: siehe S. 90

130. Schönleitenwaal

Knapp 1 km langer Waal, der in rund 850 m Höhe vom Zielbach oberhalb Partschins durch die orographisch rechten Waldhänge zum Schönleitenhof führte. Er ist heute aufgelassen und durch eine Rohrleitung ersetzt.

131. Dursterwaal

Knapp 2 km langer Waal, der oberhalb des Partschinser Wasserfalls in 1325 m Höhe am Zielbach gefaßt wurde und durch die orographisch rechten Waldhänge des Zieltales bis zum Dursterhof (1057 m) führte. Er bestand vorwiegend aus Holzkandeln und verlief großteils mit geringem Gefälle, im letzten Abschnitt aber ziemlich steil bergab. 1981 wurde er durch eine Rohrleitung ersetzt und aufgelassen. Die Kandeln befinden sich noch teilweise an Ort und Stelle (Stand 1985).

132. Zielwaal

Der rund 5 km lange Waal, der auch Sonnenberger Waal genannt wird, beginnt am Schrambach, einem westlichen Zufluß des Zielbaches, oberhalb der Nassereith-Hütte in 1780 m Höhe, quert die von der Zielspitze ins gleichnamige Tal abbrechenden Hänge mit nur sehr geringem Gefälle südwärts, erreicht in 1675 m Höhe die Wiesen oberhalb des Gigglberghofes, mündet dann nach Querung der südseitigen Steilhänge in den gegen Rabland abfließenden Schindelbach und setzt sich etwas tiefer von diesem noch ein gutes Stück westwärts fort bis zum Oberwieserhof (1334 m). Damit deckt der Waal den Wasserbedarf der neun Höfe am Rablander Sonnenberg. Im südlichen Teil verläuft er durch steile Bergwälder, im nördlichen durch äußerst steile bis senkrechte Felsflanken. Der 1780 erbaute Waal bestand ursprünglich fast ausschließlich aus Holzkandeln; vor rund 30 Jahren wurde dann eine längere Strecke oberhalb der Nassereith-Hütte durch eine fliegende Rohrleitung ersetzt, und 1985

Neue Rohre und alte Kandeln am Zielwaal

Kandeln vom Zielwaal zum Gigglberghof

wurde nunmehr der gesamte Waal in Kunststoffrohre gefaßt. Oberhalb des Gigglberghofes ist noch die kleine, an einen Schuppen angebaute Waalerhütte erhalten (1650 m), ebenso befinden sich noch viele Kandeln an Ort und Stelle. Der Waal hatte und hat keine touristische Bedeutung, seine Begehung ist streckenweise zwar möglich, aber nicht zu empfehlen.

133. Steinerwaal

Rund 2 km langer Waal, der oberhalb der Nassereith-Hütte in 1800 m Höhe am Zielbach gefaßt wurde und durch die orographisch linken Hänge des Zieltales zum Steinerhof (1442 m; höchster Hof des Weilers Tabland) führte. Er bestand vorwiegend aus Holzkandeln, die teils senkrechte Felswände, teils sehr steilen Wald durchquerten. Oberhalb des Steinerhofes verlief der Waal rund 250 Höhenmeter steil bergab. Er galt als extremster Waal des Raumes Partschins-Zieltal, und seine Instandhaltung war für den Steinerhof überaus schwierig. Heute ist er aufgelassen und durch eine Rohrleitung ersetzt.

Die Waalerhütte am Zielwaal

134. Ebnerwaal

Rund 1 km langer Waal, der im Weiler Tabland oberhalb Partschins in 1275 m Höhe von einer Quelle, deren Wasser in einer Tschött gespeichert wurde, großteils mit relativ starkem Gefälle zuerst durch Wiesen und dann durch Wald zum Ebnerhof (1018 m) führte. Laut Auskunft in Partschins ist er heute aufgelassen und durch eine Rohrleitung ersetzt.

135. Partschinser Waal

Der rund 3 km lange, im Querprofil mittelgroße Waal wird unterhalb des Gasthauses „Birkenwald" in 930 m Höhe orographisch links vom Zielbach abgeleitet, fließt bis zum „Saltenstein" als Bach talab und quert von da an mit nur sehr geringem Gefälle die mit Buschwerk bestandenen Steilhänge ostwärts, um zuletzt wieder steiler abwärts durch Obstgüter zu führen. Der Auslauf mündet in rund 700 m Höhe in den Töllgraben. Der noch in seinem ursprünglichen Zustand erhaltene und voll in Betrieb befindliche Waal, der früher auch eine Waalschelle besaß, wurde im 15. Jh. von den in Partschins ansässigen Stachelburger Grafen erbaut (Trenkwalder). Er dient zur Bewässerung der Obstgüter zwischen Partschins und dem Töllgraben.

Wandervorschlag: siehe S. 92

Meran und Umgebung

136. Algunder Waal

Rund 6 km langer, im Querprofil mittelgroßer Waal mit einer Höchstwasserführung von 260 l/s (Rosenberger), der bei der Töll in 508 m Höhe von der Etsch orographisch links abgeleitet wird und unterhalb Dorf Tirol in ca. 400 m Höhe in den Köstengraben mündet. Er verläuft durch Obstgüter, Mischwald und Weinberge großteils eben durch die Hänge ostwärts und führt dabei in mehr oder minder großer Entfernung an den Ortschaften Plars, Algund und Gratsch vorbei. Auf längere Strecken ist er in seinem ursprünglichen, naturnahen Zustand erhalten, stellenweise aber fließt das Wasser auch durch Betonrinnen oder unterirdisch; westlich von Gratsch überquert es eine Schlucht in einer Rohrleitung. Hinsichtlich des Namens, der Besitzlage und der Baugeschichte ist der Waal, den Rosenberger auch Algunder Etschwaal nennt, dreigeteilt: Der westliche Abschnitt heißt genaugenommen Plarser Waal, der mittlere Algunder Waal und der östliche Gratscher Waal, der Waal selbst läßt diese Dreiteilung aber nicht erkennen, weshalb er meist auch in seiner Gesamtheit als Algunder Waal bezeichnet wird. Der Plarser Waal bestand schon vor dem Jahr 1333, in welchem König Heinrich den Plarsern ihre bestehenden Wasserrechte bestätigte und mit ihrer Zustimmung den Algundern die Verlängerung des Waales erlaubte. 1734 schließlich verlängerten die Gratscher den Waal bis zum Köstengraben. Demnach stimmt es nicht, wie dies manchmal zu lesen ist, daß der gesamte Waal 1333 erbaut wurde.

Wandervorschlag: siehe S. 94

137. Tiroler Waal

Ursprünglich rund 5 km langer Tragwaal, der im unteren Spronser Tal in 875 m Höhe am Finelebach beginnt, von dort mit nur sehr geringem Gefälle durch die orographisch rechten Waldhänge zum Tiroler Kreuz führt, von da am oberen Rand der Wiesen und Obstgüter von Dorf Tirol ein Stück südwestwärts quert, dann abdreht und süd- bzw. südostwärts durch Dorf Tirol und die umliegenden Fluren zum Küchelberg und weiter bis gegen den Segenbühel (514 m) verläuft. Um 1980 wurde der gesamte Waal aufgelassen und durch eine großteils im Kanal verlegte und abgedeckte Rohrleitung ersetzt. Der trockengemauerte Kanal ist zwar noch streckenweise erhalten, aber bereits stark verwachsen, die Fassung am Finelebach und das erste kurze Stück des Waales bis zum Beginn der Rohrleitung befinden sich noch in ihrem ursprünglichen Zustand (1985). Hier ist zu erwähnen, daß Rosenberger einen „Spronser Waal (Tirol)" von 8,1 km Länge erwähnt, doch ob er damit den Tiroler Waal oder einen anderen vom Finelebach abgeleiteten Waal meint, bleibt rätselhaft, da keiner die Länge von gut 8 km erreicht. Auch konnte ich bei den Einheimischen keinen „Spronser Waal" erfragen.

138. Kuenser Waal

Rund 2,5 km langer Tragwaal, der unterhalb des Longfallhofes vom Finelebach in ca. 1000 m Höhe orographisch links abgeleitet wird, nahezu eben durch steile Waldhänge südostwärts zu den Wiesen oberhalb des Mutlechnerhofes (837 m) führt und hier in die Beregnungsanlagen einmündet. Abgesehen vom letzten Stück im Bereich des erwähnten Hofes, das verrohrt wurde und als Waal heute verschwunden ist, befindet sich der Waal noch in seinem ursprünglichen Zustand und ist voll in Betrieb (Stand 1985). Großteils Bodenkanal, der stellenweise aus dem Fels gemeißelt und auf längere Strecken trockengemauert ist. Im Bereich einer Erosionszone mit kleinen Erdpyramiden unterirdischer Verlauf. Der Begleitsteig ist heute ein beliebter Wanderweg, diente aber auch früher schon als häufig benützter Zugang vom Kuenser und Riffianer Gebiet zum Longfallhof und zu den Almen im Spronser Tal. Die älteste bekannte Waalordnung stammt aus dem Jahr 1534.

Wandervorschlag: siehe S. 96

139. Riffianer Waal

Der rund 3,5 km lange Waal beginnt in 875 m Höhe im unteren Spronser Tal orographisch links am Finelebach, führt nahezu eben durch die steilen Waldhänge südostwärts bis gegen den Ungerichthof ober Kuens, quert kurz die dortigen Wiesen, verläuft dann rund 200 Höhenmeter steil bergab und setzt sich in rund 600 m Höhe oberhalb der Wiesen und Obstgüter von Riffian

Erster Teil des Riffianer Waales

großteils eben bis gegen den Rößlhof (610 m; der Hof liegt oberhalb der Riffianer Kirche) fort, um hier auszulaufen. Durchwegs Bodenkanal mit großteils trockengemauertem Damm. Um 1980 aufgelassen und durch eine Rohrleitung ersetzt, ist der Waal heute in seinem zweiten, unteren Abschnitt zugeschüttet und zum gewöhnlichen Wanderweg geworden, im ersten, oberen Teil ist der Kanal da und dort noch erhalten, wächst aber allmählich zu. Nur die ersten 20 m ab Finelebach bis zum Beginn der großteils im Waal verlegten Rohrleitung sind noch in ihrem ursprünglichen, wasserführenden Zustand erhalten (Stand 1985).

Wandervorschlag: siehe S. 96

140. Purnwaal

Ehemaliger, knapp 2 km langer Waal, an dessen Stelle heute eine Rohrleitung sowie der sogenannte Purenweg, ein schmaler Fahrweg, ver-

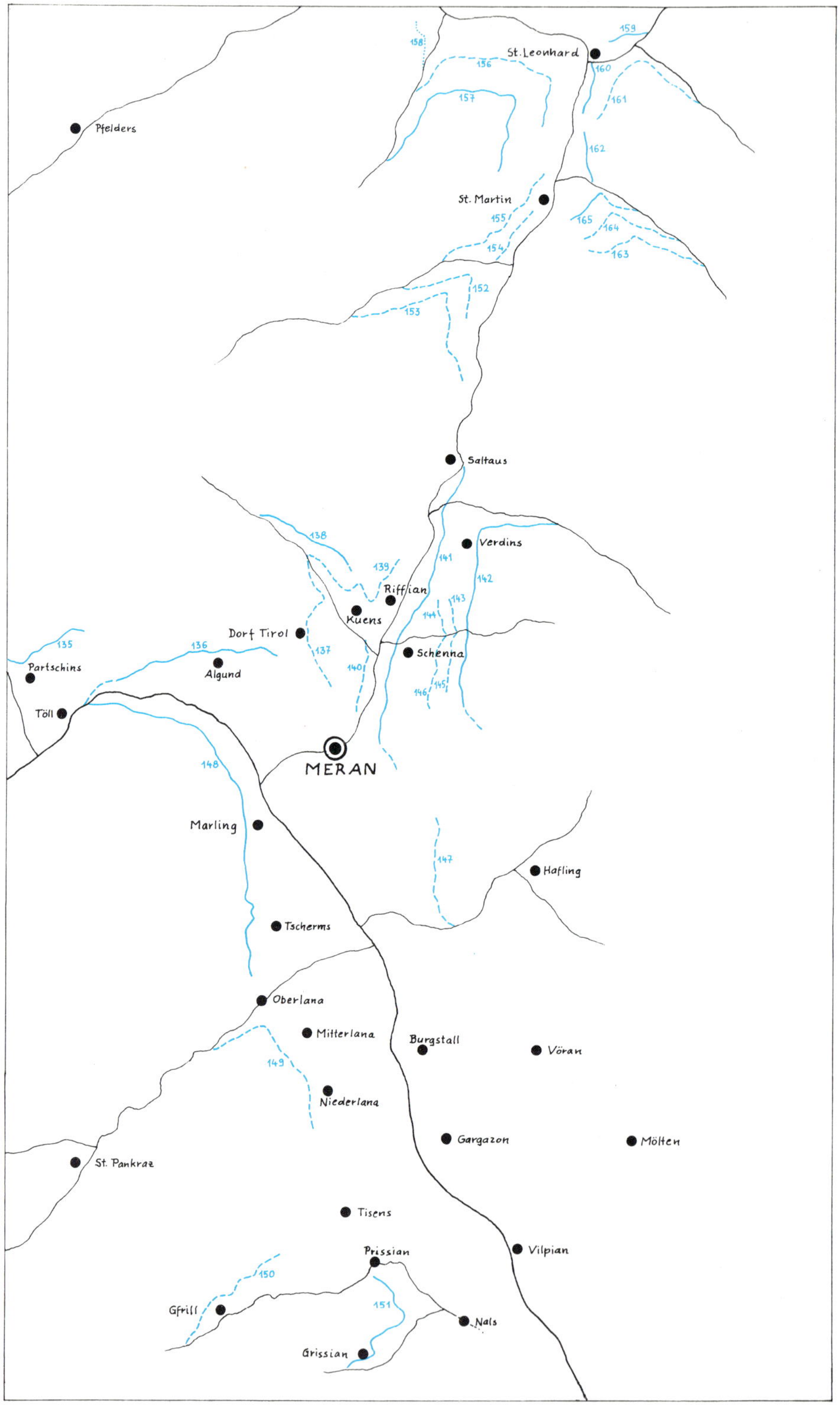

Waale im Etschtal und Passeiertal

—— = in Betrieb; - - - = aufgelassen; . . . = fraglich (Stand 1985)

läuft. Er wurde am Finelebach kurz vor seiner Einmündung in die Passer gefaßt, verlief durch die von Dorf Tirol gegen die Passer absinkenden Hänge und mündete nördlich unter der Zenoburg in die Passer. Bereits 1332 als „aque dictus Purnwal" urkundlich erwähnt, gehört er zu den ältesten quellenmäßig erfaßbaren Waale Südtirols.

141. Maiser Neuwaal

Rund 9 km langer Tragwaal (Rosenberger gibt die Länge mit 8,5 km an, Trenkwalder mit 10 km) mit großem Querprofil und einer Wasserführung von 100 l/s (Trenkwalder), der bei Saltaus im äußeren Passeiertal in ca. 470 m Höhe an der Passer orographisch links gefaßt wird, dann am Fuß der östlichen Talhänge nahezu eben südwärts verläuft, am Sonnwendhof (hier Wasserverteilerstelle) vorbeiführt, unweit von Schloß Planta den Schwemmfächer des Naifbaches quert und im Obermaiser Ortsteil Lazag unweit von St. Valentin in den Naifbach mündet (ca. 350 m). Er dient zur Bewässerung der landwirtschaftlichen Kulturflächen von Ober- und Untermais, ist großteils noch in seinem ursprünglichen Zustand erhalten und voll in Betrieb. Zwischen Saltaus und Sonnwendhof bildet der markierte Begleitweg eine schöne Wandermöglichkeit. Der zu den längsten Südtiroler Waalen zählende Wasserträger wurde 1473 erbaut und erhielt den Namen Neuwaal, weil es hier bereits jenen Maiser Tragwaal gab, der im 13. Jh. wiederholt urkundlich erwähnt wird.

Zugang: Die rund zweieinhalbstündige Begehung des Waalweges kann sowohl im Süden beim Sonnwendhof (Nordrand von Obermais) als auch im Norden an der Passerbrücke südöstlich unter Saltaus angetreten werden.

142. Verdinser Waal

Der lt. Rosenberger 7,7 km lange, ziemlich große Waal wird in 1100 m Höhe östlich von Verdins in der Masulschlucht am gleichnamigen Bach orographisch links gefaßt, zieht dann nahezu eben durch die südseitigen bewaldeten und von Gräben zerfurchten Steilhänge westwärts zur Hofersäge, von da ein Stück mit relativ starkem Gefälle durch Wiesen in Richtung Verdins und dann großteils nahezu eben abwechselnd durch Obstgüter, Waldzonen, Wiesen und Kastanienhaine südwärts bis zum Naifbach. Der Waal ist noch voll in Betrieb und dient zur Bewässerung der ausgedehnten Kulturflächen von Verdins, Schenna und St. Georgen. Im nördlichen Abschnitt verläuft er teilweise gedeckt, in der Masulschlucht durch einen neuen Stollen, dessen Bau nach einem Felssturz notwendig geworden war, im südlichsten Abschnitt ersetzt eine Rohrleitung den Waal. Oberhalb Schenna kurze Steilstrecke neben der „Katzenleiter", hier kurzer Felsstollen und Querung des Schnaggenbachgrabens. Streckenweise verläuft das Wasser in Betonrinnen, vor allem die südliche Hälfte des Waalverlaufes ist aber noch großteils in ihrem ursprünglichen, naturnahen Zustand erhalten und besitzt einen vielbegangenen Begleitweg. Was den Namen betrifft, so wird der Waal von Rosenberger Schennaer Waal genannt, von den Einheimischen dagegen auch Neuwaal, während sich in neuerer Zeit mehr und mehr die Bezeichnung Verdinser Waal eingebürgert hat. Der Waal wurde 1733 als zusätzliche bedeutende Wasserzuleitung zu den bereits bestehenden kleineren Waalen erbaut, daher der ursprüngliche Name Neuwaal.

Wandervorschlag: siehe S. 99

143. Oberer Tschifonwaal

Rund 1 km langer Waal (einer der vier Schnuggenwaale), der von dem nördlich von Schenna talwärts fließenden Schnuggenbach nordseitig zu den oberen Kulturgründen des Streuweilers Tschifon führte. Er ist seit den 60er Jahren verrohrt und aufgelassen und nur noch in wenigen letzten Resten erhalten.

144. Unterer Tschifonwaal

Er verläuft ein Stück tiefer als der Obere Tschifonwaal, im übrigen gilt das für diesen Waal Gesagte: Länge rund 1 km, in den 60er Jahren aufgelassen und verrohrt. Diente bzw. dient zur Bewässerung der unteren landwirtschaftlichen Flächen von Tschifon.

145. Sankt Georgener Waal

Etwa 1,5 km langer Waal bei Schenna, der vom Schnuggenbach südwärts zu den Kulturflächen von St. Georgen führt. So wie die anderen drei Schnuggenwaale in den 60er Jahren verrohrt und aufgelassen.

146. Fünfzehnerwaal

Schätzungsweise rund 2 km langer Waal, der am Schnuggenbach gefaßt wurde und östlich oberhalb Schenna (und unterhalb St. Georgen) durch die Güter südwärts verlief. Wie die anderen drei Schnuggenwaale (siehe oben) in den 60er Jahren aufgelassen und durch Rohrleitung ersetzt. Über den Ursprung des Namens gibt die Waalordnung aus dem Jahre 1591 Aufschluß: Die Rod (Bewässerungsrecht) ging in 15 Tagen von Hof zu Hof um (Zingerle/Egger).

147. Fragsburger Waal

Schätzungsweise rund 3 km langer, im Querprofil mittelgroßer Tragwaal südöstlich von Meran, der in ca. 760 m Höhe unterhalb des Fragsburger Wasserfalls am Sinichbach beginnt, zunächst durch Felswände und steile Waldhänge aus der Schlucht herausführt und dann teils am Oberrand von Wiesen, teils durch Wald mit leichtem bis stärkerem Gefälle durch die Hänge und an der Fragsburg vorbei nordwärts verläuft und ein Stück nach dem Goferhof in rund 570 m Höhe endet. Im nördlichen Abschnitt ist der Waal schon lange verrohrt und aufgelassen (aber der

Der Fragsburger Waal

Kanal ist derzeit, 1985, noch einigermaßen erhalten), im südlichen Teil bis zu den Fragsburger Wiesen war er noch vor kurzem in Betrieb. In den Wiesen unterhalb des Waalverlaufes da und dort noch Zweigwaalsysteme erhalten. Touristische Bedeutung besitzt der Waal nur noch insofern, als der Begleitsteig des ersten Teiles den Zugang zum Fragsburger Wasserfall vermittelt (ab Fragsburg ca. 15 Min.).

148. Marlinger Waal

Mit 12 km Länge (dies lt. Rosenberger; Trenkwalder gibt 10,5 km an, Langes 13 km) und einer Wasserführung von gut 300 l/s ist der Marlinger Waal der längste und größte Südtirols. Er wird auf der Töll in 508 m Höhe von der Etsch abgeleitet und verläuft, im großen und ganzen am Oberrand der landwirtschaftlichen Kulturen, durch die gesamten Hänge zwischen der Töll im Norden und Oberlana im Süden. Am Raffeingraben zwischen Tscherms und Oberlana endet er in rund 420 m Höhe, nachdem er Mischwald, Wiesen, Obstgüter, Weinberge, wilde Gräben und auch felsiges Steilgelände in durchwegs nahezu ebenem Verlauf durchquert und an verschiedenen Höfen und Einkehrstätten vorbeigeführt hat. Das leicht trübe Wasser der Etsch fließt auf weite Strecken noch im ursprünglichen, naturnahen und offenen Kanal, dessen Damm großteils aus Trockenmauern besteht, stellenweise aber auch in Felsstollen, in Rohren oder in Betonrinnen. Der Waal dient der Bewässerung der Güter von Marling und Tscherms sowie der dazwischen- und umliegenden Höfe und Weiler; die bewässerte Gesamtfläche beträgt 300 bis 400 ha. Der markierte und gut instand gehaltene, wenn da und dort auch etwas exponierte Waalweg wird sehr stark von Touristen begangen. Bis Schloß Lebenberg oberhalb Tscherms (das sind ab der Töll rund 10 km) wurde der Waal in den Jahren von 1737 bis 1756 erbaut. Angeregt, mitfinanziert und tatkräftig vorangetrieben wurde der Bau von den Kartäusermönchen des Klosters Allerengelberg in Schnals (Karthaus), die hier den Gojenhof und Weingüter besaßen, den weit größeren Teil der Kosten trugen aber doch die Bauern von Marling und Umgebung. Der südlichste Abschnitt des Waales ab Lebenberg bis zum Raffeingraben wurde erst einige Zeit nach 1756 von den Tschermser Bauern errichtet. Den ersten Anstoß zum Waalbau hatte der Allerengelberger Laienbruder Thomas gegeben, der Prior Michael Baych und sein Nachfolger Gabriel von Froschauer hatten dann zusammen mit den Marlingern die Idee des Bruders Thomas in die Tat umgesetzt.

Wandervorschlag: siehe S. 102

149. Brandiswaal

Der ehemalige, ursprünglich 3,8 km lange Waal wurde in der Gaulschlucht westlich von Oberlana an der Falschauer (Ultener Talbach) in ca. 345 m Höhe orographisch rechts gefaßt, führte in Form einer rund 1 km langen Kandelführung quer durch die Felswände aus der Schlucht heraus zur Koflschmiede und dann großteils als Bodenkanal mit teilweise trockengemauertem Damm durch die gegen Mitter- und Niederlana abfallenden Hänge südwärts bis zum Brandisbach (313 m). Entlang des Waales Kastanien und andere Laubgehölze, Weinberge und Obstgüter. Der Pschailgraben wird unterirdisch gequert, an der Schwarzwand oberhalb St. Margareth früher Holzkandeln. Der Waal wurde auf Anordnung des Grafen Heinrich von Brandis durch seinen Pfleger Peter von Sölderer im Jahre 1835 erbaut, wie eine Tafel am Waal kundtut, und diente zur Bewässerung einer Fläche von rund 80 ha. Die Baukosten beliefen sich auf 15.700 Gulden (Langes). Durch den Stollenbau des Elektrizitätswerkes von Lana konnte dann der erste Teil des Kandlwaales in der Gaulschlucht (etwa 500 m) aufgelassen werden, und um 1955 wurde schließlich der gesamte Waal durch eine im Kanal verlegte und abgedeckte Rohrleitung ersetzt. Der so zum breiten Weg gewordene und damit größtenteils verschwundene Waal ermöglicht eine schöne Wanderung, die sich allerdings mit einer früheren Begehung des noch intakten Waales nicht mehr messen kann. Der Weg ist von verschiedenen Punkten zwischen Ober- und Niederlana aus zugänglich (z. T. markiert und beschildert).

150. Gfriller Waal

Rund 2,5 km langer Waal, der im Quellgebiet des Prissianer Baches in 1280 m Höhe unter dem Gampenpaß beginnt, teils eben, teils mit leichtem Gefälle die Waldhänge oberhalb des Gfriller Badls quert, in 1200 m Höhe die Gampenstraße kreuzt, dann am Oberrand der Wiesen einiger Höfe entlangführt und schließlich, nach kurzem Verlauf parallel mit der Gampenstraße, bei Gfrill bzw. beim etwas darunter liegenden Kehrerhof (1012 m) endet. Er soll im 17. oder 18. Jh. erbaut worden sein, um 1880 erhielt er teilweise eine neue Trassenführung, um 1935 wurde er durch den Bau der Gampenstraße unterbrochen und erfüllte seither nur noch ungenügend seine Aufgabe, blieb aber weiterhin in Betrieb. Um 1970 schließlich ersetzte man ihn durch eine Rohrleitung. Bis dahin besorgte ein eigener Waaler die Beaufsichtigung und Instandhaltung und erhielt als Lohn eine bestimmte Menge Getreide. Heute ist der Kanal noch teilweise erhalten, aber er geht allmählich seinem endgültigen Verfall entgegen (Stand 1985). Touristische Bedeutung besitzt der Waal nicht.

151. Prissianer Waal

Der knapp 4 km lange Waal beginnt in ca. 1000 m Höhe am Grissianer Bach, zog früher (heute Rohrleitung) durch die orographisch linken Waldhänge hinaus zum Sattel am Fuß des Kirchhügels von St. Jakob, verläuft von da als offener, in seinem ursprünglichen Zustand erhaltener Kanal nahezu eben ober den Wiesen von Grissian durch, geht später ein Stück neben der von Prissian nach Grissian führenden Straße und endet schließlich oberhalb Prissian in rund 700 m Höhe. Er dient der Bewässerung der landwirtschaftlichen Flächen der beiden genannten Dörfer und ist noch in Betrieb; in Grissian noch keine Beregnung der Wiesen, sondern Berieselung (Stand 1985). Da der Waal zu einem guten Teil keinen Begleitweg besitzt, ist er touristisch höchstens insofern von Bedeutung, als er gleichzeitig mit der in kunsthistorischer Hinsicht einzigartigen Kirche von St. Jakob besucht werden kann.

Passeiertal

152. Unterer Rieder Waal

Knapp 2,5 km langer Waal, der ein Stück oberhalb der Steinwandhöfe in ca. 1120 m Höhe am Kalmbach im gleichnamigen Passeirer Seitental orographisch rechts beginnt, durch die südseitigen Talhänge hinaus bis in die Nähe des Hofes Obereggenstein (1075 m) verläuft und sich hier in mehrere Zweigwaale verteilt, die bergab zu den Höfen Untereggenstein, Schupfe, Tschaggen und Spat (dieser ist der unterste und liegt auf 625 m; hier das Ende des Hauptwaales) führen. Im ersten Teil Kandelführung durch felsige Hänge, der Rest Bodenkanal. Um 1980 aufgelassen und durch eine im Waal verlegte Rohrleitung ersetzt; die Holzrinnen und der Kanal sind nur noch in Resten erhalten (Stand 1985).

153. Oberer Rieder Waal

Rund 4 km langer Waal, der in 1310 m Höhe im Kalmtal am gleichnamigen Bach orographisch rechts beginnt, bei Waldwies vorbei durch die schattseitigen Talhänge hinaus nach Magdfeld (1148 m) und von dort südwärts durch die steilen Waldhänge mit ziemlich starkem Gefälle hinab zu den Wiesen oberhalb des Quellenhofes verläuft. Das Ende des Waales liegt in ca. 550 m Höhe beim Holzlehenhof. Um 1970 wurde der bereits früher aufgelassene Waal durch eine ein Stück tiefer gefaßte Rohrleitung ersetzt, die vielen ehemaligen Kandeln sowie der Kanal sind heute weitgehend verfallen, in Resten aber noch verfolgbar (Stand 1985).

154. Baumkircher Waal

Der rund 1,5 km lange Waal beginnt am Kalmbach ober dem gleichnamigen Wasserfall orographisch links (ca. 670 m) und verläuft durch steile

Nur im Winter außer Betrieb: der Prissianer Waal

Waldhänge und teilweise auch durch Felswände mit nur geringem Gefälle bis in die Nähe der Schildhöfe Gereut und Baumkirch südwestlich von St. Martin in Passeier (ca. 650 m). Der zu einem guten Teil aus Kandeln bestehende, stellenweise auch aus dem Fels gesprengte und sehr schwierig instand zu haltende Waal wurde um 1976 aufgelassen und durch eine Rohrleitung ersetzt. Der Kanal ist aber noch in Resten erhalten (Stand 1985); touristische Bedeutung besitzt er nicht.

155. Steinhauser Waal

Rund 3 km langer Waal, der in 880 m Höhe unterhalb des Steinhofes im Kalmtal am gleichnamigen Bach orographisch links beginnt und vorbei am Grubhof durch die sonnseitigen Steilhänge teils durch Wiesen und Wald, streckenweise auch durch felsige Hänge und quer über einige Gräben mit großteils nur mäßigem Gefälle zum Schildhof Steinhaus und zu den nahen Haselhöfen bei St. Martin in Passeier verläuft. Das Ende des Waales liegt in rund 650 m Höhe. Großteils Bodenkanal, da und dort auch kurze Kandelführungen. Um 1980 wurde im Waal eine Rohrleitung verlegt, der Kanal ist aber teilweise noch erhalten; der Begleitweg soll jüngst instand gesetzt und gut begehbar gemacht worden sein.

156. Floner Waal

Der 4,5 km lange, nach dem Streuweiler Flon benannte Waal beginnt am Salderner Bach in 1275 m Höhe orographisch rechts, quert zunächst die steilen und felsigen Hänge des Talgrabens, verläuft dann, großteils nahezu eben, durch die weniger steilen Nadelwälder ostwärts

Wasserführender Teil des Floner Waales

zu den Wiesen des Weilers Kristl, fällt hier kurz ab und quert dann mit mäßigem Gefälle erneut die Waldhänge bis oberhalb des Apfalterhofes, wo er als Tragwaal in rund 1000 m Höhe endet. Von da führen aufgelassene Zweigwaale und eine Rohrleitung hinab zu den Höfen von Flon, ein eben weiterlaufender Waal ist fast gänzlich verfallen. Von der Fassung bis nach Kristl wurde 1982 im Waal eine gedeckte Rohrleitung verlegt, der nun weniger tiefe Kanal ist aber noch erhalten; wo der „Meraner Höhenweg" dem Waalweg folgt (ca. 400 m), fließt etwas Wasser im Waal. Von Kristl bis zum Apfalterhof hingegen (rund 600 m) ist der Waal noch nicht verrohrt und in seinem ursprünglichen naturnahen Zustand erhalten. Der angeblich im 18. Jh. erbaute Waal deckt den Wasserbedarf der zwölf Höfe von Kristl und Flon, außerdem betrieb er früher einige Mühlen und eine Säge und besaß einen eigenen Waaler.

Zugänge zum Waal bieten sich sowohl vom Weiler Kristl als auch vom Apfalterhof (Weiler Flon) auf kurzen und mit „Meraner Höhenweg" beschilderten Wegen an. Die Begehung des Waales ist allerdings weniger lohnend als die des Matatzwaales.

157. Matatzwaal

Bis zu den Wiesen Matatz gerechnet rund 5 km langer Waal, der am Salderner Bach ein Stück hinter der Unteren Ulfaser Alm in 1580 m Höhe orographisch rechts gefaßt wird, zuerst das Almgelände und dann, stets mit nur sehr geringem Gefälle, die Waldhänge zuerst nordost- und dann ostwärts bis zu dem von der Matatzspitze hinabziehenden Rücken durchquert. Hier nahe einer Wiesenschulter in ca. 1550 m Höhe die einfache, aber malerische und im Sommer vom Waalaufseher und seiner Frau bewohnte Waalerhütte (Ausschank), daneben eine intakte Waalschelle. Bis hierher verläuft der Waal vorwiegend als Bodenkanal mit teilweise trockengemauertem Damm oder schuppenförmiger Steinplattenfassung, ein längeres Stück in sehr steilem Gelände besteht aus Kandeln, Wieren und Blechrinnen. Von der erwähnten Wiesenschulter nahe der Waalerhütte verläuft der Waal südostseitig rund 1 km durch sehr steile Waldhänge und Bergwiesen in Form eines steingefaßten und gepflasterten Bodenkanals mehrere hundert Höhenmeter bergab zu den Wiesen des Streuweilers Matatz, wo das Wasser, zusammen mit dem Wasser einiger Bäche, zur Bewässerung (teils Beregnung, teils Berieselung) der rund ein Dutzend Höfe bzw. deren Wiesen dient; die bewässerten Flächen reichen hinab bis fast zur Talsohle. Der anscheinend um 1860 erbaute Waal ist noch in seinem ursprünglichen Zustand erhalten und voll in Betrieb (Stand 1985).

Wandervorschlag: siehe S. 105

158. Salderner Waal

Rund 1,5 km langer, nur kleiner Waal, der in 1370 m Höhe am Salderner Bach, der zwischen St. Leonhard und Moos von Süden der Passer zufließt, orographisch links beginnt, unterhalb Ulfas durch die westseitigen Waldhänge mit leichtem Gefälle nordwärts verläuft und in den Wiesen der Höfe Saldern und Magfeld in rund 1100 m Höhe ausläuft. Unsicher, ob er noch in Betrieb oder bereits aufgelassen ist. Touristische Bedeutung besitzt der Waal nicht.

159. Herrenwaal

Ursprünglich rund 2 km langer, im Querschnitt eher kleiner Waal, der nordöstlich von St. Leonhard in Passeier vom Waltenbach in ca. 830 m Höhe orographisch rechts gefaßt wird, durch die sehr steilen, zum Teil felsigen Waldhänge nahezu eben westwärts bis zu den Wiesen gegenüber der Jaufenburg führt und sich früher von da bis hinab nach St. Leonhard fortsetzte. In den sechziger Jahren (so die Auskunft Einheimischer) wurde der westliche Teil aufgelassen und durch eine unterirdische Rohrleitung ersetzt, während der östliche, knapp ein Kilometer lange Abschnitt des Waales in seinem ursprünglichen Zustand bis heute erhalten blieb (Stand 1985). Er besteht vorwiegend aus einem teilweise trokkengemauerten, teilweise in die Felsen gemeißelten Kanal, in seinem östlichsten, nicht begehbaren Abschnitt aber auch aus Wieren und Rohren. Das Wasser mündet gegenüber der Jaufenburg in die erwähnte Rohrleitung mit angeschlossenen Beregnern. Die Bewässerungszeiten der rund ein halbes Dutzend Höfe sind genau geregelt; in den Wiesen noch Reste des Zweigwaalsystems der ehemaligen Berieselung.

Wandervorschlag: siehe S. 106

160. Waal südlich von St. Leonhard in Passeier

Dieser rund 1 km lange Waal, für den ich keinen besonderen Namen ermitteln konnte, wird am Waltenbach unmittelbar vor seiner Mündung in die Passer am unteren Dorfrand von St. Leonhard in 653 m Höhe gefaßt und führt, teilweise parallel mit dem alten Weg, durch den ebenen Talboden südwärts und mündet westlich des Sandhofes in die Passer. Vom typischen Wiesenwaal zweigen beiderseits Bewässerungssysteme mit Ilzen und niedrigen Schwemmsandrücken ab. Das Ganze ist noch in seinem ursprünglichen Zustand erhalten, Haupt- und Seitenwaale sind noch wasserführend und in Betrieb (Stand 1985). Touristische Bedeutung besitzt der Waal nur insofern, als der nahe alte Talweg zwischen Sandhof im Süden und St. Leonhard im Norden einen schönen, knapp halbstündigen Spaziergang ermöglicht.

161. Platzbergwaal

Ursprünglich knapp 3,5 km langer, ziemlich großer Waal, der von seiner Fassung in der Schlucht des Pfistradbaches (ca. 1125 m) bis zum Sandhof (Geburtshaus Andreas Hofers) verlief und der dortigen Wiesenbewässerung diente. In den Felshängen der Schlucht lange Kandelführungen und alte Eisenrohre, später großteils trockengemauerter, längere Zeit großteils nahezu eben die Waldhänge durchquerender Kanal. Oberhalb der Platzer Höfe längere Strecke gerade bergab, dann wieder nahezu eben weiter in Richtung Sandhof. Bei einem Bildstock an dem ins Pfistradtal führenden Weg zweigt ein ca. ein Kilometer langer Seitenwaal ab, der mit mäßig starkem Gefälle zum Gratzhof hinabführt und hier zur Bewässerung, aber auch zum Betrieb einiger Mühlen und einer Säge diente. 1974 waren beide Waale bereits seit langem aufgelassen und die Kandeln weitgehend verfallen, einige Jahre später aber wurde eine neue Rohrleitung errichtet, die nun wieder sowohl den Platzer Höfen als auch dem Sandhof das Wasser zuführt und abseits der alten Waale verläuft. Diese sind als trockenliegende Kanäle noch recht gut erhalten, wenn auch, besonders der Hauptwaal im südlichen Abschnitt, mehr und mehr dem Verfall entgegengehend. Unweit des erwähnten Bildstocks die verfallende Hütte des einstigen Waalers. Entlang des Hauptwaales zwischen dem Bildstock und der Steilstrecke ober den Platzer Höfen noch guter und schöner Begleitsteig (Stand 1985). Zur Geschichte des Waales, der in der Literatur auch als Sandhofwaal erwähnt wird, ist anzumerken, daß er 1685 erbaut wurde; aus diesem Jahr stammt auch die auf Pergament geschriebene, 16seitige Waalordnung.

162. Kammerfeitwaal

Rund 1 km langer und hübscher Hangwaal, der in der Schlucht des unteren Fartleistales (sie wird Gilf genannt) am gleichnamigen, bei St. Martin von Osten her in die Passer mündenden Bach in

Der Kammerfeitwaal

rund 740 m Höhe orographisch rechts gefaßt wird und dann großteils durch Wald, teilweise auch am Oberrand von Wiesen die östlichen Talhänge nordwärts quert und in den Wiesen des kleinen Weilers Gerlas in rund 650 m Höhe ausläuft. Abgesehen von kurzer Kandelführung an der Fassung durchwegs einfacher, teilweise trockengemauerter Kanal, mit dem der Wanderweg Nr. 3 teilweise parallelläuft. Der Waal, der den Wasserbedarf der unter ihm liegenden Höfe und Höfegruppen Hochwies, Windegg, Kammerfeit und Gerlas deckt, ist noch in seinem ursprünglichen Zustand erhalten und voll in Betrieb (Stand 1985).

Zugänge: Sowohl von St. Leonhard her auf dem schönen Weg Nr. 3 als auch von St. Martin über Unterprantach und Pleiftalhof (markierte Route, leicht den Karten zu entnehmen).

163. Pfandlerwaal

Rund 2,5 km langer Waal, der in 1400 m Höhe am Fartleisbach orographisch links gefaßt wurde, durch die Felshänge in langen Kandelführungen aus dem Tal heraus und dann, großteils als Bodenkanal, ein gutes Stück unterhalb der Pfandleralm durch die Wälder bis zum Pfandlerhof (1050 m) im Weiler Oberprantach führte. Er gehörte nur diesem einen Hof und ist, nach Auskunft Einheimischer, ungefähr seit dem Ersten Weltkrieg aufgelassen. Die Kandeln sind längst verfallen, der Kanal ist in letzten Resten aber da und dort im Wald noch erhalten.

164. Oberer Prantachwaal

Der rund 3 km lange Waal (auch Sattelwaal genannt) wurde im Fartleistal vom gleichnamigen Bach in ca. 1200 m Höhe orographisch links gefaßt, führte nahezu eben durch die südseitigen Steilhänge aus dem Tal heraus und dann durch die Waldhänge zu den Wiesen der Höfe von Oberprantach. Das Ende des Waales, der bis zum sogenannten „Sattel“ aus Kandelführungen bestand, lag in ca. 1100 m Höhe. Er wurde in den sechziger Jahren aufgelassen und durch eine ein gutes Stück tiefer verlaufende Rohrleitung ersetzt. Der Waal gehörte drei Höfen.

165. Unterer Prantachwaal

Rund 2,5 km langer Waal, der in ca. 1100 m Höhe östlich von St. Martin i. P. am Fartleisbach orographisch links gefaßt wurde, durch die Felswände nahezu eben aus dem Tal herausführte und dann durch die Waldhänge leicht fallend zu den Wiesen der drei Unterprantacher Höfe verläuft (ca. 800 m). Im Fartleistal rund ein Kilometer lange Kandelführungen, dann großteils Bodenkanal mit teilweise trockengemauertem Damm. Die Holzrinnen wurden in den sechziger Jahren durch eine Rohrleitung ersetzt. Die Gründe dafür war der Wasserverlust und vor allem die schwierige Instandhaltung der Kandelleitung, die immer wieder durch Steinschlag beschädigt oder zerstört wurde (in einem Sommer soll dies über 20 Mal geschehen sein). Die alten Rinnen sind heute verfallen, der Kanal, der

Der Untere Prantachwaal in der Flur „Gsteng“

bei der Flur „Gsteng“ (daher der Waal auch Gstengwaal genannt) beginnt, ist noch in seinem ursprünglichen Zustand erhalten und auch noch wasserführend (Stand 1985). Die erwähnte Rohrleitung liefert auch den Höfen von Oberprantach das Wasser. Der Waal hat nur insofern eine gewisse touristische Bedeutung, als er bei „Gsteng“ nahe dem ins Fartleistal führenden Weg verläuft und damit leicht zugänglich ist.

Ulten

166. Mairnwaal

Rund 2 km langer Waal, der am Kirchenbach in 1280 m Höhe orographisch rechts abgeleitet wurde und nahezu eben durch die steilen Waldhänge zu den Wiesen der Höfe südwestlich oberhalb St. Pankraz in Ulten (Mairn, Vordermann usw.) führte. Der eher kleine Waal wurde 1984 aufgelassen und in Rohre gefaßt.

167. Locherer Waal

Der rund 4,5 km lange, im Querprofil mittelgroße Waal wird in 1754 m Höhe westlich von St. Pankraz in Ulten vom Kirchenbach orographisch rechts abgeleitet, verläuft dann durch die südseitigen, durchwegs steilen Waldhänge nahezu eben ost- bzw. südostwärts bis zu einer bewaldeten Geländeschulter (1675 m), von da rund 200 Höhenmeter durch Wald steil hinab zum Halsmannhof bzw. zum Sattel zwischen dem Kirchhügel von St. Helena und dem Berghang (1488 m) und dann an der Südseite des Kirchhügels zunächst leicht, dann stärker fallend großteils durch Wald hinab zu den Wiesen der hier verstreuten Höfe (Gruben, Holz, Kapauner usw.). Das Ende des Waales liegt in ca. 1350 m Höhe unweit des Hofes Unterholz. Abgesehen von drei längeren Strecken, auf denen Metallrohre im Kanal verlegt wurden, ist der Waal noch in seinem ursprünglichen Zustand erhalten; stellenweise große Holzkandeln, sonst teilweise trockengemauerter und an Steilstrecken auch gepflasterter Kanal. Der Waal ist noch voll in Betrieb und liefert den Wiesen von 13 Höfen das Wasser.

Wandervorschlag: siehe S. 109

168. St. Moritzer Waal

Nur knapp 1 km langer, aber sehr hübscher Waal, der nordwestlich von Hügelkirche und Weiler St. Moritz in Ulten in ca. 1710 m Höhe an einer Tschött, die das Wasser eines kleinen (künstlich angelegten) Baches sammelt, kurz durch Wiesengelände und dann durch Waldhänge zu den Höfen von St. Moritz verläuft und südwestlich davon in den Wiesen ausläuft (ca. 1600 m). Er besteht teilweise aus einfachem Erdkanal, teilweise aus Kandelführungen, ist noch in seinem ursprünglichen Zustand erhalten und voll in Betrieb (Stand 1985).

Wandervorschlag: siehe S. 110

169. Schwienbachwaal

Rund 3,5 km langer, nordwestlich ober St. Nikolaus in Ulten in 1850 m Höhe am Mesnerbach orographisch links beginnender, im Querschnitt mittelgroßer Waal. Er verläuft ostwärts zunächst nahezu eben durch die Waldhänge bis zur Neuwiese, geht dann durch lärchenbestandene Wiesen leicht fallend weiter zu einigen Heuhütten, fällt darauf steil zu einer Mühle ab (die früher vom Waal betrieben wurde) und durchquert von da an die weiten, großteils flachen Wiesen, um nordöstlich des Oberhofes in rund 1520 m Höhe auszulaufen. Der Waal deckt den Wasserbedarf (heute großteils Beregnung) von sechs Höfen, ist noch in seinem ursprünglichen Zustand erhalten und voll in Betrieb (Stand 1985). Durchwegs Bodenkanal, im Waldbereich teilweise trockengemauert und mit gutem Begleitweg. Nördlich rund 100 m ober dem Waalende ein kleiner, nur etwa 400 m langer Waal, der an einem Moor beginnt und in eine Tschött mündet. Er hat keine touristische Bedeutung.

Wandervorschlag: siehe S. 114

170. Untersteinerwaal

Der knapp 2,5 km lange, im Querprofil eher kleine Waal (einfacher Kanal mit schwachem Begleitsteig; auch Oberwaal genannt) wird nordwestlich ober St. Nikolaus in 1822 m Höhe am Mesnerbach (auch Kirchbach genannt) orographisch rechts gefaßt, zieht teils nahezu eben, teils mit mäßigem Gefälle durch die Waldhänge südwärts zu den Wiesen des Untersteinerhofes (1519 m) und von da weiter bis zum Hof Zörnbrige (1527 m). Er ist noch in seinem ursprünglichen Zustand erhalten und voll in Betrieb (Stand 1985).

Zugang: Von St. Nikolaus in Ulten (1271 m) auf Weg 14 in ½ Std. hinauf zum Untersteiner und zum Waal.

171. Obersteinerwaal

Er ist nur rund 400 m lang, wird von einer Quelle („Ursprung" genannt) gespeist und verläuft etwa 100 m oberhalb des Untersteinerwaales durch den Wald zum Obersteinerhof (1671 m); auch er ist noch in Betrieb.

172. Unterer Flatschwaal

Nur knapp 1 km langer Waal, der nordwestlich von St. Gertraud in Ulten in 1765 m Höhe am Flatschbach orographisch links beginnt (hier zwei aufgelassene Mühlen), großteils durch Wald, stellenweise aber auch durch Wiesen mit leichtem Gefälle südostwärts zu den Wiesen der Flatschhöfe führt und hier in ca. 1730 m Höhe endet. Er ist seit etlichen Jahren aufgelassen, der einfache Kanal ohne eigenen Begleitsteig ist aber noch gut verfolgbar (Stand 1985).

173. Oberer Flatschwaal

Rund 2,5 km langer Waal, der nordwestlich von St. Gertraud nahe der Unteren Flatschbergalm in 1890 m Höhe am Flatschbach orographisch links beginnt und mit leichtem Gefälle südostwärts durch die Steilhänge und durch Wald zu den Wiesen der Flatschhöfe verläuft, an deren östlichem Ende er in rund 1750 m Höhe endet. Im mittleren Teil steinige und felsige Steilflanken, hier Kandelführungen und ein Felsstollen. Wegen der schwierigen Instandhaltung wurde der Waal um 1982 herum aufgelassen. Seither deckt ein Rohrsystem den Wasserbedarf der Flatschhöfe.

174. Tuferalmwaal

Rund 1,5 km langer, im Querprofil nur kleiner Waal, der in 2350 m Höhe am Tuferbach (nordwestlich von St. Gertraud in Ulten) orographisch links beginnt und durch die ostseitigen Stein- und Grashänge mit teils leichtem, teils stärkerem Gefälle zur Tuferalm (2099 m) führt. Unsicher, ob der Waal noch in Betrieb oder bereits aufgelassen ist.

175. Innerlanerwaal

Der gut 1,5 km lange Waal wird in 1490 m Höhe südwestlich von St. Gertraud in Ulten am Kirchbergbach orographisch rechts gefaßt, führt großteils nahezu eben durch die nordexponierten Waldhänge ostwärts und erreicht, zuletzt mit stärkerem Gefälle, oberhalb der Innerlanerhöfe die Wiesen, um hier in 1400 m Höhe zu enden. Nur mäßig großer, in seinem ursprünglichen, naturnahen Zustand erhaltener Kanal mit Begleitsteig; an der Querung des ins Kirchbergtal führenden Forstweges ein Stück in unterirdische Rohre gefaßt und weiter östlich an der Querung eines Grabens kurze Kandelführung. Der Waal gehört den fünf Bauern des Weilers Innerlaner, er ist noch voll in Betrieb (Stand 1985). Rund 50 Höhenmeter tiefer ein weiterer, aber nur kleiner Waal, der ohne Begleitsteig kurz durch Wald und dann durch Wiesen vom Kirchbergbach rund 600 m ostwärts führt und ebenfalls noch in Betrieb ist.

Wandervorschlag: siehe S. 115

Sarntal — Eisacktal

176. Astfelder Waal (Sarntal)

Zwar nur rund 300 m langer, aber hübscher und im Querprofil verhältnismäßig stattlicher Waal, der nordwestlich von Astfeld im Sarntal in 1050 m Höhe vom Durnholzer Bach mittels einer betonierten Fassung orographisch rechts abgeleitet wird und am Fuß der gegen St. Valentin ansteigenden Hänge westwärts führt. Er dient

Der Astfelder Waal im Sarntal

der Bewässerung der Wiesen, die sich nördlich von Astfeld in dem kleinen Talboden ausbreiten. Der Waal noch in seinem ursprünglichen Zustand erhalten und voll in Betrieb; in den genannten Wiesen Zweigwaalsystem mit Ilzen und niedrigen Sandrücken (Stand 1984). Ob der Hofname Kandler oben am Sonnenhang mit einem ehemaligen Kandlwaal zusammenhängt, wäre noch zu klären.

177. Waal bei Klobenstein am Ritten

Ursprünglich rund 500 m langer, im Querprofil mittelgroßer Waal, der westlich von Klobenstein unterhalb der Straße durch die Wiesenhänge zieht. Er dürfte schon seit langem aufgelassen sein, der Kanal ist aber noch streckenweise gut erhalten (Stand 1985).

Der längst aufgelassene Waal bei Klobenstein am Ritten mit dem Schlern im Hintergrund

178. Bischofwaal

Rund 1 km langer Waal mit kleinem Querprofil, der vom Diktelebach ostwärts zu den Wiesen der beiden Höfe Bischof und Penn (790 m) südlich von Saubach führt. Im westlichen Teil fast ausschließlich Kandelführungen (hier Ieschn genannt), im östlichen Teil Erdkanal mit teilweise trockengemauertem Damm. Im mittleren Teil zwei Tschötten (hier Reasen genannt), von denen ein senkrecht zum Hang verlaufender, kurzer Seitenwaal abzweigt und zur Bewässerung der Wiesen sowie zum Betrieb einer ehemaligen Mühle diente. In den fünfziger Jahren wurde, teilweise im Waal, eine Eisenrohrleitung verlegt, später eine Leitung aus Kunststoffrohren. Seither ist der Waal aufgelassen und dem Verfall preisgegeben, Kandeln und Kanal sind aber noch einigermaßen erhalten und gut verfolgbar (Stand 1985). Der Waal hatte nie einen besonderen Namen, sondern wurde einfach „Wasserwaal" genannt. Die hier verwendete Bezeichnung wurde nach einem der beiden genannten Höfe gewählt.
Touristische Bedeutung besitzt der oberhalb der Höhenstraße befindliche Waal nicht.

179. Ganderwaal

Diese Bezeichnung wird hier in Ermangelung eines eigenen Waalnamens willkürlich gewählt. Vom einstigen, schätzungsweise vielleicht 300 m langen Waal zwischen Saubach im Süden und dem Ganderbach im Norden ist heute nur noch ein rund 50 m langer Rest in einer Wiese (etwa 820 m Höhe) oberhalb der die Ortschaften Saubach und Barbian verbindenden Straße erhalten. Auch dieser Rest schon stark verwachsen und dem Verschwinden nahe (1984).

180. Mühlwaal

Einer der letzten noch in Betrieb befindlichen Waale des Eisacktales. Er ist rund drei Kilometer lang und beginnt auf der Villanderer Alm nahe der Gasserhütte, wo er an einem nordseitigen Zufluß des Zargenbaches in ca. 1740 m Höhe gefaßt wird. Von dort zieht er ostwärts zunächst ein Stück durch Almböden und dann fast durchwegs durch Wald in anfangs nur sehr leichtem, später etwas stärkerem Gefälle bis in die Nähe des Radhofes (bis hierher gut 2 km) und schließlich durch Wald steil bergab zum Pfroderhof (1227 m), wo er in den Mühlbach übergeht. Durchwegs einfacher Bodenkanal mit schwachem Begleitsteig. Er ist noch in Betrieb, führt aber etwas weniger Wasser als früher, als er mehrere Mühlen zu treiben hatte. Heute dient er nur noch der Bewässerung der Wiesen.

Wandervorschlag: siehe S. 117

181. Pfunderer Waal (Klausen)

Ehemaliger, rund 4 km langer Waal (der Name wird hier in Ermangelung eines anderen willkürlich gewählt), der unweit des Radhofes oberhalb Villanders in rund 1500 m Höhe vom Mühlwaal (s. dort) abzweigte, großteils am Oberrand der Wiesen und vorbei an mehreren Höfen mit nur leichtem Gefälle ostwärts in Richtung Pfunderer Hof (1311 m) und Siglanker Höfe und von dort durch Wald steil bergab zum ehemaligen Pfunderer Bergwerk im Thinnetal (ca. 1000 m) führte. Das Wasser dürfte sowohl zum Bewässern der Wiesen als auch im Bergwerk verwendet worden sein. Der Waal, von dem mir Einheimische erzählten und der auch in der Literatur kurz erwähnt wird, ist schon lange aufgelassen, und heute findet man kaum noch wenige letzte Spuren von ihm.

182. Moarwaal

Rund 700 m langer, im Querprofil kleiner Waal, der nordwestlich ober Klausen in rund 1150 m Höhe am Gimpelebach orographisch links gefaßt wird, mit mehr oder minder starkem Gefälle durch die Waldhänge zieht und oberhalb des Hofes Moar (oder Mair) in Ums nordwestlich

Der Moarwaal bei Klausen

oberhalb Klausen in den Wiesen endet (ca. 1050 m). Teils Kandelwaal, teils einfacher Bodenkanal. Der Waal diente früher der Wiesenbewässerung und dem Betrieb einer Mühle, später dann nur noch zum Tränken des Viehes. Er ist noch in seinem ursprünglichen Zustand erhalten und wasserführend (Stand Frühjahr 1985), seine Ersetzung durch eine Rohrleitung ist aber geplant. Touristische Bedeutung besitzt er nicht.

183. Johanserwaal

Ehemaliger, rund 200 m langer Waal, der in ca. 800 m Höhe am Gimpelebach nordwestlich ober Klausen gefaßt wurde und nahezu eben ostwärts zu den Wiesen oberhalb des Johanserhofes führte, wo das der Bewässerung dienende Wasser in einer Tschött gesammelt wurde. 1985 waren der offenbar schon seit langem aufgelassene Waal noch auf einer Länge von wenigen Metern sowie die stattliche, trockengemauerte Tschött (Rease) noch erhalten, aber stark verwachsen. Der Rest des Waales fiel einem Wegebau zum Opfer.

184. Gruberwaal

Ehemaliger, knapp 2,5 km langer Waal, der südlich von Jocherer Berg und Kassiansspitze in

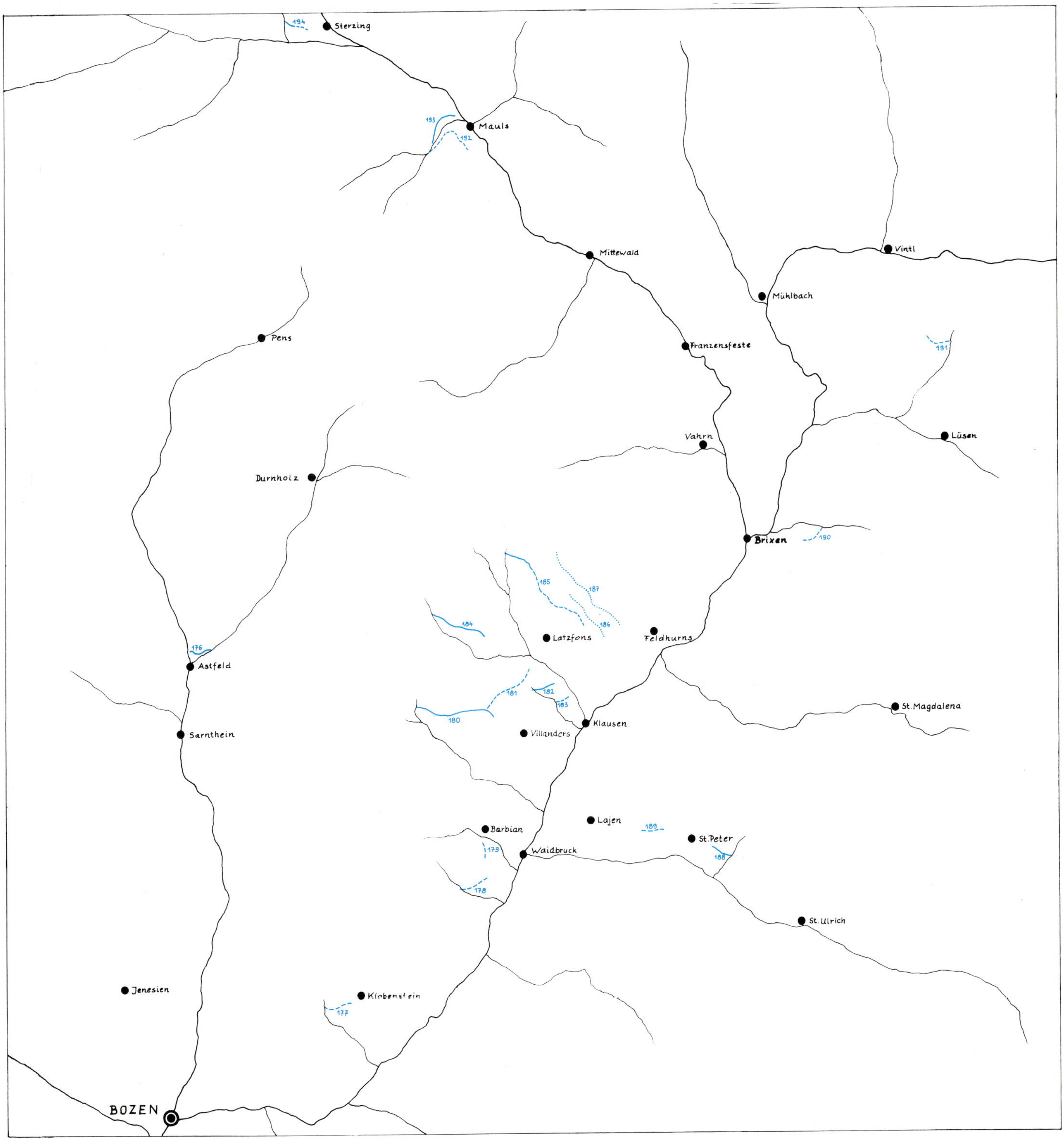

Waale im Sarntal und Eisacktal

___ = in Betrieb; - - - = aufgelassen; ... = fraglich (Stand 1985)

rund 1960 m Höhe am Villarbach (Zufluß des bei Klausen in den Eisack mündenden Thinnebaches) im Bereich der Waldgrenze orographisch links gefaßt wurde und stellenweise durch Bergwiesen, großteils aber durch Wald mit leichtem bis mäßig starkem Gefälle ostwärts bis zu den Höfen Unter- und Obergruber (1589 bzw. 1605 m) führte. Er diente der Bewässerung der dortigen Wiesen und dem Betrieb einer nahe dem Obergruber befindlichen Mühle. Nach Auskunft Einheimischer wurde er bereits 1958 aufgelassen.

185. Verdingser Waal

Rund 4,5 km langer, anfangs nur kleiner, später mittelgroßer Waal, der rund ein Kilometer östlich der Klausener Hütte in rund 1800 m Höhe an einem kleinen, zum Thinnebach abfließenden Wasserlauf beginnt, mit nur leichtem Gefälle zuerst die Almhänge ostwärts quert, dann großteils nahezu eben durch Waldhänge in Richtung Kühhof verläuft und sich noch ein gutes Stück durch Wald und Wiesen ostwärts fortsetzt, bis er als eigentlicher Waal in rund 1450 m Höhe endet. Von da floß das Wasser ziemlich gerade bergab zu den Wiesen und Feldern von Verdings. Großteils Bodenkanal mit stellenweise trockengemauertem Damm, da und dort, besonders aber in der Almzone, teils kurze, teils längere Kandelführungen (hier Ieschn genannt). Im Waldbereich mäßig ausgeprägter Begleitsteig auf dem Waaldamm. Entlang des Waalverlaufes an verschiedenen Bächlein zusätzliche Wasseraufnahme. Instandhaltung, Beaufsichtigung und Wasserzuteilung oblag einem eigenen Waaler („Waalwart"), die Wiesenbewässerung seitens der Verdingser Bauern war genau geregelt und wurde, besonders in Trockenzeiten, auch nachts durchgeführt. Einen besonderen Namen besaß der Waal nicht, er wurde einfach „Wasserwohl" und „Wasserbòch" genannt. Im Zuge der Erschließung neuer Zuleitungen wurde der westliche Teil bereits in den fünfziger Jahren teilweise aufgelassen, der Rest dann nach und nach und endgültig um 1980. Heute sind Kanal und Kandelführungen noch verhältnismäßig gut erhalten, da und dort fließt im Waal auch noch etwas Wasser, das von kleinen Almbächen in den Waal mündet (Stand 1984).

Wandervorschlag: siehe S. 119

186. Garner Waal

Der rund 3 km lange Waal beginnt nördlich hoch ober Latzfons in 1750 m Höhe an einer in den Bergwiesen entspringenden Quelle und führt durchwegs mit mittlerem bis starkem Gefälle durch Wiesen und Waldzonen südostwärts hinab zu den Wiesen des Weilers Garn. Eine eingehendere Erkundung des Waales steht noch aus, daher unsicher, ob er noch in Betrieb ist.

187. Schnauderer Waal

Rund 4 km langer Waal, der auf der Kuhalm westlich der Königsangerspitze in 2174 m Höhe an einer Quelle beginnt und in langem Lauf mit großteils mäßig starkem Gefälle zuerst durch die Almhänge und dann großteils durch Wald südostwärts in Richtung Schnauders führt. Eine nähere Erkundung steht noch aus, daher Art des Waales und heutige Situation ungewiß.

188. Kastemuller Waal

Nur rund 200 m langer, aber noch in Betrieb befindlicher und der Wiesenbewässerung dienender Waal, der sich rund 150 m oberhalb des Poststeiges zwischen St. Peter im äußeren Grödner Tal und den Höfen Pedrutsch und Ranatsch befindet. Benannt ist der Waal nach den Kastemuller Wiesen bzw. nach dem gleichnamigen ehemaligen Hof.

189. Waal bei Tanürz

Kleines, schon lange aufgelassenes Bewässerungssystem mit Tschött und kurzem, an einer Quelle beginnendem Waal (etwa 50 m lang) in einer Wiese oberhalb Tanürz (zwischen Lajen und St. Peter) unterhalb des Poststeiges.

190. Karnoler Waal

Rund 500 m langer, im Querschnitt mittelgroßer Waal, der in rund 1100 m Höhe südlich von St. Leonhard (Dorf östlich ober Brixen) am Kirchenbach orographisch links beginnt, dann zuerst nahezu eben durch den Steilwald südwärts zu den Wiesen nahe dem Burgstall führt und in diesen mit ziemlich starkem Gefälle in Richtung Karnol verläuft. Im Waldbereich ist er aufgelassen und durch eine Rohrleitung ersetzt; hier, wenige Schritte oberhalb der von St. Andrä nach St. Leonhard führenden Straße, ist der Kanal samt Begleitweg noch auf einer Länge von etwa 50 m erhalten. In den erwähnten Wiesen im Bereich mehrerer Höfe hingegen befindet sich der Wasserlauf noch in seinem ursprünglichen, einem natürlichen Bach ähnlichen Zustand (1985).

191. Waale auf der Rodenecker Alm

Unweit der Ronerhütte auf der Rodenecker Alm mehrere Almwaale mit einer Gesamtlänge von schätzungsweise 500 m, die im Quellgebiet des Fallerbaches beginnen und nahezu eben durch die Wiesenhänge führen. Sie sind heute großteils aufgelassen und schon ziemlich stark verwachsen.

192. Pfulterer Waal

Der 1,5 km lange Waal beginnt südwestlich der Weiler Pfulters und Niederried (gegenüber von Mauls im oberen Eisacktal) in ca. 1020 m Höhe am Eggerbach orographisch rechts und führt, großteils neben dem Talweg, zu den Wiesen von Pfulters, an deren Westrand er unweit eines Einzelgehöftes endet. Auf einer Länge von rund 150 m führt er im ersten Teil bis zu einer Mühle noch Wasser, der Rest ist aufgelassen und durch eine Rohrleitung ersetzt. Der Kanal ist aber noch großteils gut erhalten (Stand 1985).

193. Niederrieder Waal

Rund 1 km langer Waal, der in rund 1000 m Höhe am Eggerbach orographisch links beginnt, durch die Waldhänge mit nur sehr leichtem Gefälle nordostwärts führt, dann Niederried (kleines Dorf gegenüber Mauls im oberen Eisacktal) und dessen Wiesen durchquert und dann wieder in den Eggerbach mündet. Er diente der genau geregelten Bewässerung der Wiesen nach der auch im Vinschgau und anderwärts üblichen Berieselungsmethode (in Trockenzeiten auch nachts) und trieb im Dorf eine Mühle. Der Waal erfüllt diese Aufgaben heute nicht mehr, ist aber immer noch wasserführend und dient zum Tränken des Viehes. Vom Eggerbach bis zum Dorfbeginn wurde er allerdings vor kurzem in Kunststoffrohre gefaßt und durch eine Wegverbreiterung zerstört, im Dorfbereich verläuft er teils offen, teils gedeckt als Betonrinne (Stand 1985). Früher „Wohl" oder „Wahlele" genannt, heißt der Wasserlauf heute meist „Dorfbachl".

194. Waal bei Thuins (Sterzing)

Rund 200 m langer, nur kleiner Waal, der westlich von Thuins von einem Wasserlauf, der zwischen Telfes und Thuins herabkommt, abgeleitet wird und parallel mit dem alten Telfer Weg durch die Wiesenhänge mit leichtem Gefälle ostwärts verläuft. Es scheint, daß er früher zur Bewässerung der darunterliegenden Wiesen benützt wurde, entsprechende Zweigwaale sind aber nicht vorhanden. Heute fließt noch etwas Wasser im einfachen Bodenkanal, landwirtschaftliche und auch touristische Bedeutung besitzt er aber nicht mehr.

Der kleine Thuiner Waal bei Sterzing

Pustertal

195. Baumannwaal

Diese Bezeichnung wird hier in Ermangelung einer anderen willkürlich geprägt. Der Waal befindet sich nämlich im Bereich der landwirtschaftlichen Güter des einst zum Schloß Schöneck gehörigen, großen Baumannhofes und dürfte einst zu deren Bewässerung angelegt worden sein. Er wurde ein Stück oberhalb des Hofes am Mühlbach orographisch links gefaßt, führte zuerst durch Wald und dann durch die Wiesen schätzungsweise 500 m nahezu eben ostwärts; ob er sich vielleicht gar bis nach Mühlen und Issing hinzog, wäre noch zu erkunden. Der Waal ist offenbar schon lange aufgelassen, nordöstlich oberhalb des Baumannhofes bzw. nur wenige Meter oberhalb der von Pfalzen nach Terenten führenden Höhenstraße ist aber noch ein längeres Stück des trockengemauerten, stark verwachsenen Waales in den Wiesen erhalten.

196. Gaiser Waal

Rund 2 km langer, im Querprofil mittelgroßer Waal, der nordwestlich oberhalb Gais entweder am Mühlbach oder an dessen südseitigem Zufluß in schätzungsweise 1000 m Höhe orographisch links gefaßt wurde, bald darauf um die Kuppe der sogenannten Gaiser Pipe herum und dann nahezu eben bis leicht fallend durch die steilen, vom Gaiser Schwemmkegel ostseitig ansteigenden Waldhänge bis zum Bärentalhof südöstlich von Gais (966 m) verlief und hier die Spitze des Schwemmkegels und damit die ausgedehnten Wiesen und Felder erreichte. Der teilweise wilde Gräben und Felsflanken querende und sehr aufwendig gebaute Waal ist schon sehr lange aufgelassen und großteils gänzlich abgekommen. Reimo Lunz, der ihn 1977 beschrieb, fand aber noch den Kanal mit seinem Begleitweg zumindest streckenweise einigermaßen gut erhalten vor. Die Bezeichnung „Gaiser Waal“ wird hier mangels einer anderen willkürlich gewählt. Ob es sich bei dem Waal um die 1580 urkundlich erwähnte Zuleitung handelt, ist fraglich, eher ist sie wohl mit dem Tesselberger Waal (s. dort) identisch.

197. Tesselberger Waal

Der rund 2 km lange Waal beginnt in 1470 m Höhe orographisch links am Tesselberger Bach in der gleichnamigen Ortschaft, verläuft mit nur leichtem Gefälle zuerst durch Wiesen und dann durch Wald um einen sanft geneigten Rücken westwärts herum, erreicht den Nordrand der großen, heute bewaldeten Abbruchzone des Bärentales und findet nach kurzer Steilstrecke in ca. 1200 m Höhe den Anschluß an den südlich der Kehlburg talwärts fließenden und beim Bärentalhof den Gaiser Schwemmkegel erreichenden Bach. Unsicher, ob der Waal noch in Betrieb oder bereits aufgelassen ist. Bei diesem Waal scheint es sich um jene künstlich geschaffene Zuleitung des Bewässerungswassers zu handeln, deren Benützung Erzherzog Ferdinand II. im Jahre 1580 den Nachbarschaften Gais und Aufhofen gegen entsprechenden Zins bewilligte (Mutschlechner).

198. Greiter Waal

Oberster jener Waale, die vom Wielenbach südwestwärts verlaufen. Er beginnt orographisch rechts am genannten Bach nördlich von Unterwielenbach in 1220 m Höhe, führt teils nahezu eben, teils leicht fallend durch die Wälder südwestwärts gegen die Kröllhöfe und setzt sich von da am Oberrand der Wiesen noch kurz nordwestwärts bis zum Hof Greit (990 m) fort. Der 3,5 km lange, im Querprofil mittelgroße Waal ist seit Jahren aufgelassen und teilweise auch durch Wegebauten zerstört, da und dort sind Reste des verwilderten Kanals aber noch erhalten.

199. Dietenheimer Waal

Knapp 4 km langer Waal, der parallel mit dem Greiter Waal, aber etwas tiefer als dieser verläuft. Er beginnt am Wielenbach in 1200 m Höhe, führt teils eben, teils leicht fallend durch die Wälder südwestwärts, erreicht unterhalb der Kröllhöfe die Wiesen und endet nach Durchquerung derselben in rund 950 m Höhe östlich von Dietenheim. So wie der obere Waal, schon lange aufgelassen und teilweise verschwunden; im Waldbereich aber noch vereinzelte letzte Reste des verfallenden Kanals erhalten.

200. Lunser Waal

Der rund 2,5 km lange Waal verläuft parallel mit dem Dietenheimer Waal, aber etwas tiefer. Auch er beginnt orographisch rechts am Wielenbach (in ca. 1180 m Höhe) und führt durch die Wälder südwestwärts. Er endet in rund 1000 m Höhe in den Wiesen nordöstlich von Luns. Hinsichtlich Auflassung und heutiger Situation gilt im wesentlichen das für den Greiter und Dietenheimer Waal Gesagte.

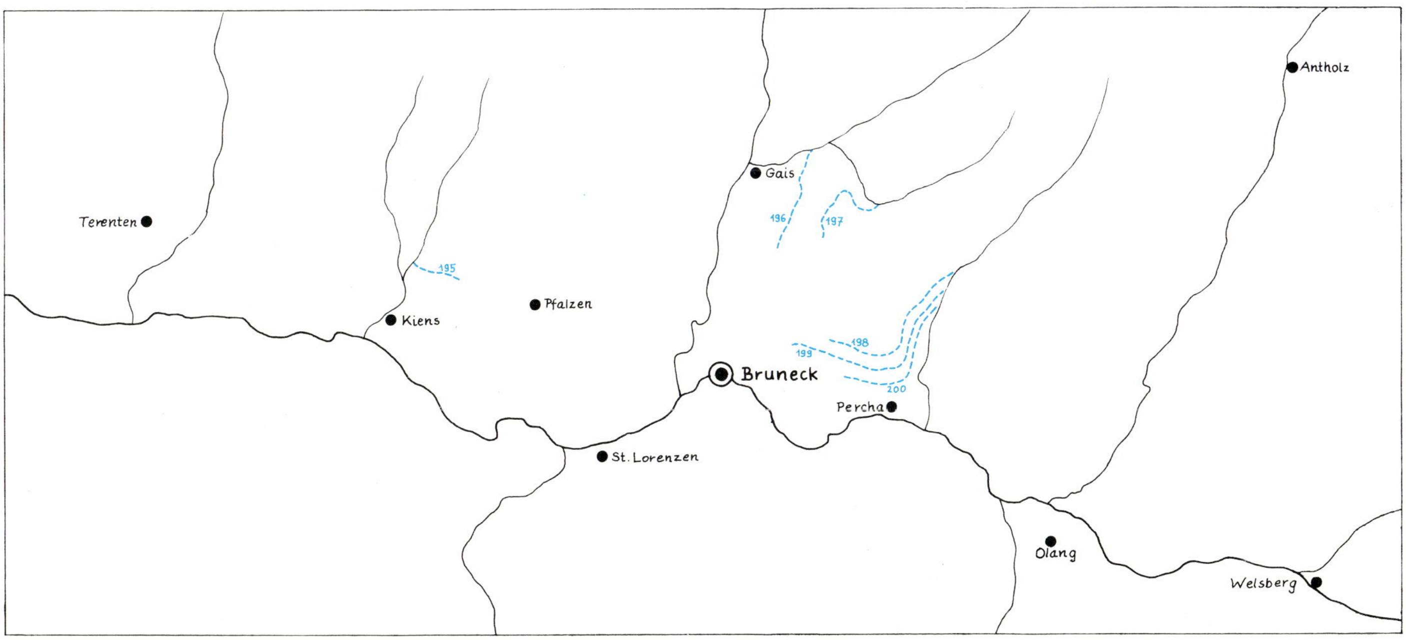

Waale im Pustertal —— = in Betrieb; - - - = aufgelassen (Stand 1985)

Weitere Waale

Ich führe hier noch jene Waale an, die ich nicht in den Hauptteil des „Lexikons" aufgenommen habe, entweder weil sie mir zu unbedeutend erschienen, weil ich sie erst bereits während der Drucklegung des Buches in Erfahrung bringen konnte oder weil die mir zur Verfügung stehenden Unterlagen für eine ausführlichere Beschreibung nicht ausreichen. Daher erfolgt die Beschreibung dieser Waale nur in sehr knapper Form und nur einer größtmöglichen Vollständigkeit halber. Mangels eigener Erkundung kann in vielen Fällen nichts über die derzeitige Situation gesagt werden.

201. Pircherwaal
Er zweigt unterhalb von Schleis im oberen Vinschgau von der Etsch westseitig ab und besitzt eine Wasserleistung von 200 l/s (Fischer).

202. Rossnerwaal
Unterhalb Laatsch von der Etsch südwestwärts führender Waal mit einer Wasserleistung von 270 l/s (Fischer).

203. Scarpentettiwaal
Der unterhalb Laastsch von der Etsch abgeleitete und südwestwärts verlaufende Waal weist eine Wasserführung von 200 l/s auf (Fischer).

204. Oberer Murwaal
Oberhalb Schleis von der Etsch orographisch rechts abzweigender Waal mit einer Wasserführung von 240 l/s (Fischer).

205. Sagbach
Er wird bei Glurns von der Etsch orographisch rechts abgeleitet und mündet weiter östlich wieder in sie ein; die Wasserführung beträgt 600 l/s (Fischer).

206. Glurnser Mühlbach
Ziemlich großer Waal in Glurns mit Fassung an der Etsch und einer Wasserleistung von 460 l/s (Fischer).

207. Unterer Marktwiesenwaal
Er wird unterhalb Mals von der Puni orographisch links abgeleitet (Fischer).

208. Pflasterwaal
Ebenfalls unterhalb Mals von der Puni ostseitig abzweigender Waal; seine Wasserführung beträgt 370 l/s (Fischer).

209. Moleswaal
Waal mit einer Wasserführung von 200 l/s, der unterhalb Mals von der Puni orographisch links abgeleitet wird (Fischer).

210. Tawenzwaale
Zwei Waale, die nördlich von Glurns an der Puni orographisch links beginnen und eine Wasserführung von 280 bzw. 120 l/s aufweisen (Fischer). Für 1986 ist die Auflassung der Waale und die Errichtung einer Beregnungsanlage auf den 57 ha großen Tawenzwiesen vorgesehen.

211. Pfaffenbach
In Schluderns vom Saldurbach orographisch rechts abzweigender Waal mit einer Wasserleistung von 200 l/s (Fischer).

212. Tramentanwaal
Waal bei Stilfs, der vom Platzbach abgeleitet wird und angeblich 2,5 km lang ist.

213. Lahnwaal
Dieser von Rosenberger erwähnte Waal befindet oder befand sich im Gebiet von Tschengls.

214. Tschenglser Dorfwaal
Auch diesen Waal nennt Rosenberger in seiner Arbeit von 1936.

215. Kirchenwaal
Ebenfalls von Rosenberger ohne nähere Angaben erwähnter Waal in oder bei Lichtenberg.

216. Schmiedwaal
Waal in Lichtenberg, der dem Schmied die Arbeit erleichterte (Rosenberger).

217. Unterer Plimarunst
Von der Plima, dem Marteller Talbach, abzweigender Waal (Rosenberger); bei Morter oder im Martelltal.

218. Oberer Plimarunst
Für ihn gilt dasselbe wie für den Unteren Plimarunst, nur daß er höher verlief.

219. Algunder Mühlbach
Dem Betrieb von Mühlen dienender, bachartiger Waal in oder bei Algund (Rosenberger).

220. Bergwaal bei Partschins
Auch diesen Waal nennt Rosenberger 1936; unklar, welcher Waal damit gemeint ist.

221. Neuwiesenwaal
Waal in oder bei Marling (Rosenberger).

222. Forster Kandlwaal
Er wurde von der Etsch abgeleitet und diente zur Bewässerung der Fluren von Forst bei Meran (Rosenberger).

223. Haarwaal
1984 noch wasserführender Waal im Bereich der Viehmarktstraße in Meran. In diesem Jahr erwägt die Meraner Verkehrskommission, den Waal abzudecken, um dadurch Parkplätze für Autobusse zu gewinnen („Dolomiten", 15. 11. 1984).

224. Alte Rod
Nach den Bewässerungszeiten benannter Waal in Schenna, den Rosenberger ohne nähere Einzelheiten erwähnt.

225. Auenwaal
Nach ehemaligen Flußauen benannter Waal in Untermais bei Meran (Rosenberger).

226. Deutschordenwaal
Er befand sich in oder bei St. Leonhard in Passeier (Rosenberger).

227. Spitalwaal
Auch dieser Waal in St. Leonhard i. P. wird von Rosenberger genannt.

228. Unterwaldwaal
Waal in der Umgebung der Ortschaft Platt im inneren Passeiertal (Rosenberger).

229. Neugreutenleeg
Waal in Untermais bei Meran (Rosenberger).

230. Altgreutenleeg
Ebenfalls von Rosenberger ohne nähere Angaben erwähnter Waal in Untermais bei Meran.

231. Oberhofwaal
Er verläuft westlich von St. Pankraz in Ulten vom Kirchenbach zum Oberhof; Länge 500 Meter; 1985 noch in Betrieb (Oberthaler).

232. Obkircherwaal
Waal bei St. Pankraz in Ulten von Suppern bis Obkirch; 2 km lang, heute in Rohre gefaßt (Oberthaler).

233. Hoferwaal
1 km langer Waal bei Kuppelwies in Ulten, der von der Tschurtschenmühle bis Zu Hof verläuft; 1985 noch in Betrieb (Oberthaler).

234. Rodwaal
2 km langer Waal vom Klapfbergbach bis zum Falschauerhof im Weiler Außerlaner in Ulten; 1985 noch in Betrieb (Oberthaler).

235. Seiter Waale
Im Streuweiler Seit am östlichen Talhang südlich von Bozen mehrere kleine Waale; 1985 noch teilweise in Betrieb.

236. Zitznerwaal
Beim Zitznerhof am Fröllerberg oberhalb Rodeneck im Eisacktal kurzer Wasserwaal und in den Wiesen Zweigwaalsystem; vor kurzem durch Rohrleitung und Beregnung ersetzt.

237. Mareit

Oberhalb der Ortschaft Mareit im Ridnauntal an der Sonnenseite kurzer, aber sehr sorgfältig gebauter Hangwaal zu einem Hof; 1984 noch in Betrieb.

238. Umblser Almwaale

Auf der Inneren und Äußeren Umblsalm in Ratschings mehrere kleine Bewässerungswaale; seit längerem aufgelassen.

239. Schindelholzwaal

1,5 km langer Waal oberhalb Taisten im Pustertal; Verlauf vom Mayrbach zum Schindelholz- und Samerhof; ungewiß, ob noch in Betrieb.

240. Stierwiesenwaal

Diesen Waal bei Schlanders nennt Rosenberger und vermerkt, daß es sich um einen Tagwaal (Bewässerung nur bei Tag) handelt.

241. Gasswaal

Waal bei Schlanders, der zur nächtlichen Bewässerung dient (Rosenberger).

242. Kapellwaal

Auch diesen Waal bei Schlanders erwähnt Rosenberger, und zwar ebenfalls als Nachtwaal.

243. Vernatschwaal

Waal bei Schlanders (Nachtwaal), den ebenfalls Rosenberger erwähnt.

244. Lanaer Mühlbach

Großer, von der Valschauer abgeleiteter Waal bei Lana, der außer zum Betrieb von Mühlen zur Bewässerung großer Wiesenflächen diente (Rosenberger).

245. Waal in Gries (Bozen)

Südlich der Grieser Pfarrkirche in den Weingütern ein mittelgroßer, 1985 noch wasserführender und in ursprünglichem Zustand befindlicher Waal von etwa 100 Metern Länge. Möglicherweise handelt es sich dabei um den Rest eines ursprünglich rund 2 km langen, von der Talfer abzweigenden und heute großteils verrohrten Waales.

246. Sandwaal bei Tarsch

Diesen Waal bei Tarsch im Vinschgau nennt Trenkwalder und vermerkt, daß er 1560 erbaut worden sei. In Tarsch konnte ich 1985 nichts mehr darüber in Erfahrung bringen; der Waal ist wohl schon lange aufgelassen.

247. Deutschbachwaal

2 km langer Waal gegenüber Gomagoi im äußeren Suldental; Verlauf von den Kernquellen (ca. 1800 m) zum Deutschbach und weiter zu den Höfen Stock und Valief (ca. 1350 m). Um 1930 aufgelassen, heute nur in spärlichen letzten Resten erhalten und schwer zu finden (Gutgsell). Rosenberger nennt den Waal Deutschbachl.

Als Vegetationsstreifen fallen Leitenwaal und Matscher Ackerwaal oberhalb Schluderns weithin auf; solche Waale können aber auch schon aufgelassen sein, während andere das Landschaftsbild nicht verrät.

Literatur

Angerer, Martin: Geschichte der Dorfgemeinschaft Burgeis; Schlanders 1984

Angerer, Martin: Geschichte der Dorfgemeinschaft Schlinig; Schlanders 1984

Bergwaalzerstörung im Obervinschgau; Dolomiten 27./28. Oktober 1984

Bernhart, Anton: Gedanken um die Gemeindeordnung von Schlinig aus dem Jahre 1532; Der Schlern, Jg. 1964, S. 26 ff.

Böhm, Hans: Das Paznauntal — Die Bodennutzung eines alpinen Tales; Diss. (Manuskript), Bonn 1965

Bossi Fedrigotti, Graf Anton: Vinschgau, 2. Aufl., Bozen 1968

Braungart, R.: Naturwissenschaftliche und wirthschaftliche Reisebilder — Oberetschtal und Meran; Landwirtschaftliche Jahrbücher, Berlin 1875, S. 835 ff.

Cap, Albuin O.: Die Pfarrgemeinde Taufers im Vinschgau; Innsbruck 1912

Dalla Torre, Karl W. von: Tirol, Vorarlberg, Liechtenstein, Reihe „Junks Naturführer"; Berlin 1913

Dal Ri, Lorenzo: Bodendenkmalpflege (Festschrift), 10 Jahre Landesdenkmalamt 1973—1983, Hrsg. Autonome Provinz Bozen-Südtirol; Bozen 1983 (zum prähistorischen Wasserkanal bei Pfatten)

Daniel, Erich: Die Terminologie der Wasserwirtschaft im Vinschgau; Der Schlern, Jg. 1972, S. 540

Daniel, Erich: Die Terminologie der Wasserwirtschaft im Vinschgau; Diss., Innsbruck 1969

Die alte Wasserordnung für den Gadriabach im Vintschgau; Der Sammler, Obermais 1907

Dietl, Josef: Chronik der Marktgemeinde Mals, hrsg. und ergänzt von Cölestin Stampfer, Meran 1885

Der Obere Weg, Jahrbuch des Südtiroler Kulturinstitutes, Bd. V—VII; Bozen 1965—1967, Beiträge verschiedener Autoren

Der Schlern: Illustrierte Monatshefte für Heimat- und Volkskunde, Bozen, ab 1920; dazu Register 1920—1978, Bozen 1979

Deutsch, Franz: Der Zerminihof im Schlandrauntal bei Schlanders; Der Landwirt, Bozen 1958, S. 835 ff.

Dolomiten, Tageszeitung; Verlag Athesia, Bozen

Dolomiten, 27./28. Oktober 1984: Bergwaalzerstörung im Obervinschgau

Dolomiten, 13. November 1984: Leserbriefe zur teilweisen Zerstörung des Schludernser Bergwaales

Dolomiten, 15. November 1984: Verkehrsprobleme aller Art (Erwähnung Haarwaal)

Dolomiten, 24. September 1981: Für Erhaltung der Vinschgauer Waalwege (Gründung eines entsprechenden Komitees in Mals)

Dörrenhaus, Fritz: Das deutsche Land an der Etsch. Eine geographische Landeskunde; Innsbruck 1933

Dünkelberg, Friedrich W.: Culturtechnische Skizzen über eine Bereisung Tirols im August und September 1871; Innsbruck 1872

Eyrl, Baron Egon: Der Sandhof in Passeier; Der Schlern, Jg. 1974, S. 433 ff. (Näheres zum Platzbergwaal)

Figl, Rudolf: Bärengrub' und Tatlhammer; Der Schlern, Jg. 1933, S. 274

Fink, Hans: Sterbende Flur- und Wassernamen längs des Eisacks; Der Schlern, Jg. 1957, S. 486

Fink, Hans: Tiroler Wortschatz an Eisack, Rienz und Etsch — Nachlese zu Josef Schatz, Wörterbuch der Tiroler Mundarten; Schlern-Schriften 250, Innsbruck-München 1972

Fischer, Klaus: Agrargeographie des westlichen Südtirol — Der Vinschgau und seine Nebentäler; Wien 1974

Fischer, Klaus: Bodennutzungskarte des Vinschgaues und seiner Nebentäler; Wien (Stand der Aufnahme: 1967)

Fischer, Klaus: Das Passeiertal — Grundzüge einer geographischen Landeskunde; Der Schlern, Jg. 1974, S. 344

Fischer, Klaus: Der Markt Schlanders und seine Gemarkung; Der Schlern, Jg. 1977, S. 395

Fischer, Klaus: Der Obervinschgau; Jahrbuch des Österreichischen Alpenvereins (und des Deutschen Alpenvereins), Jg. 1965, S. 115

Fischer, Klaus: Natur- und Kulturlandschaft des Vinschgaues; Der Obere Weg — Jahrbuch des Südtiroler Kulturinstitutes, Bd. V—VII, Bozen 1967, S. 102

Finsterwalder, Karl: Geschichte der Namen — Geschichte der Sprachen im Obervintschgau; Der Obere Weg — Jahrbuch des Südtiroler Kulturinstitutes, Bd. V—VII, Bozen 1967, S. 222

Finsterwalder, Karl: Tiroler Namenkunde — Sprach- und Kulturgeschichte von Personen-, Familien- und Hofnamen; Innsbrucker Beiträge zur Kulturwissenschaft, Germanistische Reihe, Bd. 4, Innsbruck 1978

Fliri, Franz: Das Klima der Alpen im Raum von Tirol; Innsbruck 1975

Fliri, Franz: Die Niederschläge in Tirol und den angrenzenden Gebieten im Zeitraum 1931 bis 1960; Wetter und Leben, Jg. 1965, Sonderheft 10

Fliri, Franz: Wetterlagenkunde von Tirol; Tiroler Wirtschaftsstudien, Innsbruck 1962

Frass, Hermann: Der Vinschgau im Bild; Bozen 1981

Frass, Hermann: Meran und Burggrafenamt im Bild; Bozen 1983

Frass, Hermann: Das Eisacktal im Bild; Bozen 1982

Gall, Helmut: Über Bodenerosion durch Wind in Tirol; Die Bodenkultur, 7. Jg., Wien 1953, S. 92

Gamper, Peter: Chronik von Schlanders; Manuskript in der Teßmann-Bibliothek, Bozen

Gamper, Peter: Verödete Berghöfe am

Schlanderser Sonnen- und Nörderberg; Der Schlern, Jg. 1937, S. 176
Gamper, Willy und Marsoner, Ferdinand von: Ultental (= Südtiroler Gebietsführer Nr. 6), Bozen 1975
Gedanken zum Bergbauernproblem; Schriftenreihe des Südtiroler Wirtschafts- und Sozialinstitutes, Bd. 4, Bozen 1964
Goswin: Urbare der Stifte Marienberg und Münster, Peters von Liebenberg-Hohenwart und Hansens von Annenberg, der Pfarrkirchen von Meran und Sarnthein (= Tirolische Geschichtsquellen); hrsg. von P. Basilius Schwitzer, Innsbruck 1891
Grabherr, W.: Wald- und Staudenbrände als Ursache der Versteppung im oberen Vintschgau; Der Schlern, Jg. 1949, S. 83
Grünseis, F.: Das Bergbauernproblem; Die Bodenkultur, Wien 1950, S. 249
Gufler, Christoph: Passeier — Traditionsreiches Tal im Herzen Tirols (= Südtiroler Gebietsführer Nr. 36); Bozen 1983

Hauser, Sebastian: Wirtschaftliche Umgestaltung in den letzten 50 Jahren im Vinschgau; Festschrift zum 50jährigen Bestehen des Vereins der Vinschgauer in Innsbruck; Innsbruck 1959, S. 30
Heinz, P. Sebastian: Das Celtenthum in Obervinschgau resp. im Gerichte Glurns; Bozen 1895
Heuberger, Richard: Der Vinschgau im Altertum und im Frühmittelalter; Der Schlern, Jg. 1932, S. 132
Hoffmann, F. L.: Der Gadriabach bei Laas im Vintschgau — Eine Wildbachstudie; Zeitschrift des DuÖAV, Jg. 1885, S. 90
Hohenegger, Heinrich: Das Vinschgauer Oberland; Der Schlern, Jg. 1970, S. 60
Holzmann, Hermann: Vinschgauer Berghöfe; Reimmichls Volkskalender, Jg. 1965, Bozen, S. 149
Huter, Franz: Das Tscharser Dorfbuch von 1432 — Ein Beitrag zur Geschichte der Tiroler Dorfgemeinden; Tiroler Heimat, Bd. 19, Innsbruck 1956, S. 91

Innerebner, Georg: Der Tartscherbühel und die Vorzeit im Vintschgau; Der Obere Weg — Jahrbuch des Südtiroler Kulturinstitutes, Bd. V—VII, Bozen 1957, S. 76
Istel, Wolfgang: Das Martelltal — Eine kulturgeographische Skizze; Der Schlern, Jg. 1967, S. 43

Keim, Helmut: Noch einmal: Die alten Höfe am Fuchsberg in Schnals; Der Schlern, Jg. 1973, S. 315
Keim, Maike: Entstehung und Wandlung der Kulturlandschaft in Schnals; Der Schlern, Jg. 1972, S. 479
Keim, Maike: Ist Südtirols Kulturlandschaft zum Untergang verurteilt? Der Schlern, Jg. 1974, S. 137
Keim, Maike: Schnals — Kulturgeographie einer Südtiroler Berggemeinde (= Schriftenreihe des Südtiroler Kulturinstitutes Nr. 1); Bozen 1975
Kemmer, Erwin und Schulz, Fritz: Das Frostproblem im Obstbau; München 1955
Klebelsberg, Raimund von: Die alten Höfe am Fuchsberg in Schnals (Vinschgau); Der Schlern, Jg. 1924, S. 15
Klebelsberg, Raimund von: Die Böden unserer Gegenden; Der Schlern, Jg. 1923, S. 344
Klebelsberg, Raimund von: Die Obergrenze der Dauersiedlung in Südtirol; Schlern-Schriften 1, Innsbruck 1923
Klebelsberg, Raimund von: Vinschgauer Wanderungen, 4. Gschneier—Tanas; Der Schlern, Jg. 1929, S. 6
Kleeberg-Hochnaturns, August: Der Naturnser Kirchbach-Wasservertrag vom Jahre 1723 — Ein Beitrag zur künstlichen Flurbewässerung; Der Schlern, Jg. 1956, S. 118
Koch, Giovanna: Untervinschgau — Die Gemeinden Kastelbell-Tschars, Naturns, Plaus, Partschins (= Südtiroler Gebietsführer Nr. 34); Bozen 1982
Kofler, Erich: Barbian, Villanders — Das alte Gericht Villanders (= Südtiroler Gebietsführer Nr. 25); Bozen 1980
Köll, Lois: Gott schuf den Wald — der Mensch die Wüste. Der Vinschgauer Sonnenberg, ein Unikum in den Ostalpen; Der Schlern, Jg. 1955, S. 313
Kühebacher, Egon: Mundartforschung und Mundartpflege in Tirol; Der Schlern, Jg. 1963, S. 51
Kühebacher, Egon: Volk und Sprache im obersten Inn- und Etschtal; Der Obere Weg — Jahrbuch des Südtiroler Kulturinstitutes, Bd. V—VII, Bozen 1957, S. 211

Langes, Gunther: Burggrafenamt und Meran (= Bd. 4 der „Südtiroler Landeskunde in Einzelbänden"); 5. Aufl., Bozen 1983
Ladurner-Parthanes, Matthias: Zum 600jährigen Bestehen des Algunder Etschwaales (1333—1933); Der Schlern, Jg. 1933, S. 533
Loose, Rainer: Beiträge zur Geschichte von Stilfs; 1984
Loose, Rainer: Zur hochmittelalterlichen Siedlungsstruktur des Schlanderer Etschtales; Der Schlern, Jg. 1977, S. 409
Lunz, Reimo: Archäologie Südtirols, Bd. 7 der Archäologisch-historischen Forschungen in Tirol; Calliano 1981
Lunz, Reimo: Schlanders in urgeschichtlicher Zeit; Der Schlern, Jg. 1977, S. 405
Lunz, Reimo: Unbekannter Pustertaler Waalweg; Dolomiten, 16. November 1977
Lunz, Reimo: Ur- und Frühgeschichte Südtirols; Bozen 1973

Mahlknecht, Bruno: Lana, Tscherms, Marling (= Südtiroler Gebietsführer Nr. 28); Bozen 1980
Menara, Hanspaul: Südtiroler Hochalmen; Bozen 1982
Menara, Hanspaul: Südtiroler Wasserfälle; Bozen 1980
Menara, Hanspaul: Südtiroler Urwege; 2. Auflage, Bozen 1984
Menara, Hanspaul und Rampold, Josef: Südtiroler Bergseen; 3. Aufl., Bozen 1982
Messner, Reinhold: Bergvölker der Erde, ehe ihre Spur verweht; 2. Auflage, Bozen 1981
Minger, Charles: Die Beziehungen zwischen Fremdenverkehr und Landwirtschaft mit besonderer Berücksichtigung der Berggebiete; Winterthur 1958
Müller, Iso: Der rätische Vinschgau im Frühmittelalter; Der Schlern, Jg. 1961, S. 318
Mutschlechner, G.: Wasser für Gais und Aufhofen (1580); Der Schlern, Jg. 1985, S. 626

Niederfriniger, Oskar: Ornithologische Beobachtungen am Sonnenhang im unteren Vinschgau; Der Schlern, Jg. 1970, S. 109 (Gebiet Tscharser Schnalswaal)

Pardeller, Josef: Die Altsiedlung Valmutz und Loambichl; Der Schlern, Jg. 1964, S. 58 (Zaalwaal)
Pegger, Hans: Aus der Chronik von Latsch und seinen umgebenden Pfarrgemeinden; Meran 1907. Unveränderter Neudruck (2. Aufl.), hrsg. vom Verschönerungsverein Latsch, Bozen 1971
Pircher, Anton: Tanaser Dorfbuch; Der Schlern, Jg. 1961, S. 199 und 290
Plant, Fridolin: Reiseführer durch Vinschgau; Meran 1907
Plawenn, Arbogast von: Ob und unter Langkreuz — Straßen und Wege im Vinschger Oberland; Der Schlern, Jg. 1950, S. 289
Pohl, Armin: Die Wirtschaftsstruktur des Mittelvinschgaus; Diss. (Manuskript), Graz 1950
Pohl, Hubert: Umstellungen — auch im Vinschgau? Der Landwirt, Bozen 1965, S. 95

Raffeiner, Josef: Der Goldrainer Jochwaal; Der Schlern, Jg. 1985, S. 604
Rampold, Josef: Bozen — Mittelpunkt des Landes an der Etsch und im Gebirge, mit Salten, Sarntal, Ritten, Eggental (= Bd. 7 der „Südtiroler Landeskunde in Einzelbänden"); 4. Aufl., Bozen 1985
Rampold, Josef: Eisacktal — Land zwischen Firn und Reben (= Bd. 5 der „Südtiroler Landeskunde in Einzelbänden"); 4. Aufl., Bozen 1981
Rampold, Josef: Pustertal — Landschaft, Geschichte und Gegenwart an Drau, Rienz und Ahr (= Bd. 2 der „Südtiroler Landeskunde in Einzelbänden"); 4. Aufl., Bozen 1980
Rampold, Josef: Schande sondergleichen (zur Zerstörung des Schludernser Bergwaales); Dolomiten, 29. Oktober 1984
Rampold, Josef: Südtiroler Wanderbuch; 7. Aufl., Innsbruck-Wien 1983
Rampold, Josef: Vinschgau — Landschaft, Geschichte und Gegenwart am Oberlauf der Etsch (= Bd. 1 der „Südtiroler Landeskunde in Einzelbänden"); 5. Aufl., Bozen 1986
Rampold, Josef und Fischer, Wenzel: Südtirol, Land der Bergbauern; 3. Aufl., Bozen 1977
Rampold, Josef und Menara, Hanspaul: Südtiroler Bergseen; 3. Aufl., Bozen 1982
Reichel, E.: Die Niederschlagsverteilung in den Alpen; Zeitschrift des Deutschen und Österreichischen Alpenvereins, Innsbruck 1931
Rieder, Roland: Jubiläum Prad am Stilfser Joch; Dolomiten, 31. Mai 1986 (Frauwaal)
Riedmann, Josef: Schlanders in Mittelalter und Neuzeit; Der Schlern, Jg. 1977, S. 420
Rief, J.: Beiträge zur Geschichte des ehemaligen Kartäuserklosters Allerengelsberg in Schnals; Bozen 1903
Rosenberger, Kurt: Die künstliche Bewässerung im oberen Etschgebiet; Forschungen zur Deutschen Landes- und Volkskunde, Bd. XXXI, Heft 4, Stuttgart 1936

Sapper, K.: Die Verbreitung der künstlichen Feldbewässerung; Gotha 1932
Schatz, Adelgott: Das alte Hospital St. Valentin auf der Malser Heide; Der Schlern, Jg., 1929, S. 354
Schatz, Adelgott: Der alte Wasserwaal von Vistrat nach dem Sandhof im Passeier; Bauernkalender, Bozen 1924
Schatz, Josef: Wörterbuch der Tiroler Mundarten (Schlern-Schriften 119, 120); Innsbruck 1955, 1956
Schenk, Ina: Die Klima-Insel Vintschgau; Trento 1951
Schlern, Der: s. Der Schlern
Schneider, Elmar: Romanische Entlehnungen in den Mundarten Tirols (= Romanica Aenipontana II); Innsbruck 1963
Schnyder, Th.: Das Wallis und seine Bewässerungsanlagen; Bern 1924
Schoepf, H.: Das Wasserwasser im Vintschgau — Eine wasserrechtliche Studie; Extrabeilage zum „Boten für Tirol und Vorarlberg", Jg. 1906, Nr. 5, 6, 7; Innsbruck 1906
Schorta, Andrea: Rätisches Namenbuch (= Romanica Helvetica 63); Bern 1964
Stacul, Paul: Zur Geologie des Vintschgaus; Der Obere Weg — Jahrbuch des Südtiroler Kulturinstitutes, Bd. V—VII, Bozen 1967, S. 58
Staffler, Johann Jakob: Das deutsche Tirol und Vorarlberg topographisch (4 Bde.), Bd. I und II. Innsbruck 1841 bzw. 1847; Reprintausgabe im Auftrag der Buchhandlung Athesia, Bozen o. J. (1980)
Staffler, Richard: Die Mühlen; Der Schlern, Jg. 1955, S. 305
Staffler, Richard: Land und Leute im Vinschgau; Der Schlern, Jg. 1937, S. 150
Staffler, Walther: Die „Werch"-Einteilung im Ultental; Schlern, Jg. 1970, S. 30
Staffler, Walther: Hochweiden und Höhenwege im Ultental im Spiegel von Namen und Sagen; Der Schlern, Jg. 1955, S. 254
Stolz, Otto: Die Ausbreitung des deutschen Volkstums in Südtirol im Lichte der Urkunden (4 Bde.); München/Berlin 1927 ff.; photomechanischer Nachdruck, Bozen 1975
Stolz, Otto: Zur Geschichte der Landwirtschaft in Tirol; Tiroler Heimat. Neue Folge, Bd. III Innsbruck 1930

Tille, A.: Die bäuerliche Wirthschaftsverfassung des Vinschgaues; Innsbruck 1895
Trenkwalder, Alois: Auf Vinschgauer Waalwegen; Dolomiten, 27. 4. 1977
Trenkwalder, Alois: Bewässerungswaale einst und heute; Dolomiten, 28. 12. 1977
Tscholl, Heinrich: Die Bewässerung im Vinschgau — einst und heute; Innsbrucker geographische Studien, Bd. 6, S. 604; Innsbruck 1979
Ulmer, Ferdinand: Höhenflucht; Schlern-Schriften 27, Innsbruck 1935
Über Bewässerung im Tale Passeier; Landwirtsch. Kalender 1923, Bozen

Wallnöfer, Oswald: Erste Siedlungsorte in unserer Heimat; Der Schlern, Jg. 1970, S. 104
Weber, Beda: Das Land Tirol — Ein Handbuch für Reisende; 3 Bde., Innsbruck 1837/38
Weber, Beda: Ueber das Thal und die Pfarre Matsch; Tiroler Bote 1834 und 1835
Weber, Beda: Meran und seine Umgebung

oder das Burggrafenamt von Tirol; Innsbruck 1845
Widmoser, Eduard: Südtirol A—Z, Bd. 1 und 2 (weitere Bände in Vorbereitung), Innsbruck/München 1982, 1983
Widmoser, Eduard: Südtirol-Brevier von A—Z, München 1966
Wielander, Hans: Latsch — Goldrain — Morter — Martell (= Südtiroler Gebietsführer Nr. 4); Bozen 1975
Winkler, Robert: Die drei Hauptwaale von Mals; Dolomiten, 8. 10. 1985
Winkler, Robert: Uralte Bewässerungsanlagen im Malser Gebiet; Der Schlern, Jg. 1969, S. 525
Winkler, Robert: Volkssagen aus dem Vinschgau; Bozen 1968
Wopfner, Hermann: Bergbauernbuch; 3 Lieferungen, Innsbruck 1951—1960
Wopfner, Hermann: Deutsche Siedlungsarbeit in Südtirol; Schriften des Institutes für Sozialforschung in den Alpenländern; Innsbruck 1926
Ziernhöld, Josef: Probleme der Südtiroler Bergbauernwirtschaft; Der Landwirt, 1962, S. 241 und 311
Zingerle, Ignaz von und Inama-Sternegg, Theodor von: Die Tirolischen Weisthümer, III. Teil; Wien 1880
Zingerle, Ignaz von und Egger, Josef: Die Tirolischen Weisthümer, II. und IV. Teil; Wien 1877, 1891
Zwiedineck-Südenhorst, Hans von: Erzherzog Johanns Reise durch das Ötztal 1846; Zeitschrift des DuÖAV, Jg. 1903, S. 77

Gewährspersonen

Mit besonderem Dank führe ich hier alle jene mir namentlich bekannten Personen an, die durch Auskünfte oder sonstige Hilfe zum Entstehen dieses Werkes beigetragen haben. Das Verzeichnis möge stellvertretend aber auch für jene vielen mir namentlich unbekannt gebliebenen Leute stehen, die mir bei den Arbeiten im Gelände bereitwillig Auskunft erteilt haben und denen daher ebenfalls mein aufrichtiger Dank gebührt.

Fliri-Dane, Martin; Taufers im Münstertal
Frau Telser; Planeil, Oberwirt
Gamper, Josef; Rabland
Gutgsell, Erich; Bozen/Sulden
Habicher, Heinrich; Mals
Haller, Rudi; Bozen/Passeier
Holzer, Albert; Schlanders
Klotzner, Franz; Schenna
Laner, Jul Bruno; Bozen
Marth, Maria; St. Martin in Passeier
Obwegs, Luis; Klausen
Piazzi, Romedius; Gfrill
Pichler, Johann; St. Martin in Passeier
Pircher, Erich; Latsch
Plattner, Peter; Bozen
Pfeifer, Siegfried; Stilfs
Oberthaler, Gottfried; St. Nikolaus in Ulten
Riedl, Alois; Glurns
Rinner, Mathias; Latsch
Reinstadler, Hans; Schlanders
Rampold, Dr. Josef; Bozen
Sagmeister, Leo; Glurns
Solderer, Dr. Gottfried; Bozen/Lajen
Stecher, Leo; Tarsch
Stecher, Toni; Matsch
Trenkwalder, Alois; Staben
Trenkwalder, Maria; Sterzing
Winkler, Robert; Mals
Zischg, Dr. Helmut; Gomagoi

Register

Die Seitenzahlen in Fettdruck beziehen sich auf den Abschnitt „Wanderwege, Wanderziele", jene in Normalschrift auf den ersten und den dritten Teil des Buches.

Inhalt